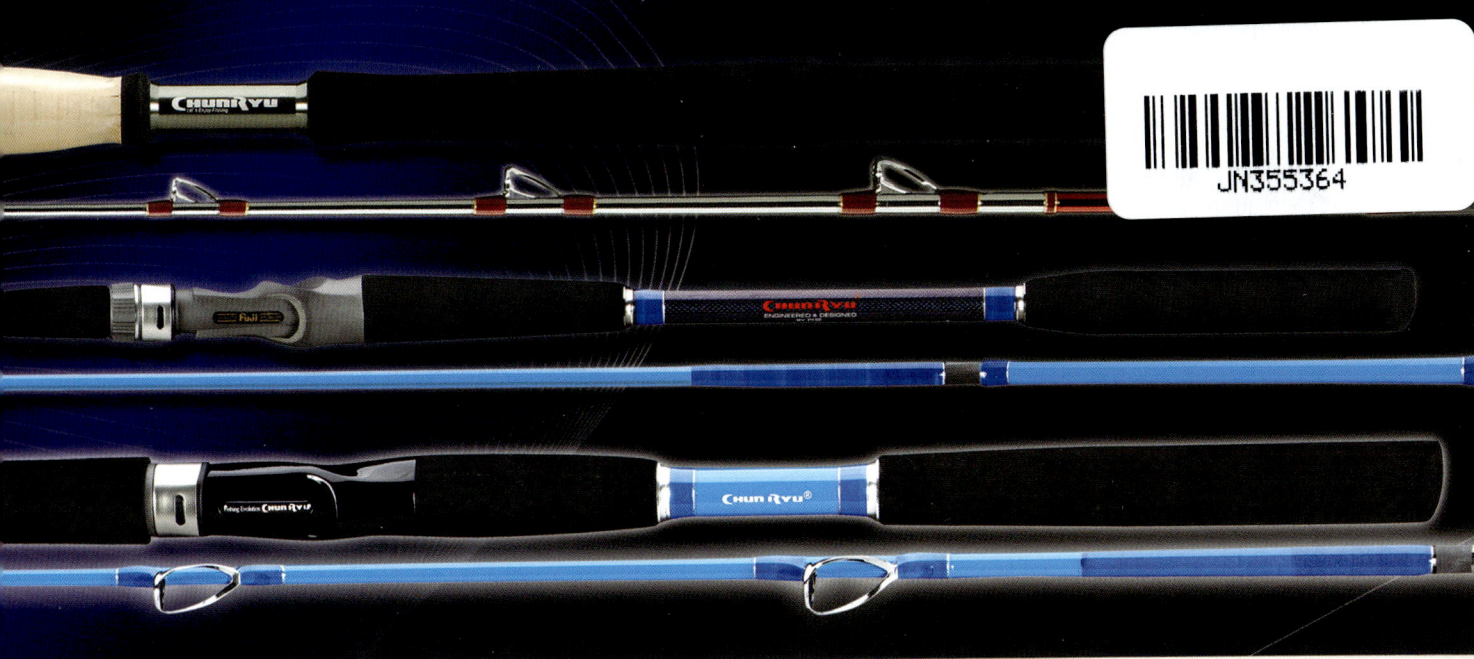

시리즈명	품번	전 장(m)	마디수	접은길이(Cm)	선 경	원 경	무 게(g)	가 격
블루코너 인라인 열기	80-330T	3.30	3	119	내경 2.9	22.7	415	135,000
	120-330T	3.30	3	119	내경 2.9	22.7	390	185,000
블루코너 우럭-II	195	1.95	2	102	2.3	16.5	235	150,000
	210	2.10	2	111	2.5	16.5	250	160,000
	230	2.30	2	121	2.5	17.5	290	170,000
블루코너 전동 어초 CRANE	902M-EC	2.70	2	139	3.4	18.0	330	150,000

N·S
Since 1988
25주년

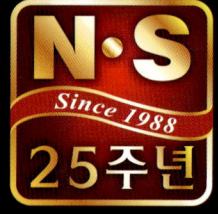

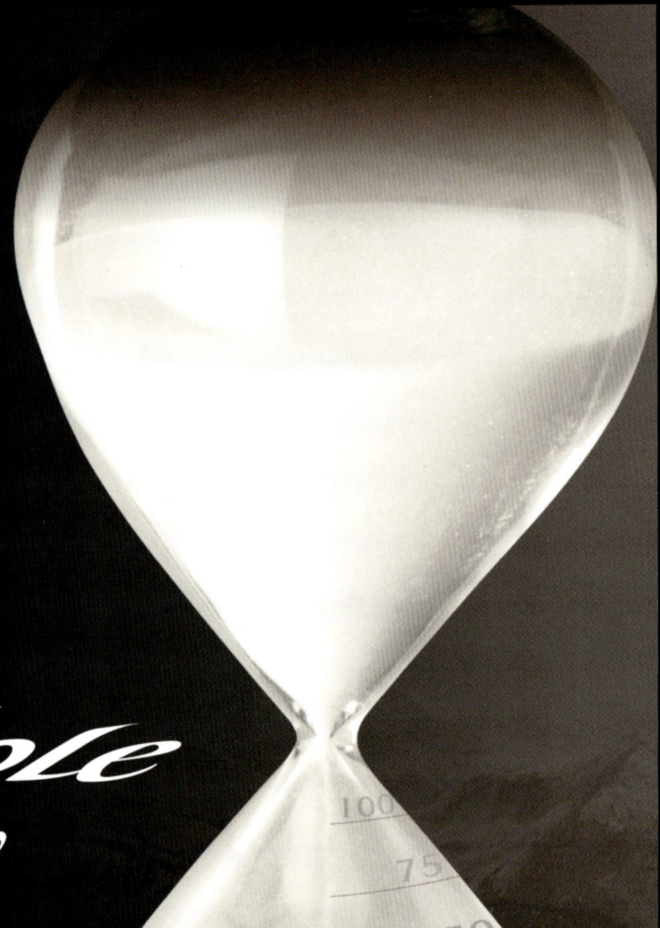

N·S
Black Hole
25th Anniversary

대한민국 대표 낚시브랜드 Black Hole

www.nsrod.co.kr

다가올 100년을 위해!

Endless Challenge

(주)엔에스는 모든 고객을 위해 완벽한 제품을 갈구하는 끊임없는 열정으로
빠르게 발전·변화하는 낚시트랜드를 놓치지 않으려 노력해왔습니다.
진실된 마음으로 영리와 이윤이 아닌
좀 더 나은 제품의 개발과 제공을 목표로 현재에 만족하지 않고
더 높은곳을 향해 항상 노력하겠습니다.

(주)엔에스 대표이사 金 正 九

 주)엔에스 인천광역시 남동구 간석4동 616-1
TEL. 032)868 5427   FAX. 032)868-5423   A/S문의처. 032)868-1004

I N A

낚시대명	전장(m)	마디수(개)	접은길이(cm)	무게(g)	선경/중량(mm)	루어중량(g)	PE 라인(호)	카본 함유율(%)	가격(엔)
LUKINA BJ 672XHS	2.01	2	158	160	0.8/11.9	MAX 160g	0.6-1.5	87%	30,000
LUKINA BJ 652XHB	1.96	2	152	145	0.8/11.9	MAX 160g	0.6-1.5	87%	28,000
LUKINA BJ 632XXHB	1.91	2	148	150	0.8/11.9	MAX 200g	0.6-1.5	87%	28,000

베이트릴명	권사량 (cm/핸들 1회전당)	기어비	무게(g)	최대드랙력(kg)	표준권사량 나일론(lb-m)	PE	베어링	가격(엔)
LUKINA 100H	66	6.3:1	238	5	16-100	1.5-150	7	15,000
LUKINA 100HL	66	6.3:1	238	5	16-100	1.5-150	7	15,000

채비	전장(m)	바늘사이즈	바늘타입	목줄(호)	입수량	가격(엔)
DOWNSHOT RIG #3.0-4.0 WOS	1.0	3/0	WIDE-OFFSET	4.0	3	500
DOWNSHOT RIG #4.0-4.0 WOS	1.0	4/0	WIDE-OFFSET	4.0	3	500

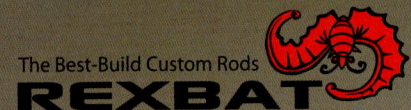

바다를 지배한다!

에스엠텍 카키
샤크새드는 웜 바디의 균형과 평면꼬리의 불규칙한 액션으로 광어, 우럭 등 대상어에 훌륭한 조과를 발휘하는 선상 루어 낚시 최고의 소프트 베이트!!!
(2013년 신제품)

New SHARK SHAD 4"/ 5"   13 Colors

REXBAT LIGHT GAME RODS

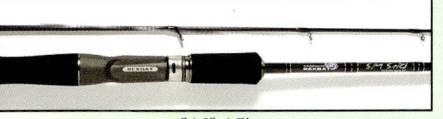
에스엠 스틱

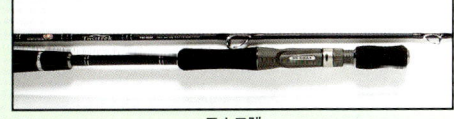
토스트렉

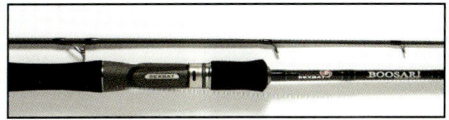
부사리

BLUEMOND STICK [블루몬드 스틱]

model	length (ft)	sections (pcs)	closed length (cm)	rod weight (g)	top dia (mm)	butt dia (mm)	lure weight (g)	line weight (호)	carbon (%)	price (₩)
BAIT MODEL										
MC-662T	6'6"	2	102	140	1.8	11.0	MAX 120	PE 0.6-1.5	99	198,000
MC-662F	6'6"	2	102	145	2.0	11.2	MAX 160	PE 0.8-2.0	99	198,000

SM STICK [에스엠 스틱]

model	length (ft)	sections (pcs)	closed length (cm)	rod weight (g)	top dia (mm)	butt dia (mm)	lure weight (g)	line weight (호)	carbon (%)	price (₩)
BAIT MODEL										
MC-632T	6'3"	2	100	138	1.7	10.0	MAX 120	PE 0.6-1.5	99	150,000
MC-632F	6'3"	2	100	145	1.8	10.2	MAX 160	PE 0.8-2.0	99	150,000

ROCK BIRD [락버드]

model	length (ft)	sections (pcs)	closed length (cm)	rod weight (g)	top dia (mm)	butt dia (mm)	lure weight (호)	line weight (lb)	carbon (%)	price (₩)
SPINNING MODEL										
S-602M	6'0"	2	97	115	1.7	10.5	MAX 130	PE 0.6-1.5	87	68,000
BAIT MODEL										
C-602M	6'0"	2	97	120	1.7	10.5	MAX 130	PE 0.6-1.5	87	68,000
C-662M	6'6"	2	103	125	1.7	12.1	MAX 160	PE 0.8-2.0	87	75,000
MC-662MH	6'6"	2	103	135	1.8	12.4	MAX 160	PE 0.8-2.0	87	75,000

SCURA [스쿠라]

model	length (ft)	sections (pcs)	closed length (cm)	rod weight (g)	top dia (mm)	butt dia (mm)	lure weight (g)	line weight (호)	carbon (%)	price (₩)
BAIT MODEL										
SCC-652R	6'5"	2	135	132	1.4	11.7	MAX 90	PE 0.6-1.2	99	320,000
SCC-652T	6'5"	2	135	136	1.6	11.8	MAX 120	PE 0.6-1.5	99	320,000

TOSSTREK [토스트렉]

model	length (ft)	sections (pcs)	closed length (cm)	rod weight (g)	top dia (mm)	butt dia (mm)	lure weight (g)	line weight (호)	carbon (%)	price (₩)
BAIT MODEL										
TSC-632T	6'3"	2	143	140	1.6	11.2	MAX 120	PE 0.6-1.5	99	130,000
TSC-632F	6'3"	2	143	145	1.7	11.2	MAX 160	PE 0.8-2.0	99	130,000

BOOSARI [부사리]

model	length (ft)	sections (pcs)	closed length (cm)	rod weight (g)	top dia (mm)	butt dia (mm)	lure weight (g)	line weight (호)	carbon (%)	price (₩)
BAIT MODEL										
BBC-682T	6'8"	2	104	130	1.7	11.7	MAX 120	PE 0.6-1.5	99	110,000
BBC-682F(new)	6'8"	2	104	140	1.8	11.9	MAX 160	PE 0.8-2.0	99	110,000

경기도 구리시 동구릉로 395번길 124-4 (사노동) Tel: 031-558-9596 Fax: 031-557-9597

http://www.i-smtech.com

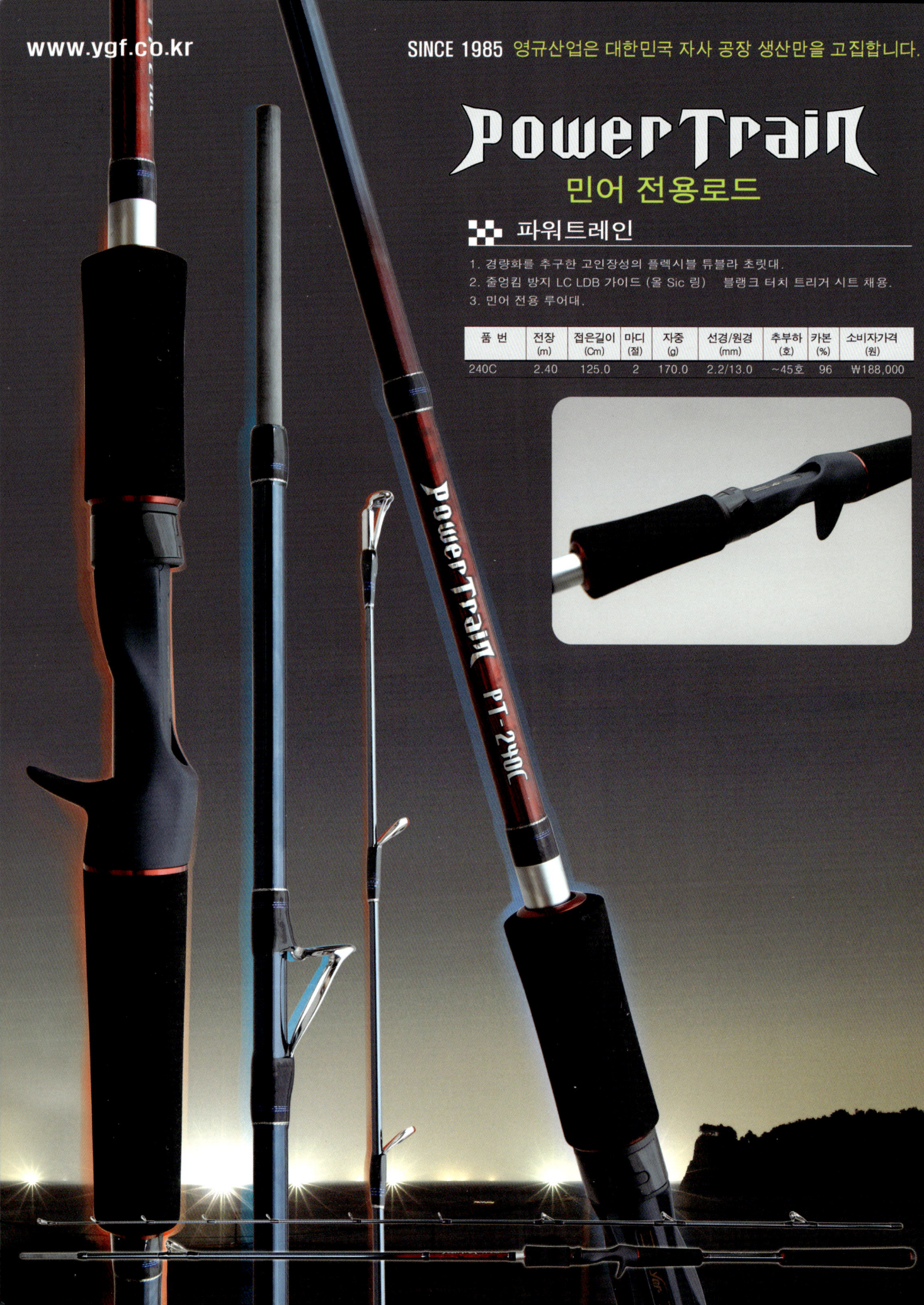

STALLION

스텔리온

1. 고탄성카본과 평직카본의 조화로 완성도 높은 디자인 구현.
2. Fuji 릴시트를 채용과 홀드감이 강한 롱너트로 안정적 낚시행위를 돕는다.
3. 전가이드 SIC링 사용, 높은 비거리와 라인의 마찰을 최소화 한다.
4. 대 구경의 TOP가이드와 쇼트 풋 가이드 장착, 보다 쾌적한 낚시를 연출한다.

품 번	전장 (m)	접은길이 (Cm)	마디 (절)	자중 (g)	Lure Wt. (g)	Line Wt. (lbs)	소비자가격 (원)
ST-802ML	8'0"(2.43)	126.0	2	150.0	7~25	6~12	₩147,000
ST-862ML	8'6"(2.58)	133.0	2	165.0	7~25	6~12	₩157,000
ST-862M	8'6"(2.58)	134.0	2	170.0	10~33	8~14	₩168,000
ST-902ML	9'0"(2.74)	141.0	2	180.0	10~30	8~14	₩178,000
ST-902M	9'0"(2.74)	142.0	2	210.0	10~45	8~20	₩189,000
ST-962ML	9'6"(2.89)	149.0	2	183.0	10~30	8~14	₩194,000
ST-962M	9'6"(2.89)	149.0	2	212.0	15~45	8~20	₩200,000
ST-1002M	10'0"(3.04)	157.0	2	215.0	15~45	8~20	₩210,000

스텔리온
질주본능!! 거침없는 질주가 시작된다.

인천광역시 계양구 효성2동 543-5 | TEL : 032-553-6333 / FAX : 032-553-6332   YGF 영규산업

경기 시흥 정왕점

경기도 시흥시 봉우재로 41번길 (정왕동 1597-5) (031) 434-5100

경기 구리점

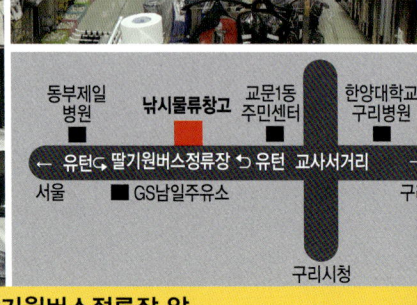

경기도 구리시 경춘로 45 농부빌딩 (교문동 307-9) (031) 556-1782 ※딸기원버스정류장 앞

류창고

경기 시흥 – 월곶 본점 (031) 431-3030
경기 시흥 – 정왕점 (031) 434-5100
경기 구리 – 구리점 (031) 556-1782
대전 서구 – 대전점 (042) 527-2727

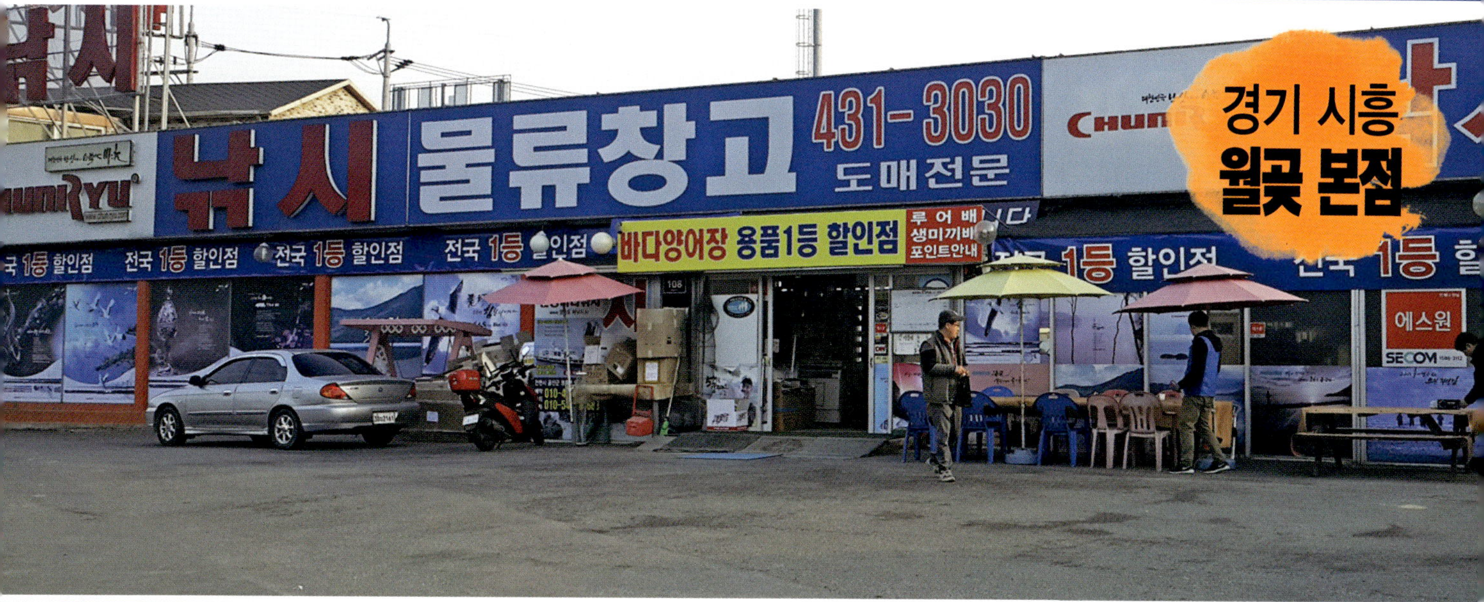

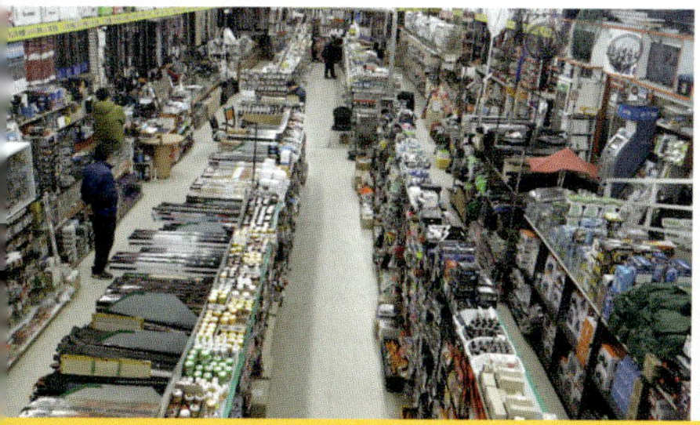

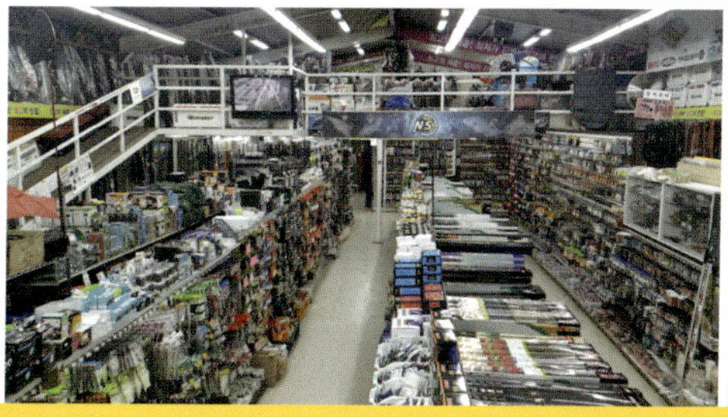

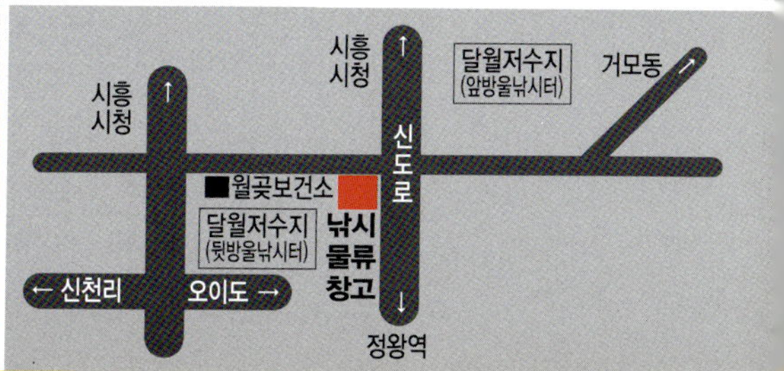

경기도 시흥시 군자로 108 (월곶동 379-8) (031) 431-3030

대전광역시 서구 정림동 266-4 (042)527-2727 ※주차는 매장옆 "착한낙지" 주차장 이용.

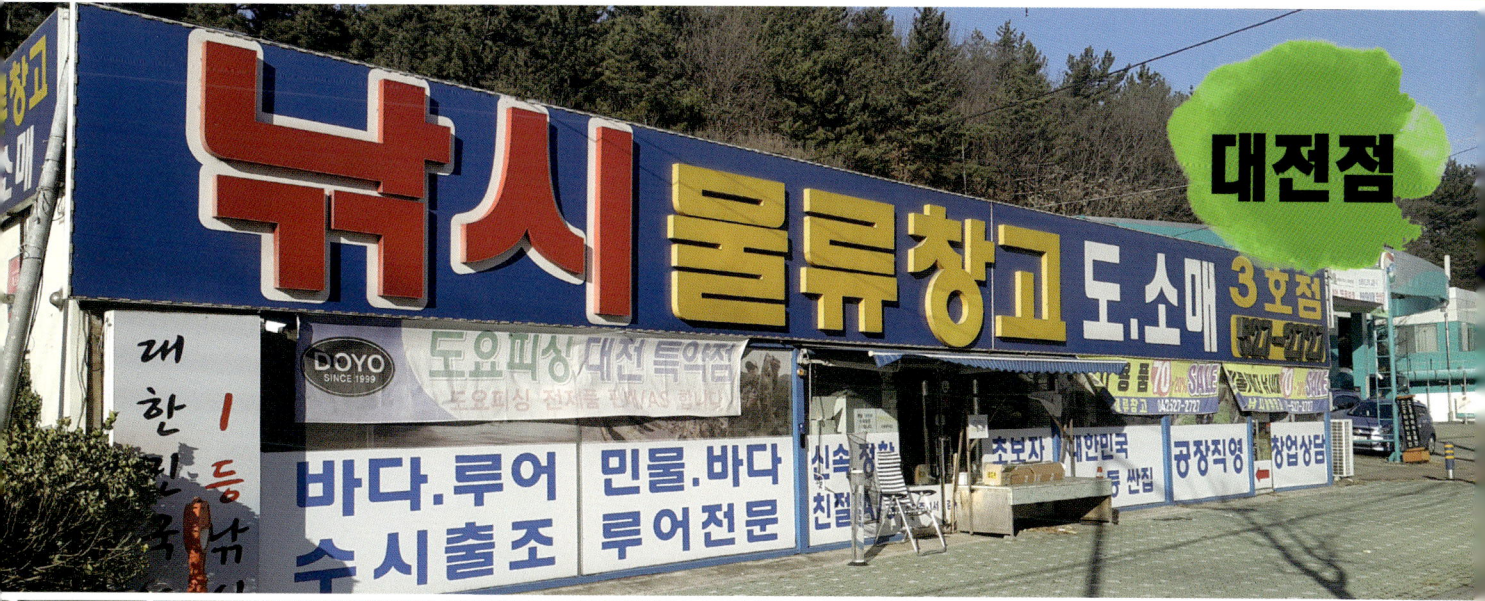

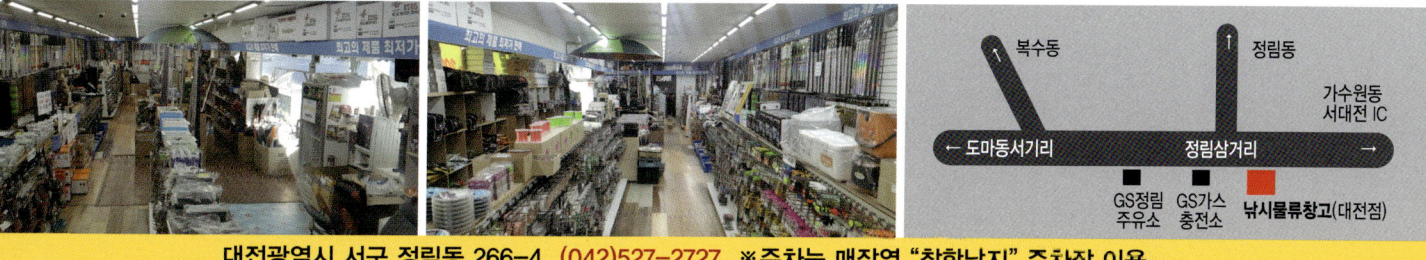

SUNBAIT
Lure for Fishing & Life

엘리스섀드 5인치, 4인치
입체 눈을 장착하여 대상 어종으로 하여금 공격 본능을 자극
두 갈래로 갈라진 핀테일의 움직임이 더욱 리얼한 액션을 연출
민물, 바다의 다운샷리그, 노싱커리그, 헤비다운샷리그 등에 사용

포시 테일 5.5인치, 4인치
입체 눈을 장착하여 대상 어종으로 하여금 공격 본능을 자극
딥 그루브를 사용하여 와이드갭 사용 때 훅세팅이 수월
긴 꼬리의 판 테일이 더욱 리얼한 액션을 연출

썬업 섀드 4인치
입체 눈을 장착하여 대상 어종으로 하여금 공격 본능을 자극
딥 그루브를 사용하여 와이드갭 사용 때 훅세팅이 수월
꼬리의 판 테일의 움직임이 더욱 리얼한 액션을 연출

우럭 광어용 그럽웜
우럭 광어용 지그헤드리그, 다운샷리그에 최적
부드러운 질감과 현란한 꼬리짓이 대상어를 유혹

윙 섀드
출시 예정

피나 섀드
출시 예정

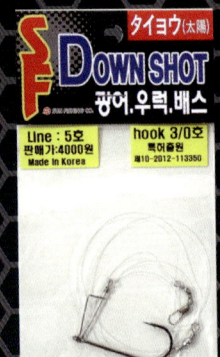
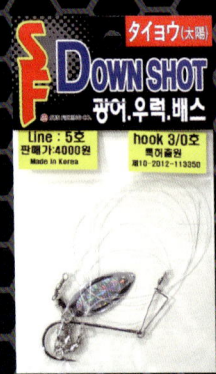

다운샷리그
라인 5호, hook 3/0호, 3개 포장
SUN 스냅은 신속하게 훅 교체가 가능하고
훅이 90도로 반듯이 선다. 웜의 움직임이
더욱 현란하고 훅킹이 잘 된다

블레이드 다운샷리그
라인 5호, hook 3/0호, 2개 포장
SUN 스냅은 신속하게 훅 교체가 가능하고
훅이 90도로 반듯이 선다. 웜의 움직임이
더욱 현란하고 훅킹이 잘 된다

SUNBAIT
Lure for Fishing & Life

우) 404-253 인천광역시 서구 가좌동 184-30 썬베이트
TEL. 011-9522-7729, 010-8739-7729 www.SUNBAIT.co.kr

아내가 허락한 화려한 외도...

남부낚시 서울시 금천구 독산동 150-12 www.nbfishing.co.kr
매장 02-858-1712 쇼핑몰문의전화 02-868-1782

NAVER 남부낚시

루어낚시는 런커로 통합니다.

각 분야의 최고만을 엄선하여 공급합니다.
즐거운 루어낚시를 런커와 함께 하세요.

최고의 명품 브랜드 '메가배스'
빅배스 루어의 대명사 '뎁스'
토너먼트 노하우로 탄생한 '오에스피'
조과 우선주의 실현의 '자칼'
계류, 바다, 배스 루어의 우등생 '집베이트'
엣지 프라이드 명성 그대로 '팜스'
100년전통의 세계 최대 루어메이커 '프라드코'
피싱전용 백, 소품의 지존 '지크락'

---- 런커 한국총판 브랜드 ----

국내 최대 루어 도소매 전문매장
www.lunkermall.com

(주)런커 본사: 경기도 하남시 감북동 437번지
TEL : 02-482-9212 FAX : 02-482-9214

구리점 경기도 구리시 교문동 743-1
TEL : 031-562-8885

전주점 전주시 덕진구 우아동 3가 광장빌딩
TEL : 010-4112-3312

대전점 대전시 서구 내동 15-15 화이트힐 1층
TEL : 042-527-7012

22	풍요로운 바다가 우리를 부른다 Under the Sea
24	록피시낚시의 매력 Invitation to the Rock
30	록피시의 수중생활 Rockfish's Life

CHAPTER 1
록피싱 장비와 채비

36	록피시 공략 대표 루어 Worm Rig
40	웜 셀렉팅 형태의 선택 & 색상의 선택
42	웜 인기 아이템 Worms for Saltwater
46	웜의 사각지대 공략병기 Hard Bait
48	원줄과 목줄 Saltwater Fishing Line
52	연안용 루어낚싯대 추천 Shore Rods
58	연안낚시에는 스피닝릴! Spinning Reel
62	선상용 루어낚싯대 추천 Boat Rods
70	선상낚시에는 베이트릴! Baitcasting Reel
74	각종 소품들 Accessory & Tackles

CHAPTER 2
연안루어낚시

80	연안루어낚시 현장 Rockfish Shore Trekking
84	연안 우럭낚시 기법 1 우럭 대표 채비는 지그헤드 리그
88	연안 우럭낚시 기법 2 갯바위의 우럭 포인트 찾기
90	연안 우럭낚시 기법 3 우럭 방파제낚시 테크닉
92	연안 광어낚시 기법 1 광어채비, 지그헤드냐? 다운샷이냐?
96	연안 광어낚시 기법 2 전문가의 실전 가이드-광어는 루어를 가리지 않는 악식가

낚시춘추 무크지 1
ROCKFISHING
우럭·광어·노래미 루어낚시

98	연안 광어낚시 기법 3 광어 서프 캐스팅-백사장에서 광어 낚는 법
102	Special Guide 1 록피시 루어낚시용 필수 묶음법
108	Special Guide 2 연안루어낚시터-록피시 핫스팟 10
112	Special Guide 3 쥐노래미 루어낚시

CHAPTER 3
선상루어낚시

118	선상루어낚시 현장 Rockfish Boat Fishing
122	다운샷 낚시 기법 1 광어낚시의 최강채비 Down Shot
124	다운샷 낚시 기법 2 다운샷 채비와 소품 사용법
126	다운샷 낚시 기법 3 실전강의-최선의 고패질은 '하는 듯 마는 듯'
130	다운샷 낚시 기법 4 일본 바다루어 고수의 다운샷 비책
134	다운샷 낚시 기법 5 일본식 다운샷 채비-Down Shot Japan Style
136	다운샷 낚시 기법 6 미국식 최신 광어낚시법-Bucktail Jigging
138	타이라바 낚시 기법 1 어종 불문 만능루어-타이라바 & 인치쿠
140	타이라바 낚시 기법 2 타이라바 & 인치쿠 히트 아이템
142	타이라바 낚시 기법 3 실전강의-바닥 찍은 후 1m 안쪽에서 놀려라
146	라이트 지깅 낚시 기법 1 첨단 루어낚시 Light Jigging
148	라이트 지깅 낚시 기법 2 메탈지그 베스트 라인업
150	라이트 지깅 낚시 기법 3 실전강의-강한 저킹 No! 부드러운 저킹 Yes!
154	Special Guide 4 서해 선상루어낚시터 지도

Under the Sea

풍요로운 바다가 우리를 부른다

바다는 신비다. 태고의 비밀에 싸인 미지의 생물들이 그 속에 살고 있다.
지상의 포유류는 6천 종, 조류는 9천 종이지만 바다의 어류는 3만2천 종이 넘는다. 어류들의 생활사는 대부분 제대로 밝혀지지 않았다.
바다는 생명이다. 끝없이 들고 나는 밀물과 썰물 속에서 정체와 부패는 소멸되어 버린다.
바다는 육지에서 흘러드는 모든 유기물을 분해하는 거대한 정화조다. 해수면에서 1m 안쪽의 대기에 산소량이 가장 많다.
바다는 축복이다. 북태평양의 온대해역에 속해 난류와 한류가 교차하는 우리바다는 철따라 풍부한 어족자원이 회유하는 천혜의 황금어장.
그 깊고 맑은 물속에는 싱싱한 바닷고기들이 떼를 지어 노닐며 낚시인들을 유혹하고 있다.

어초 속을 유영하는 망상어 떼.
우리바다는 쿠로시오난류와 리만해류,
황해연안수 등 난류와 한류가 교차하는
조경수역으로 세계적 황금어장을 형성하고 있다.
사진제공 한국수산자원관리공단(촬영 김광희)

록피시낚시의 매력

Invitation to the Rock

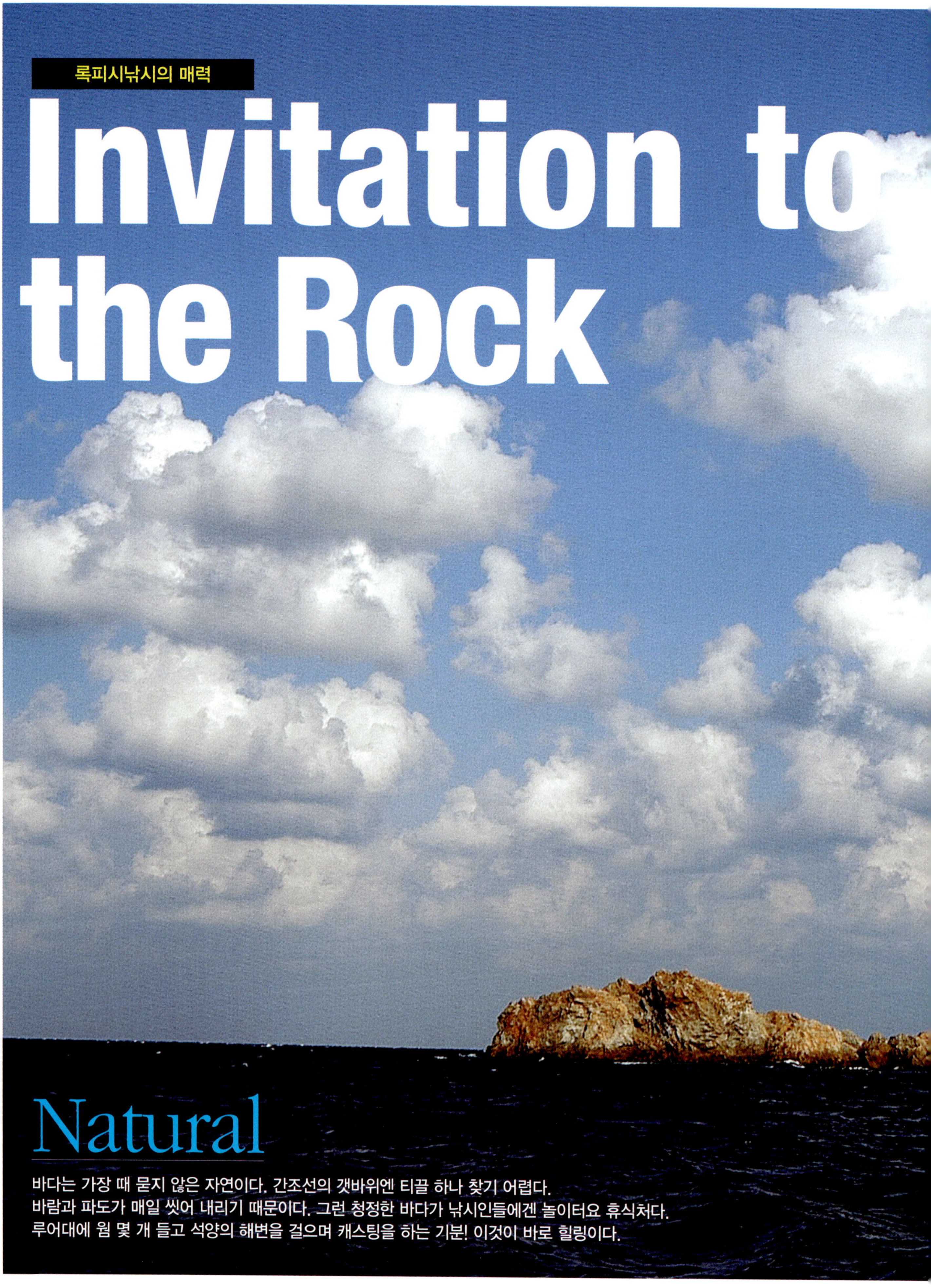

Natural

바다는 가장 때 묻지 않은 자연이다. 간조선의 갯바위엔 티끌 하나 찾기 어렵다.
바람과 파도가 매일 씻어 내리기 때문이다. 그런 청정한 바다가 낚시인들에겐 놀이터요 휴식처다.
루어대에 웜 몇 개 들고 석양의 해변을 걸으며 캐스팅을 하는 기분! 이것이 바로 힐링이다.

푸른 바다 위에 고고히 떠있는 갯바위(전남 신안군 흑산면 다물도의 작은 부속섬).

Active

바다는 늘 살아서 움직인다. 밀물과 썰물이 조류를 만들고 종잡을 수 없는 바람이 파도를 일으킨다.

낚시가 지루한 기다림이란 편견은 루어대를 드는 순간 바로 깨진다.
쉴 새 없이 던지고 감고 걷고 뛰는 레저가 바다루어낚시다.
루어라는 인조 미끼 자체가 인위적 액션을 가하지 않으면 미끼로서 효과를 내지 못하는 낚시도구이기에,
루어낚시는 태생적으로 액티브하다. 바로 그 동적인 매력에 젊은 앵글러들이 매료된다.

수평선에 해가 기울면 큰 바닷고기들이 저녁식사를 위해 해안으로 다가온다. 낚시의 골든타임이다.

"솥뚜껑 납시오!" 군포 낚시인 이지훈씨가 보령 외연도 시루떡바위 앞 해상에서 다운샷으로 올린 60cm급 광어를 들어 보이고 있다.

Big fish

루어를 공격하는 물고기는 일단 크다. 루어는 물고기를 본떠 만든 가짜미끼. 작고 약한 물고기가 다른 물고기를 공격할 순 없는 노릇이다. 그래서 생미끼낚시보다 루어낚시를 하면 빅 사이즈의 어종을 쉽게 낚을 수 있다. 더구나 우럭과 광어낚시 도중에 생각지도 못한 대형 참돔이나 농어, 방어가 걸려서 혼쭐이 날 수도 있다.

"이놈이 서해의 개우럭입니다!" 태안 격렬비열도에서 메탈지그 지깅으로 50cm급 우럭을 낚은 성남의 송경진씨.

Tasty

바다낚시의 즐거움 중에 먹는 맛을 빼놓을 수 없다.
이 책에서 타깃으로 삼는 록피시는 대표적 흰살생선으로 육질이 단단하고 담백한 최고의 미어들이다.
우럭은 회, 구이, 매운탕, 어떤 요리를 해도 맛있고, 광어는 일본까지 정평이 나 있는 우리나라 대표 횟감이다.
그러나 그동안 횟집에서 먹었던 양식산 우럭과 광어로 맛을 품평하지 말라. 자연산의 맛은 차원이 다르니까.
돈 주고도 사먹기 힘든 자연산 횟감을 손수 낚아 먹을 수 있다는 점이 바다루어낚시의 특출한 매력이다.

보글보글 끓고 있는 우럭 매운탕. 소주 한잔 생각이 절로!

맛있는 생선 요리가 있어 행복한 낚시인들의 뒤풀이. 직접 낚은 물고기로 요리를 해서 마음 맞는 친구들과 나눠 먹는 즐거움은 대어 손맛 못지않은 바다루어낚시의 매력이다.

요 맛 몰랐지? 낚시인들이 개발한 '회김밥'.

이 세상에서 가장 맛있는 회는 배 위에서 바로 썰어 먹는 회다.

"고마 해라. 마이 묵었다 아이가~"

윤기가 자르르한 자연산 우럭 회. 양식 우럭의 맛과는 비교할 수 없다.

록피시의 수중생활

Rockfish's Life

바다루어낚시의 가장 대중적인 낚시어종인 우럭·광어·쥐노래미는
주로 암반층에 서식한다고 하여 록피시(rockfish)라 불린다.
그러나 먹이활동을 할 때는 깊은 암반지대를 떠나 얕은 자갈밭이나 모래밭으로 들어오기도 한다.
해안에선 암초와 해조류가 풍성한 방파제, 갯바위에서 잘 낚이고,
배낚시에선 어초, 침선, 수중여밭에서 고루 낚인다.

해저의 암초 사이를 유영하는 우럭(누루시볼락).

먹이 사냥 중인 우럭

휴식 중인 우럭

우럭의 집단 서식처 역할을 하는 인공어초

해조류 속에서 헤엄치는 우럭.

우럭의 생태
낮에는 무리지어 은신, 밤에는 분산해 중층까지 회유

우럭은 조피볼락이라는 학명보다 '우럭'이라는 속명으로 더 많이 불리고 있다. 영명은 암초밭에서 산다고 하여 블랙 록피시(Black rockfish)로 불리며 일본명은 검다고 하여 구로소이(クロソイ)로 불린다.

우럭은 볼락, 불볼락(열기), 도화볼락, 개볼락, 쏨뱅이 등과 함께 볼락속에 속한다. 우럭(조피볼락) 외에 간간이 누루시볼락도 낚인다. 누루시볼락은 우럭과 흡사하나 체색이 약간 옅고 꼬리지느러미 끝에 밝은 푸른 테가 둘러져 있는 게 구별점이다. 우럭을 낚은 줄 알았는데 꼬리지느러미 끝이 밝은 푸른색으로 보인다면 누루시볼락이다. 크기는 우럭보다 작아 25cm급이 흔한 편이다.

우럭의 성장속도는 서식해역의 수온이나 먹이 풍요도에 따라 약간 차이가 있다. 대개 1년에 10~12cm 자라며, 2년에 20cm, 3년에 26~31cm, 4년에 28~35cm, 5년에 31~38cm로 성장한다고 알려져 있다. 동서남해에 모두 서식하나 서해와 남해서부의 자원량이 가장 많은 편이다.

우럭의 식성은 어식성이다. 위 속 내용물을 조사해보면 50% 이상이 작은 물고기이며 40%가 새우, 게 등의 갑각류, 나머지는 오징어, 문어류다. 우럭이 루어에 잘 낚이는 이유도 사냥 본능이 강한 어식어이기 때문이다.

누루시볼락은 조피볼락보다 체색이 옅고 꼬리지느러미 끝이 밝은 푸른색이다. 그러나 생김새가 비슷해 두 어종 모두 우럭으로 통칭하고 있다. 조피볼락이 흔하고 누루시볼락이 귀하다.

조피볼락

누루시 볼락

표준명: 조피볼락
학명 : *sebastes schlegelii*
영명 : Black rockfish, Schlegel's rockfish
일명 : 쿠로소이(クロソイ)
속명 : 우럭

어초 사이에 무리지어 서식하는 우럭. 먹이사냥을 할 때는 은신처에서 나와 활발하게 회유한다.

표준명 : 넙치
학명 : **Paralichthys olivaceus**
영명 : Bastard halibut, Flatfish
일명 : 히라메(ヒラメ)
속명 : 광어

암초 위의 광어(넙치). 광어는 모래바닥에 서식하는 것으로 알려져 있지만 실제로는 암반층에서 더 많이 낚인다.

좌광우도! 광어는 눈이 왼쪽에, 도다리는 눈이 오른쪽에 몰려 있다.

광어의 생태
모래와 암반지대에 사는 은신의 귀재

광어의 표준명은 넙치인데 역시 속명인 광어(廣魚)로 많이 불린다. 몸이 납작하고 넓다는 뜻에서 붙여진 이름이다. 조선시대부터 광어란 이름으로 많이 불러왔으며 북한에서도 광어라고 부른다고 한다.

광어의 가장 큰 특징은 두 눈이 한쪽으로 쏠려 있다는 점이다. 두 눈이 한쪽으로 모여 있는 고기로는 가자미류(가자미와 도다리 등)가 있다. 두 어종을 구분하는 방법은 고기의 배를 손으로 받쳐 얼굴에서 꼬리쪽으로 봤을 때 눈이 왼쪽에 몰려있으면 광어, 오른쪽에 몰려있으면 가자미다. 흔히 말하는 '좌광우도'라는 구분법이다.

광어는 여름철에는 얕은 곳으로 이동해 왔다가 겨울철이 되면 100m 이상 깊은 수심으로 이동한다. 바닥은 뻘과 모래가 섞인 곳(사니질)을 좋아하지만 수중암반 주변에도 많이 서식하고 있다. 실제 광어낚시터는 모래뻘보다 암반층에 형성되는 편이다. 광어는 동서남해에 모두 서식하지만 서해의 자원량이 압도적으로 많다.

성장 속도는 서식하고 있는 환경에 크게 영향을 받는데, 대략 1살에 전장 30cm(250g), 2살에 40cm(700g), 3살에 50cm(1.4kg), 4살에 60cm(2.5kg), 5살에 65cm(3.3kg), 6살에 70cm(4.5kg) 정도의 성장 속도를 나타낸다. 우럭보다는 성장속도가 빠른 편이다. 이러한 성장은 수온이 높은 여름에서 가을까지 빠르고 동절기에는 비교적 완만한 성장을 나타낸다.

보호색으로 위장한 광어.

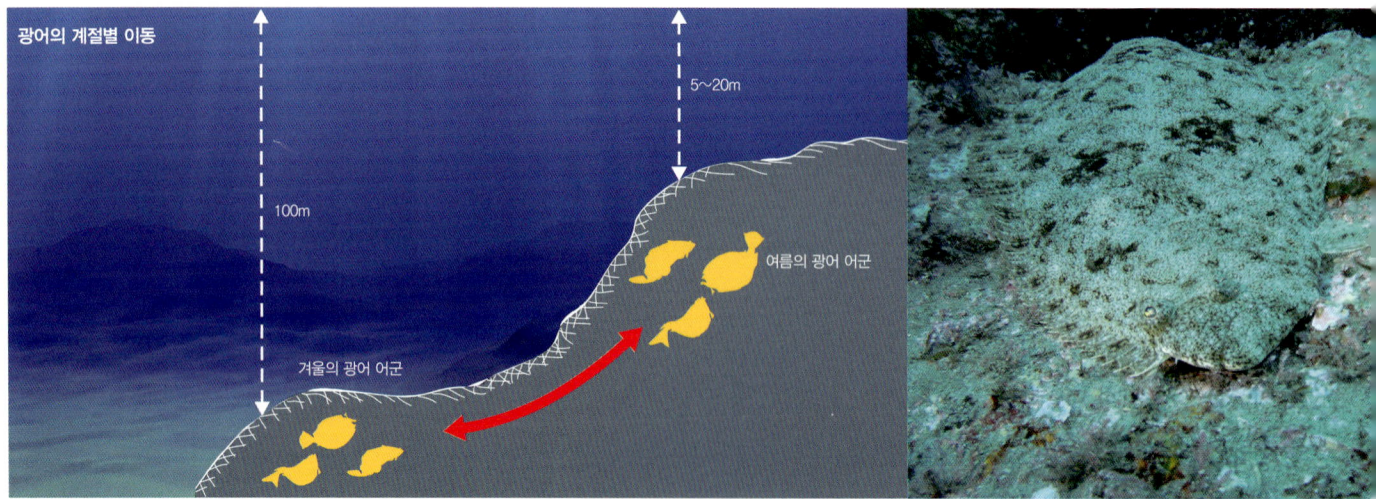

표준명 : 쥐노래미
학명 : *Hexagrammos otakii*
영명 : Greenling
일명 : 아이나메
속명 : 노래미, 놀래미, 게르치(경남), 돌삼치(강원)

쥐노래미는 노래미보다 체색이 밝고 더 대형으로 자란다.

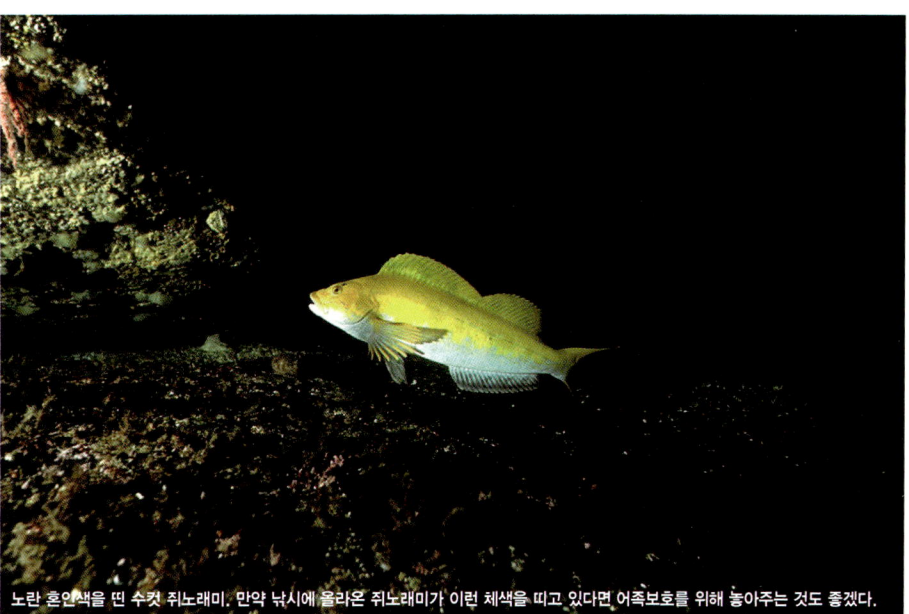

노란 혼인색을 띤 수컷 쥐노래미. 만약 낚시에 올라온 쥐노래미가 이런 체색을 띠고 있다면 어족보호를 위해 놓아주는 것도 좋겠다.

쥐노래미의 생태
식성 좋은 악식가, 밤에는 거의 활동 안해

쥐노래미는 쥐노래미과의 대표어종이다. 흔히 '노래미'라고 부르지만 노래미라는 어종은 따로 있다. 노래미는 소형어종으로 커도 30cm 미만이지만 쥐노래미는 60cm까지 자라는 대형 어종이다. 쥐노래미의 가장 큰 특징은 옆줄(측선)이 5줄이란 점이다. 또 부레가 없다는 점도 특징이다. 부레가 없기 때문에 깊은 수심에서 낚여도 건져 올리는 마지막 순간까지 힘이 빠지지 않는데 이것이 쥐노래미의 당찬 손맛의 이유이기도 하다.

크기는 20~30cm가 흔하고 40cm급이면 대물에 속하며, 50cm급도 드물게 낚인다. 특히 수컷이 대형화하는 것을 볼 수 있다. 쥐노래미 역시 동서남해에 모두 서식하지만 서해와 남해서부에 자원이 많고 특히 가거도, 홍도 등 신안군 흑산면 해역에 대형 자원이 풍부하다.

암초지대에 주로 서식하지만 바위가 섞인 모래밭, 자갈밭 등에도 있다. 30m 이내의 얕은 수심에 주로 서식하지만 대형은 70m의 깊은 수심에도 서식하는 것으로 알려져 있다. 암초에 의지해 바닥 생활을 하며 대부분의 시간을 배를 깔고 지내며 행동반경은 넓지 않다. 따라서 쥐노래미를 낚으려면 철저히 바닥을 노려야 한다. 그러나 암초 틈에 숨어 사는 것이 아니라 영역을 형성하는 습성을 갖고 있어 자기가 터전으로 삼는 암초가 있으면 그 꼭대기에 올라타고 있는 경우도 있다. 자기 영역에 들어온 침입자는 끝까지 몰아내려는 성질 때문에 루어낚시에 잘 걸려든다. 갯지렁이, 갑각류, 작은 물고기 등 무엇이든 잡아먹는데 주로 주간에 활동하고 야간에는 잘 움직이지 않는다.

암초에 붙어 사는 쥐노래미. 낮에 활동하고 밤에는 잘 움직이지 않는다.

록피시루어낚시용 낚싯대와 릴은 첨단 하이테크놀로지의 결정체다.
낚싯대와 릴 제조회사들은 요즘 가장 핫한 이 시장을 장악하기 위해
최고의 기술력을 경쟁적으로 쏟아 붓고 있다.
고탄성 카본섬유를 압축 성형한 낚싯대들은 가느다란 외형에도 믿기지 않는 강도를 자랑하며,
특수합금의 정밀 부속으로 조립된 릴들은 소형 사이즈의 한계를 뛰어넘는 파워를 내뿜는다.

Chapter 1
록피싱 장비와 채비

록피싱 장비와 채비 ❶

록피시 공략 대표 루어

Worm Rig
지그헤드 리그 · 다운샷 리그 · 텍사스 리그

광어·우럭·쥐노래미 등을 낚는 록피시 연안루어낚시에서 가장 많이 사용하는 루어는 웜(Worm)이다.
말랑말랑한 소프트베이트인 웜은 바닥층에 사는 록피시 공략에 최고 성능을 발휘하지만,
가벼운 무게 때문에 단독으로 사용할 수는 없어서 여러 가지 싱커를 결합한 웜 리그(채비)로 사용한다.
그중에서도 연안낚시에선 지그헤드 리그가 가장 많이 쓰이며, 최근엔 다운샷 리그 사용도 늘고 있다.
텍사스 리그는 수심이 얕은 포인트를 탐색하거나 입질이 약할 때 종종 사용되는데 사용 빈도는 낮다.

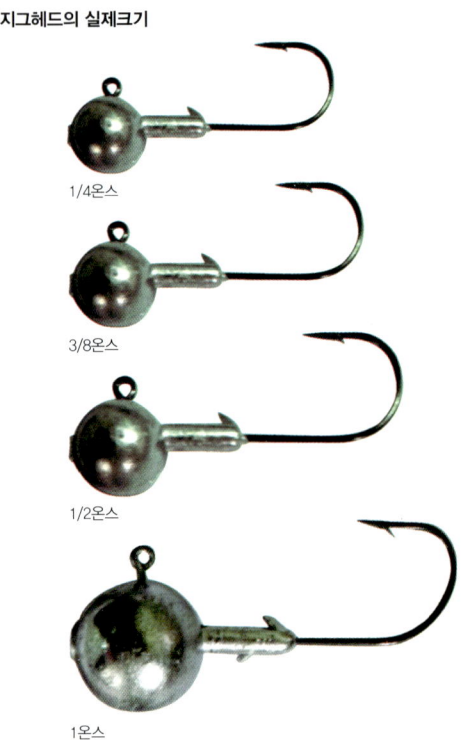

지그헤드의 실제크기

1/4온스
3/8온스
1/2온스
1온스

지그헤드 무게 선택요령

1/2온스가 기준, 원도나 직벽에선 1~2온스까지

지그헤드의 무게 선택의 기준은 캐스팅 거리와 수심이다. 1/2온스를 기준으로 삼아서 수심이 10m 이상 깊은 원도나 직벽 포인트를 찾는다면 1온스를 쓰면 된다. 민물에선 카운트다운을 해서 수심을 체크하고 그에 맞는 지그헤드 무게를 찾지만 조류가 복잡하게 흐르고 변수가 많은 바다에선 그런 것을 따지기 보다는 캐스팅 거리를 우선으로 하는 게 낫다. 연안 지형이 완만한 서해의 경우 대부분 연안 수심은 5m 이내인데 1/2온스가 적당하고, 10m 이상 수심을 보이는 원도나 직벽 포인트에선 1온스가 적합하다.

지그헤드 리그

지그헤드 리그(Jighead rig)는 말 그대로 지그헤드에 웜을 꿴 채비다. 지그헤드는 스트레이트 훅의 머리 쪽에 납, 텅스텐 등으로 만든 싱커가 결합된 바늘 형태다. 웜과 바늘이 결합된 매우 단순한 형태로서 전체 크기도 다른 웜 리그에 비해 작기 때문에 물의 저항을 덜 받아 낙하 속도가 빠른 게 특징이다. 또 바늘이 웜 밖으로 많이 노출되어 있기 때문에 입걸림이 잘 되는 게 장점이지만 동시에 많이 노출된 바늘 때문에 바닥 걸림이 심하다는 단점도 있다.

연안루어낚시에서 입질이 잦은 시간은 밀물 썰물의 조류가 바뀌기 전후 한두 시간 정도로 짧기 때문에 이때 들어오는 입질을 신속하게 처리하는 게 중요하다. 지그헤드 리그는 웜 채비 중 가장 간단하고 스피디하여 이러한 속전속결낚시에 유리한 루어라 할 수 있다.

기본형 : 3/8~1/2온스 지그헤드 + 4인치 그럽

록피시 연안낚시에서 가장 많이 사용하는 지그헤드 리그 패턴은 3/8~1/2온스 지그헤드에 4인치 그럽이다. 예전엔 무거운 지그헤드를 쓰면 바닥 걸림이 심하다는 이유로 1/4~1/8온스를 활용해왔지만, 사실은 무거운 루어를 쓰는 게 오히려 밑걸림이 덜하고 낚시하기 편하다. 무거운 루어를 써서 멀리 캐스팅하면 암초가 적은 자갈바닥이나 모래바닥에 루어가 떨어지기 때문에 걸림이 적다. 연안 쪽으로 감아 들이다 보면 암초와 모래바닥 경계 지점이나 수중턱 등에서 입질을 받는 경우가 많다. 조류가 강하거나 수심이 깊은 경우엔 1온스를 쓰기도 한다.

지그헤드는 헤드의 형태에 따라 둥근 쇠구슬 모양의 라운드형과 럭비공처럼 생긴 풋볼형, 뾰족한 총알형 등으로 나뉘는데 균형이 잘 잡혀 어디서든 고루 사용할 수 있는 라운드형이 가장 많이 쓰인다.

지그헤드 리그에 쓰는 웜은 그 형태에 따라 그럽, 섀드, 테일웜 등으로 나뉘는데 연안낚시에선 그럽이 가장 많이 사용되며 길이는 4인치가 기본이다. 민물 쏘가리낚시에선 2~2.5인치짜리 소형 그럽을 주로 사용하는데, 바닷고기는 쏘가리보다 입질이 사납기 때문에 큰 웜을 쓰는 게 좋으면 좋았지 나쁠 게 없다. 4인치를 기준으로 입질이 약할 때는 3인치, 활성이 좋을 때는 5인치를 쓴다. 바늘 크기는 4인치 웜을 기준으로 3/0(영삼번)~4/0(영사번)을 쓴다.

지그헤드 리드는 밑걸림이 잦기 때문에 넉넉하게 준비해야 한다. 6시간 정도 낚시를 한다고 가정할 때 20~30개의 지그헤드를 준비하면 충분하겠다.

록피시 연안 루어낚시의 대표 채비라 할 수 있는 지그헤드 리그.

기본 액션 : 우럭은 호핑, 광어는 스위밍

지그헤드 리그를 활용해 우럭과 광어를 유혹할 수 있는 최고의 액션은 호핑(hopping)과 스위밍(swimming)이다. 호핑은 대 끝으로 통통 튀어 오르게 하는 동작이며, 스위밍은 바닥에 닿지 않도록 릴링하는 것이다. 지그헤드 리그를 활용한 액션은 여러 가지가 있지만 좌우 또는 앞뒤로 복잡하게 흐르는 조류 속에서 다양한 액션을 구사하기는 쉽지 않고 또 구사한다 하더라도 바늘이 노출되어 있는 채비 특성상 밑걸림이 자주 발생한다.

호핑과 스위밍은 밑걸림을 피하면서도 우럭과 광어의 입질을 유도할 수 있는 액션법이다. 우럭과 광어는 루어가 솟구칠 때보다 루어가 떨어지는 폴링 동작에 입질하곤 하는데 호핑엔 우럭이 잘 물고 스위밍엔 광어가 잘 무는 편이다.

① 호핑

루어가 바닥에 닿으면 낚싯대를 순간적으로 튕기듯 들어주었다가 다시 낮춰주면서 릴링하는 동작이다. 이때 루어가 튀어 오르는 높이는 30cm 정도를 상상하고 조작한다. 조류가 흐르기 때문에 너무 높이 튕겨주면 루어는 예상하는 곳과 다른 곳으로 떨어질 수 있다.

호핑을 하면서 낚싯줄을 감아주는데 릴링 속도는 50m 거리를 2분 만에 끌어오는 소요시간이 알맞다. 입질은 대개 루어를 튕겨준 후 떨어질 때 들어오며 입질이 들어왔을 때엔 이미 물고기 입 속에 루어가 들어가 있으므로 별도의 챔질 동작은 필요 없다. 약한 입질은 루어가 무거워지는 느낌으로 나타난다. 잔 씨알일 경우 다 감아 들이고 나서야 루어를 물고 있는 것을 확인할 때도 있다.

지그헤드 리그의 호핑

30cm 정도 높이로 폴짝 폴짝 튀어 오르게 한다.

지그헤드에 웜 꿰기

① 지그헤드와 그립. 바늘 끝이 웜의 어느 부분에 나오게 할 것인지 미리 파악한다.

② 웜 머리의 가운데 부위에 훅을 찔러 넣는다.

③ 웜의 형태에 맞춰서 바늘을 밀어 넣는다.

④ 처음 파악했던 웜 노출 부위로 바늘을 빼낸다.

⑤ 바늘을 빼낸 상태의 웜. 이때 바늘허리 길이에 맞게 바늘이 나온 것인지 살핀다. 바늘허리와 맞지 않았다면 다시 바늘을 웜 속으로 밀어 넣은 후 알맞은 위치에 다시 빼내도록 한다.

⑥ 지그헤드를 꿴 그립.

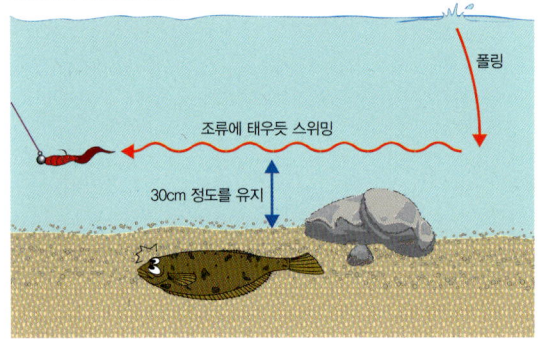

지그헤드 리그의 스위밍

② 스위밍

스위밍은 캐스팅 후 원하는 수심까지 루어를 가라앉힌 후 단순하게 릴링하는 동작을 말한다. 하지만 '조류의 흐름에 루어를 태운다'는 생각으로 천천히 감아 들이는 게 효과적이다. 루어가 바닥에 닿지 않을 정도로 낚싯줄을 관리하면서 천천히 릴링한다. 너무 빨리 감으면 웜 채비가 떠버린다. 바닥에서 30cm 정도 띄워서 유영시킨다고 생각하고 감아 들이는 것이다. 이렇게 바닥에서 50cm 내로 루어를 스위밍시키려면 PE라인을 써야 한다. PE라인은 낚싯줄 자체의 부력이 있기 때문에 낚싯대를 세우고 감아 들이는 동작만으로 바닥층에서 살짝 루어를 띄울 수 있다.

일단 루어를 바닥까지 가라앉힌 다음 릴링을 해서 수면에 떠있는 라인이 팽팽해지도록 곧게 펴준 뒤 로드를 세워서 릴링을 시작한다. 이렇게 하면 채비는 바닥층을 떠나 살짝 뜨게 되는데 이때 릴링의 속도가 중요하다. 1초에 한 바퀴가 채 안 될 정도로 느리게 감아야 한다. 이런 속도로 감아도 합사의 부력 때문에 채비는 쉽게 가라앉지 않는다.

돌 틈의 우럭이나 모래바닥에 몸을 숨기고 있던 광어는 머리 위로 조류에 따라 떠다니듯 흘러가는 루어를 보고 솟구쳐서 덮치게 된다. 스위밍 역시 호핑과 마찬가지로 별도의 챔질 동작은 필요 없다. 투둑-하는 입질이 와도 그냥 계속 감아주면 물고기가 쫓아오면서 루어를 깊이 삼킨다. 릴링 속도는 1/2온스 지그헤드를 40m 정도 날렸을 경우 연안까지 릴링하는 데 1분30초 정도 걸리는 속도가 적당하다.

록피시 선상루어낚시의 대표 채비라 할 수 있는 다운샷 리그.

다운샷 리그

다운샷 리그(Down shot rig)는 봉돌이 바늘보다 30~50cm 아래에 달린 채비로서, 원래 배스낚시 채비로 개발되어 바다루어낚시, 특히 광어낚시에 널리 쓰이고 있다. 원산지인 미국식 이름은 드롭샷이지만 일본에서 다운샷으로 개칭되었고 한국에서도 다운샷이라 불리고 있다. 우리말로는 아랫봉돌채비라 할 수 있다.

대체로 다운샷 리그는 수직탐색을 하는 선상낚시에서 쓰이지만 연안루어낚시에서도 수심이 깊은 직벽 포인트를 노리거나 지그헤드 리그에 입질이 없는 경우 효과적으로 사용할 수 있다. 다운샷 리그는 봉돌이 웜의 액션에 영향을 주지 않기 때문에 별다른 액션을 주지 않고 놔두어도 루어가 조류에 따라 움직여서 입질을 유도한다. 또 한 자리에 놓아두고 낚싯줄만 흔들어서 대상어의 입질을 유도할 수 있기 때문에 밑걸림이 심한 곳에서 활용도가 높다. 바늘의 위치는 봉돌에서 30cm 정도가 적당하다.

기본 액션은 제자리 뛰기나 호핑

다운샷 리그용 봉돌은 선상낚시에선 30~50호로 아주 큰 것을 쓰지만 연안낚시에선 1/2온스~2온스의 봉돌을 쓴다. 배스낚시용으로 출시된 다운샷 봉돌은 1/2온스가 가장 무거운 중량이므로 더 무거운 봉돌을 쓰려면 1온스(28.34g)와 비슷한 중량의 일반 바다낚시용 7호나 8호 구멍봉돌(30g 전후)을 써야 한다. 전남 신안 홍도와 같이 수심이 20m에 이르는 직벽 포인트에선 1과 1/2온스나 2온스 봉돌을 쓰기도 한다.

바늘은 3/0~4/0 크기의 와이드갭 훅이나 스트레이트 훅을 사용하는데, 지그헤드처럼 바늘이 많이 노출되는 형태의 스트레이트 훅이 입걸림이 잘 되어 좋다. 다만 밑걸림 위험을 줄이려면 바늘 끝이 웜 속에 살짝 묻히는 와이드갭 훅이 유리하다. 웜은 4인치 전후의 그럽 또는 섀드웜을 사용한다.

다운샷 리그는 특별한 액션을 가하지 않아도 그 자체로 웜이 움직이면서 입질을 유도하는 채비다. 바닥을 끌어주다가 무언가 지형 변화가 있는 곳이나 수중턱을 발견했다면 그 자리에 놓아둔 뒤 낚싯줄이 늘어졌다 펴지는 정도로만 낚싯대를 움직여주어 '제자리 뛰기'를 해주거나 낚싯대를 조금 더 크게 올렸다 내려서 채비가 폴짝폴짝 뛰게 만들어준다(호핑).

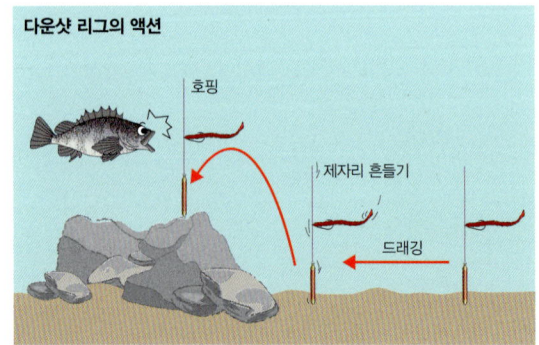

다운샷 리그의 액션

텍사스 리그

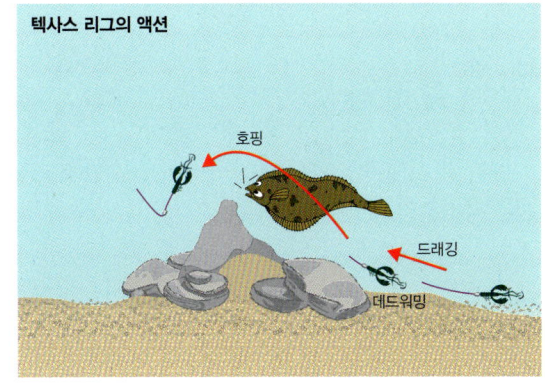
텍사스 리그의 액션

텍사스 리그(Texas rig)는 원줄에 싱커(구멍봉돌)를 넣고 바늘을 묶은 채비다. 배스낚시용 채비로서 우리말로는 '유동형 봉돌채비'라 할 수 있다. 텍사스 리그는 입질이 예민한 겨울이나 5m 수심 이하의 얕은 수심층을 노릴 때 활용한다. 싱커는 1/4~1온스 무게의 총알형 싱커를 주로 쓴다.

텍사스 리그는 봉돌과 바늘이 분리되어 있어 수중 낙하할 때 봉돌이 먼저 내려가고 웜이 천천히 하강하는 특징을 보이는데 그런 폴링 액션 중 입질이 들어오는 경우가 많다. 그래서 바닥을 끌어주다가 한 번씩 호핑을 해주는 액션에서 텍사스 리그의 입질 유인능력이 크다. 수심이 얕은 곳을 노릴 때 드래깅 후 호핑을 많이 활용한다. 겨울처럼 물고기의 활성이 약할 때는 입질이 들어올 만한 지형지물을 찾은 뒤 배스낚시에서 데드워밍(일명 시체놀이)을 하듯 움직이지 않고 그대로 놓아둔 뒤 라인만 조금씩 흔들어주는 식으로도 입질을 유도한다.

텍사스 리그용 웜은 그럽 외에도 스커트가 달려 있는 스파이더(Spider) 그럽, 호그웜 등 루어 자체의 파동이나 액션이 좋은 웜을 활용한다. 바닥을 끄는 액션이 많으므로 밑걸림이 심한 지역에선 사용하기 어려우며 스트레이트 훅보다는 바늘 끝을 숨길 수 있는 와이드갭 훅이 알맞다. 3/0~4/0 바늘을 사용하는데 겨울 등 저활성기엔 3/0 바늘과 3인치 웜 조합이 알맞다.

얕은 수심에서 많이 사용하는 텍사스 리그.

다운샷·텍사스 리그용 바늘에 웜 꿰기

스트레이트 훅에 웜 꿰기

① 웜과 스트레이트 훅. 웜에 꿴 바늘 끝이 나올 위치를 가늠해본다.
② 웜 머리 중앙에 바늘을 찔러 넣는다.
③ 바늘을 봉합선을 따라 밀어 넣는다.
④ 처음에 가늠했던 바늘 노출 부위로 바늘 끝을 빼낸다. 이때 낚싯줄을 묶는 훅아이는 웜에서 살짝 노출되는 정도가 알맞다.
⑤ 스트레이트 훅을 꿴 웜.

 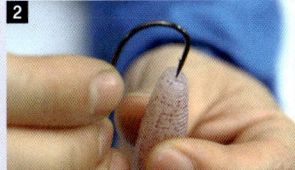 
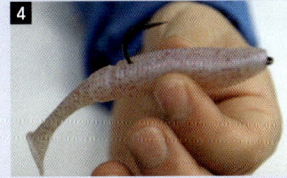 

와이드갭 훅에 웜 꿰기

① 와이드갭 훅과 웜. 웜의 어느 정도 부위에서 바늘 끝이 나오면 적당할지 가늠해본다.
② 바늘 끝을 웜 머리 중앙에 찔러 넣는다. 이때 바늘을 찔러 넣는 방향이 바늘이 노출되는 방향과 반대여야 한다.
③ 웜 머리 중앙에 찔러 넣은 바늘을 빼낸다.
④ 바늘을 180도 돌린다.
⑤ 바늘 끝이 나올 부위를 가늠해본다.
⑥ 바늘에 찔러 넣는다.
⑦ 바늘 꿰기를 마친 웜. 밑걸림이 있는 곳에선 바늘 끝을 웜에 살짝 찔러 넣는다.

 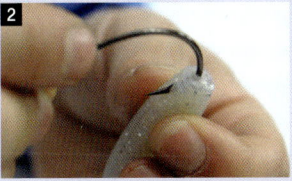 

웜의 형태와 색상 고르기

Worm Selecting

형태의 선택

그럽 : 전천후, 섀드웜 : 다운샷

바다루어낚시에서 사용하는 웜은 크게 애벌레 형태의 그럽(grub)과 물고기나 벌레 형태의 이미테이션 웜으로 나뉜다. 그중 그럽은 연안루어낚시부터 선상루어낚시까지 가장 많이 쓰이는 웜이며 이미테이션 웜 중 물고기를 닮은 섀드웜(shad worm)은 '다운샷용 루어'라 할 정도로 다운샷 낚시에서 위력을 발휘한다.

그럽 Grub

그럽은 곤충의 유충과 같이 통통한 벌레를 뜻하는 말이다. 몸통이 이와 닮은 웜을 통틀어 그럽이라고 부른다. 보통 두툼한 몸통에 나풀거리는 납작한 꼬리가 달려 있는데 꼬리가 하나인 것을 싱글 테일, 두 개인 것을 더블 테일이라 부른다. 바다루어낚시에선 싱글 테일이 주로 쓰인다. 크기는 3~5인치를 쓴다.

컬리 테일 그럽 curly tail grub

가장 많이 쓰이는 그럽이다. 꼬리가 하나 달린 싱글 테일로서 꼬리가 알파벳 C 형태로 구부러져 있어 컬리(curly-둥그렇게 말린) 테일 그럽이라 부른다. 그럽이라고 하면 대부분 컬리테일 그럽을 떠올릴 정도로 많이 사용한다.
연안루어낚시에서 지그헤드 리그용 루어로 사용하며 다운샷 리그, 텍사스 리그에 두루 활용한다. 선상 다운샷 낚시에서도 섀드웜과 함께 많이 사용한다.

스커티드 트윈 테일 그럽 skirted twin tail grub

꼬리가 두 개 달린 트윈 테일 그럽으로서 웜 머리에 여러 갈래의 스커트가 달려 있는 그럽이다. 조류를 받아서 꼬리와 스커트가 움직이면 큰 파동이 발생한다. 선상 다운샷 낚시에서 우럭을 노릴 때 또는 연안낚시에서 다운샷 리그나 텍사스 리그를 사용할 때 사용한다.

리본 테일 웜 ribbon tail worm

꼬리가 긴 스트레이트 웜이다. 웜 몸통 길이만 하거나 그보다 긴 꼬리가 달려 있다. 치렁치렁한 테일이 리본 같다고 해서 이름이 붙여졌다. 우럭 외줄낚시에서 생미끼 대신 많이 사용하는 웜으로서 광어 다운샷에서 우럭을 노릴 때 활용하기도 한다. 몸통 길이 기준 5인치를 많이 쓴다.

이미테이션 웜 imitation worm

이미테이션 웜은 물고기의 먹잇감을 본떠 만든 소프트베이트다. 가재 형태의 크로올웜(crawl worm), 도마뱀 형태의 리자드웜(lizard worm) 등 여러 가지가 있지만, 바다루어낚시에선 물고기 형태의 섀드웜(shad worm) 하나만 있으면 다 통한다고 할 정도로 섀드웜이 많이 쓰이고 있다. 그밖에 크로올웜과 리자드웜의 중간 형태인 호그웜(hog worm)이 선상 다운샷 낚시와 텍사스 리그에서 쓰인다. 섀드웜은 4~5인치가 쓰이며 호그웜은 5~6인치가 애용되고 있다.

섀드웜 shad worm

섀드웜은 작은 물고기 형태를 본떠서 만든 웜으로 꼬리의 형태에 따라 꼬리가 일자로 뻗어서 점점 가늘어지는 일자형, 꼬리 쪽이 두 갈래로 갈라진 제비꼬리형, 꼬리 끝이 두툼한 원형인 동전형으로 나뉜다. 꼬리가 하늘거리며 움직이는 일자형과 제비꼬리형이 가장 많이 쓰이고 파동이 큰 동전형은 물색이 탁할 때나 입질이 없을 때 활용한다.

호그웜 hog worm

호그웜은 도마뱀 형태의 리자드웜과 가재 형태의 크로올웜을 합쳐 놓은 형태로서 생김새로 봐서는 이 세상에 없는 동물 형태를 갖고 있다. 발이 많이 달려 침강 속도가 느리고 웜 머리 쪽에 달린 발과 촉수같이 길게 뻗은 웜 꼬리가 큰 파동을 일으킨다. 2000년대 초 미국 줌(ZOOM)사가 개발한 브러시 호그(Brush hog) 웜이 원조로서 이 제품이 인기를 얻자 그 뒤 이와 비슷한 제품이 여러 곳에서 출시되었고 이런 형태의 웜을 통틀어 호그웜이라 부르고 있다. 호그웜은 선상 다운샷 낚시에서 우럭과 광어용 루어로 효과를 보고 있으며 텍사스 리그용 웜으로도 인기를 끌고 있다. 5~6인치를 많이 쓴다.

색상의 선택

붉은색·흰색·워터멜론·그린이 기본

웜 색상과 입질의 상관관계에 대해 딱 부러지게 정립된 데이터는 없지만 그동안 낚시인들의 경험을 통해 바닷고기들의 입질이 잦은, 그래서 꼭 챙겨가야 할 색상은 몇 가지 정해졌다. 그 색상은 흰색, 붉은색, 워터멜론, 그린이다.

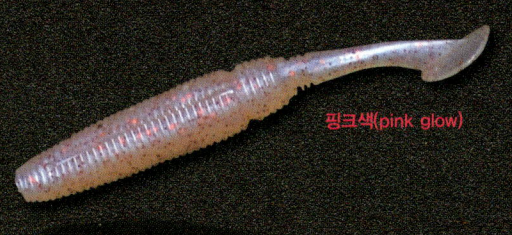
핑크색(pink glow)

붉은색 계열
붉은색 계열은 우럭과 광어에 모두 효과가 있으며 어떤 상황에서도 고루 쓸 수 있는 전천후 컬러다. 핑크색은 광어의 반응이 좋고 워터멜론에 검정색, 붉은색이 혼합된 검붉은 색상(watermelon/black&red)도 입질이 잘 들어온다. 은색 펄이 들어간 붉은색(red/silver)도 챙겨야 할 색상이다.

검붉은색(watermelon/black&red)
은색 펄 붉은색(red/silver)

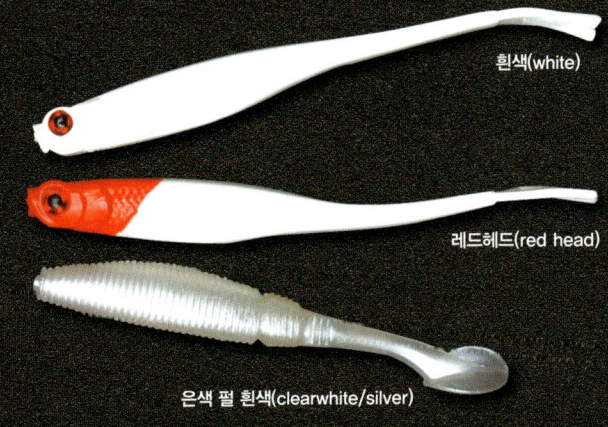
흰색(white)
레드헤드(red head)
은색 펄 흰색(clearwhite/silver)

흰색 계열
흰색은 선상 다운샷 낚시는 물론 연안루어낚시에서 가장 많이 사용하는 색상이다. 광어에 특히 잘 먹힌다. 흰색이 널리 쓰이다 보니 색상을 조금 섞거나 비슷한 색상이 될도 효과가 있다. 머리 쪽만 붉은색이고 몸통은 흰색인 레드헤드(red head), 은색 펄이 들어간 흰색(clear white/silver) 등이 함께 쓰이고 있다.

워터멜론
검정색 펄이나 은색 펄이 들어간 워터멜론(watermelon/black or silver)은 전체적으로 어두운 색에 속한다. 어떤 상황에서 잘 먹힌다고 잘라 말하긴 어렵지만 자주 쓰는 흰색이나 붉은색 계열이 효과가 없을 때 활용하면 좋은 효과를 볼 때가 많다. 특히 우럭낚시에 활용하면 좋다.

워터멜론(watermelon/black or silver)

그린
녹색은 전체적으로 밝은 느낌을 주는 색상이다. 흰색이나 붉은색과 함께 써도 조과가 비슷할 정도로 우럭과 광어에 효과가 좋다. 연노랑인 샤르트뢰즈 펄이 섞인 그린(green/chartreuse) 색상은 뻘물이 일거나 수온이 떨어져 입질이 약할 때 활용하면 좋다.

샤르트뢰즈 펄 그린(green/chartreuse)

웜 인기 아이템

WORMS for SALTWATER

록피시낚시와 농어낚시, 기타 바다루어낚시를 통틀어 가장 널리 애용되는 소프트베이트(웜)들을 모아보았다. 웜은 하드베이트에 비해 값이 싸고 활용도가 높은 게 장점이다(소개업체명은 가나다순).

웜에 유혹된 록피시들

다이와

鮃狂 DUCK FIN SHAD R 3.5/5인치

물고기 형태의 섀드웜으로서 실제 물고기와 비슷한 리얼한 컬러링에 초점을 맞춰 개발했다. 등 쪽에는 바늘을 꿰기 편하도록 홈이 파여 있어 지그헤드 리그, 다운샷 리그 등 다양한 채비에 활용할 수 있다. 재질이 부드러워 대상어의 취이욕구를 자극한다.

- 용도-연안 다운샷, 선상 다운샷 ● 가격-각 700엔
- COLOR CHART

鮃狂 GRUBIN SHAD 4인치

鮃狂몸통에 홈이 파여 있는 그럽. 미세한 조류에도 특유의 파동과 테일 액션을 발휘해서 대상어의 입질을 유도한다. 리프트앤폴링 액션을 구사하면 뱀이 움직이듯 흐느적거리는 움직임도 장점이다.

- 용도-연안 지그헤드 리그, 선상 다운샷 ● 가격-700엔
- COLOR CHART

HRF TWIST HAWG 4인치

호그웜으로서 몸통의 발과 웜 뒤쪽의 긴 꼬리가 특유의 파동과 액션을 보인다. 원색 컬러링이 특징으로서 폴링 액션에 입질이 들어오는 경우가 많다.

- 용도-연안 텍사스 리그, 캐롤라이나 리그 ● 가격-750엔
- COLOR CHART

런커

Megabass SLING SHAD 5인치

일본의 루어종합메이커인 메가배스의 솔트루어용 루어로서 공식 수입업체인 린커기 처음 공개하는 모델이다. 제비꼬리형 섀드웜으로서 실제 물고기와 흡사한 컬러링이 특징이다. 검성, 은색 펄이 등쪽 중심으로 퍼져 있어 대상어의 눈에 잘 띈다.

- 용도-선상 다운샷, 연안 다운샷 ● 가격-미정
- COLOR CHART

YUM HOLDINI SHAD 5인치

둥그렇고 납작한 패들이 꼬리 끝에 달린 섀드웜. 미국의 유명 루어브랜드인 YUM사가 전 세계적으로 히트시키고 있는 제품이다. 강력한 집어제인 F2를 몸통에 주입시켜 대상어의 입질을 유도한다. 패들의 안쪽은 뜯어낼 수 있어서 다양한 형태로 테일 형태를 수정할 수 있다는 게 특징이다.

- 용도-선상 다운샷, 연안 다운샷 ● 가격-7500원
- COLOR CHART

백경

Cobra GRUB 3/4인치

오랜 기간 낚시용 소품과 루어를 생산해온 백경의 베스트셀러다. 그럽으로서 볼륨 있는 몸통과 큰 꼬리가 파동을 일으켜 입질을 유도한다.
- 용도-연안 지그헤드 리그, 선상 다운샷 ● 가격-2000원
- HIT COLOR

Cobra REALSHAD 4/5인치

제비꼬리형 테일의 섀드웜으로서 입과 꼬리를 사실적으로 구현해 사실감을 더했다. 가늘고 긴 허리 부위와 두 갈래로 갈라진 꼬리가 현란한 움직임을 보이며 대상어를 유혹한다.
- 용도-선상 다운샷, 연안 다운샷 ● 가격-6000원
- HIT COLOR

썬베이트

WING SHAD 5인치

2013년 6월 출시된 제품. 몸통 양 옆에 날개를 단 게 특징이다. 양 옆의 날개 덕분에 약한 조류에도 몸통 전체가 움직인다. 눈과 입을 사실적으로 만들어 대상어의 호기심을 자극하도록 디자인했다.
- 용도-선상 다운샷, 연안 다운샷 ● 가격-6000원

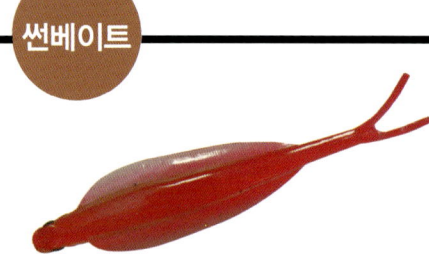

FIN SHAD 4인치

윙 섀드와 더불어 썬베이트가 2013년 6월 출시한 제품. 몸통 옆에 여러 개의 발을 달아 물고기와 갑각류를 혼합해 놓은 형태다. 몸통 옆의 발이 파동을 일으켜 입질을 유도한다.
- 용도-선상 다운샷, 연안 다운샷 ● 가격-6000원

SUN-UP SHAD 4인치

물고기 형상의 섀드웜. 실물과 비슷하게 생긴 눈을 달았고 입 주변을 세밀하게 표현하여 사실감에 초점을 두었다. 원색부터 펄이 들어간 색상까지 다양한 컬러가 특징으로서 15가지가 있다.
- 용도-선상 다운샷, 연안 다운샷 ● 가격-6000원
- HIT COLOR

ALLIS SHAD 5인치

제비꼬리형 섀드웜. 바닥 면적이 넓어서 안정감 있게 바늘에 매달려 있고 V형으로 갈라진 꼬리가 조류에 따라 움직이면서 입질을 유도한다.
- 용도-선상 다운샷, 연안 다운샷 ● 가격-6000원
- HIT COLOR

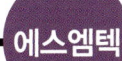 에스엠텍

KAKKI SM SHAD TAIL 5인치

루어낚시 전문가 최석민 프로가 실전 경험을 통해 디자인한 섀드웜이다. 꼬리가 조금 누워 있도록 설계해서 약한 조류에도 바디 전체가 움직인다. 베이트피시가 갑작스럽게 놀라 허둥대는 움직임을 잘 표현해준다.
- 용도-선상 다운샷, 연안 다운샷 ● 가격-6000원
- COLOR CHART

KAKKI SM V-SHAD 4.5인치

제비꼬리형 섀드웜. 배 쪽에 홈이 파여 바늘을 꿰기 편하고 바늘 끝이 쉽게 노출된다. 몸통 2/3 부위를 잘록하게 만들어 일반 섀드웜과는 다른 테일 액션을 보여준다. 특히 폴링이나 트위칭에선 포식어를 만나 급하게 방향을 트는 물고기의 움직임을 보여주어 대상어의 시선을 끈다.
- 용도-선상 다운샷, 연안 다운샷 ● 가격-6000원
- COLOR CHART

 피싱코리아

PHOENIX SHAD 5인치

꼬리가 크게 벌어져있는 제비꼬리형 섀드웜. 실감 나는 이미테이션 눈과 주둥이가 살아있는 물고기의 모습을 연상시킨다. 꼬리가 크게 벌어져 있어 눈에 잘 띄고 동작이 현란하다.
- 용도-선상 다운샷, 연안 다운샷 ● 가격-6000원
- COLOR CHART

POWER SWIM 4.25/5인치

꼬리 쪽이 두툼한 원형을 이루고 있는 동전형 꼬리 섀드웜. 배스낚시용으로 많이 쓰던 제품이지만 요즘은 선상낚시에서도 인기가 높다. 향을 첨가해 특유의 냄새가 나고 바디가 부드러워 조류에 닿으면 활발한 움직임을 보여준다.
- 용도-선상 다운샷, 연안 다운샷 ● 가격-6000원
- COLOR CHART

록피싱 장비와 채비 ❷

웜의 사각지대 공략병기

Hard Bait

● 바이브레이션 플러그

바이브레이션 운용법

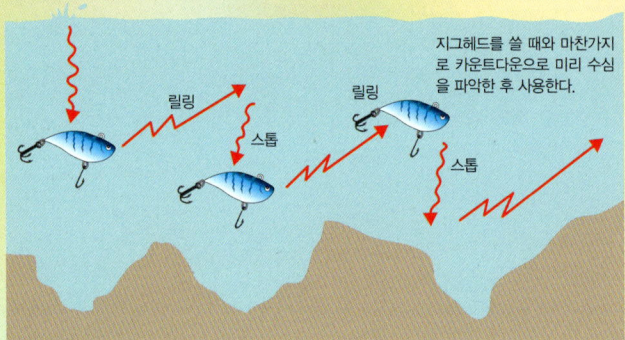

● 지그스피너

지그스피너 운용법

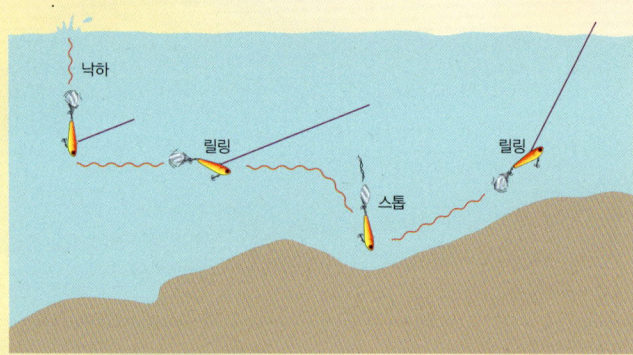

특징–카본, 납, 황동 등 금속으로 만들어졌거나 플라스틱 재질의 몸체에 금속 싱커가 내장된 작지만 무거운 루어다. 형태는 납작한 물고기처럼 생겼는데, 립이 없이 등판 자체가 립 역할을 하여 잘게 파르르르 떠는 액션을 보인다고 해서 짧게 '바이브레이션'이라 부른다. 원투력이 뛰어나다.
용도–가라앉는 속도가 빨라 수심이 깊은 직벽 지형에서 중하층을 노릴 때 쓴다.
테크닉–목표지점에 던져서 충분히 가라앉힌 다음 천천히 정속릴링을 하면 입질을 받는다. 릴링을 멈추면 곧바로 가라앉는데, 이때도 지그재그 형태로 가라앉으며 고기를 유인한다. 너무 천천히 감으면 금방 가라앉아 밑걸림이 생기므로 주의해야 한다.

특징–물고기 모양을 한 지그에 블레이드를 달아놓은 형태의 루어다. 감아들이면 블레이드가 핑그르르 돌며 물고기를 유혹한다.
용도–작고 무거워 원투가 가능하며 블레이드의 저항 때문에 천천히 감아도 잘 가라앉지 않는 점을 이용해 2~3m 수심의 얕은 여밭을 탐색할 때 쓴다.
테크닉–감을 때 블레이드의 회전저항을 느끼며 천천히 감아야 한다. 너무 빨리 감으면 블레이드의 회전이 깨진다. 따라서 조류가 빠른 곳에서는 부적합하다.

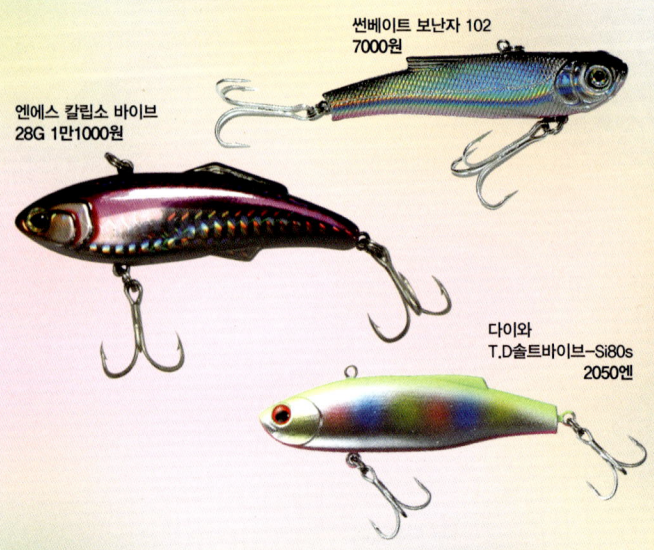

썬베이트 보난자 102
7000원

엔에스 칼립소 바이브
28G 1만1000원

다이와
T.D솔트바이브-Si80s
2050엔

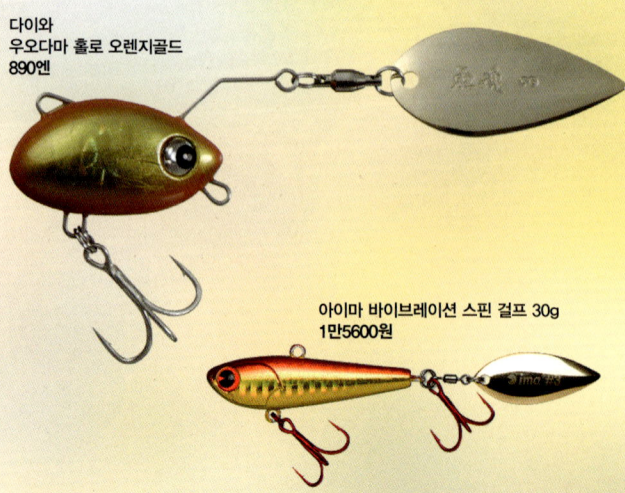

다이와
우오다마 홀로 오렌지골드
890엔

아이마 바이브레이션 스핀 걸프 30g
1만5600원

록피시 루어낚시는 웜 채비가 주류를 이루지만 하드베이트 루어를 써야 할 때도 있다.
하드베이트란 소프트베이트인 웜과 달리 딱딱한 플라스틱이나 금속 재질로 만든 미노우, 바이브레이션, 메탈지그 등을 일컫는 말이다.
하드베이트 루어들은 원투력이 좋고 단순한 릴링에도 현란한 액션을 보여 다양한 수심층을 빠르게 공략할 때 효과적으로 쓰인다.
특히 그중 메탈지그는 깊은 수심 공략에 발군의 위력을 보인다.
록피시 루어낚시를 즐기기 위해 웜 외에 기본적으로 갖추어야 할 4대 하드베이트 사용법을 알아보자.

● 미노우 플러그

특징–모든 루어낚시의 기본이 되는 루어다. 감아 들이면 앞쪽의 립(주걱)이 저항을 받아서 일정수심까지 가라앉으며 특유의 액션을 보인다.
용도–미노우 플러그는 플로팅과 싱킹 타입으로 나뉜다. 플로팅 미노우는 릴링하면 물속으로 가라앉고 릴링을 멈추면 다시 떠오르는 루어다. 반대로 싱킹 미노우는 수면에 떨어짐과 동시에 서서히 가라앉는 루어다. 따라서 얕은 여밭을 노린다면 플로팅 미노우를, 깊은 수심을 노린다면 싱킹 미노우가 적당하다. 미노우는 록피시 루어낚시에서는 잘 쓰진 않지만 얕은 여밭을 노리는 경우 플로팅 미노우를 써볼만하다.
테크닉–목표지점에 던진 후 정속릴링을 하며 도중에 릴링 앤 스톱, 저킹(대 끝을 쳐주는 액션)을 가미해 입질을 유도한다.

● 메탈지그

특징–납 등 금속으로 만들어진 길쭉한 물고기 형태의 루어다. 여타 루어들이 수평으로 끌어줄 때 특유의 액션이 나타나는데 반해 메탈지그는 수직으로 튕겨줄 때 액션이 나온다. 메탈지그마다 특유의 액션이 연출되도록 몸체의 넓이, 굴곡, 상하 디자인에 변화를 주었고 몸체가 번뜩이는 금속 빛깔이라 시각적 어필 효과도 매우 크다.
용도–깊은 수심의 갯바위에서 바닥층을 노리거나 급류지대에서 중하층을 노릴 때 쓴다. 배낚시에서 특히 잘 먹힌다.
테크닉–메탈지그 액션은 병들거나 상처 입은 먹이고기가 비이상적인 동작으로 움직이는 것을 표현해야 한다. 그래서 저킹으로 튕겨올렸다가 가라앉히는 액션이 효과적이다. 메탈지그는 무겁기 때문에 릴링을 멈추면 금방 가라앉아 밑걸림이 발생한다. 그래서 수직지깅을 주로 하는 선상루어낚시에서 활용도가 높고, 연안낚시라면 8~10m 이상 깊은 갯바위에서 써야 한다.

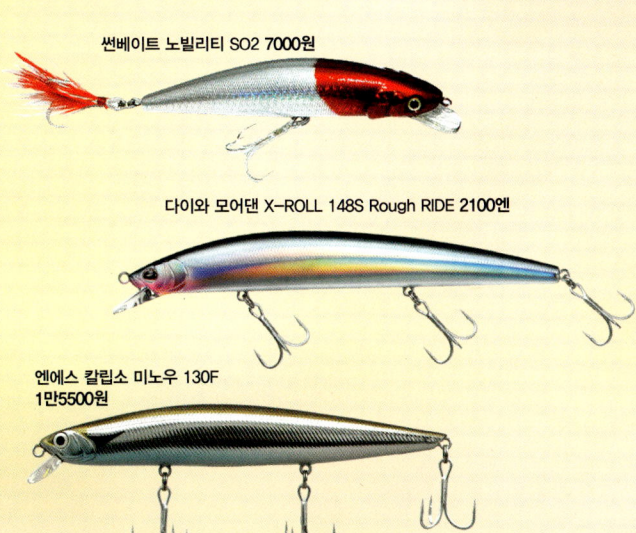

썬베이트 노빌리티 SO2 7000원

다이와 모어댄 X-ROLL 148S Rough RIDE 2100엔

엔에스 칼립소 미노우 130F 1만5500원

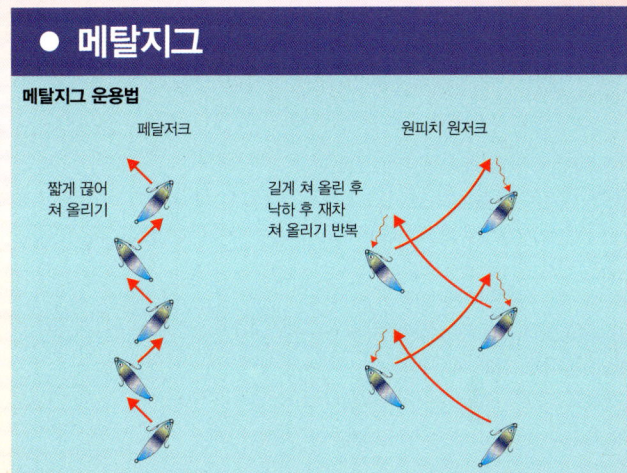

엔에스 타이푼 롱저커 블루 100g 1만6500원,

다이와 SALTIGA sacrifice II combijerk MG 핑크 90g(112mm) 1400엔

에스엠텍 에스엠지그 FX 40g 5000원

록피싱 장비와 채비 ❸

원줄과 목줄

Saltwater Fishing Line

원줄은 PE라인이 대세

바다루어낚시용 원줄로 가장 좋은 것은 PE라인이다. PE라인은 폴리에틸렌(PE) 소재의 가는 실을 꼬아서 만든 합사다.
동일 굵기의 나일론줄 단사보다 강도가 3배 이상 강하고 신축성이 없어 입질 감도가 매우 뛰어나다.
PE라인이 등장한 지는 오래되지 않았으나 바다루어 전반, 즉 농어루어, 광어루어, 볼락루어,
에깅, 지깅 등에 모두 쓰이고 있다.
PE라인의 가장 큰 장점은 가늘다는 것. 그로 인해 비거리가 비약적으로 증가했다.
가벼운 루어를 멀리 날려야 하는 바다루어낚시에선 최고의 메리트인 것이다.
특히 바다루어낚시에서 PE라인이 독주하고 있는 이유는 민물과 달리
바다는 조류가 흐르고 수심이 매우 깊어 일반 나일론 낚싯줄로는 루어를 바닥까지 내리기 어렵기 때문이다.
PE라인은 가는 만큼 조류 저항을 덜 받아서 빨리 가라앉는다.

PE라인이 감겨 있는 스피닝릴.

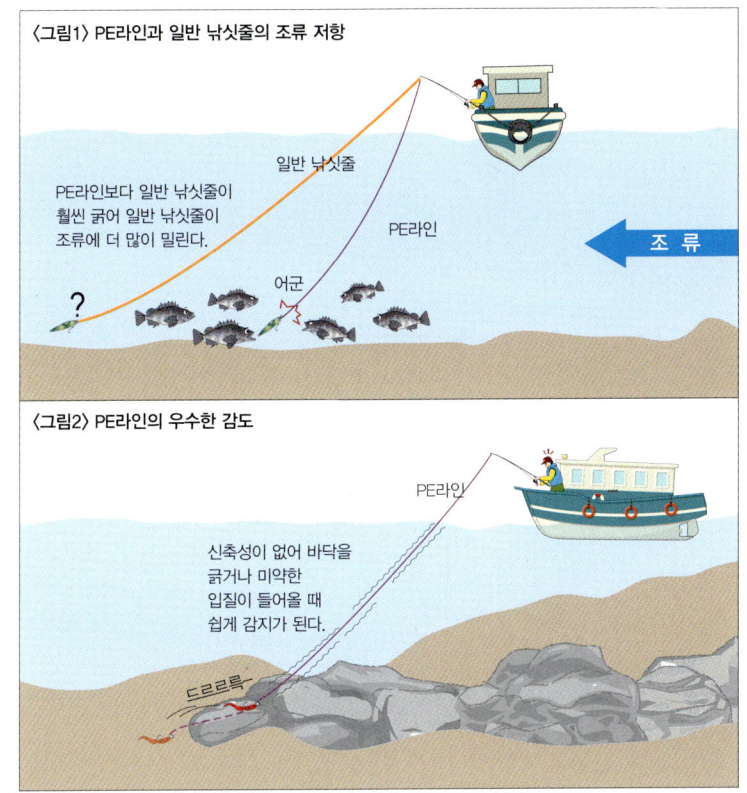

PE라인의 장점

❶ 강도가 높다

PE줄의 강도는 동일 굵기 나일론줄보다 3~5배 강하다. 따라서 PE라인 1호를 쓰면 일반 낚싯줄 3~5호를 쓰는 것과 동일한 강도를 얻는다.

❷ 가늘게 쓸 수 있어 조류 저항을 덜 받는다

나일론줄보다 가늘기 때문에 그만큼 조류 저항을 덜 받고 신속하게 채비를 내릴 수 있다〈그림1〉.

❸ 원투거리가 늘어난다

나일론줄 3호로 30m를 던졌다면 PE라인 1호로는 50m 이상을 던질 수 있다. 루어낚시의 비거리는 조과와 직결된다. 더불어 더 가벼운 루어도 던질 수 있게 되었다.

❹ 어신 감지력과 루어 액션 연출력이 뛰어나다

PE라인은 신축성이 제로에 가까워(1~2%) 잘 늘어나는 나일론줄로는 느끼지 못하는 미약한 어신도 또렷하게 느껴진다. 루어의 액션 연출력도 뛰어나다. 수십 미터 수심에서 나일론줄로 낚시할 경우 세게 저킹해도 루어가 활발하게 움직이지 않지만 PE라인은 신축성이 없어서 아무리 깊은 물속의 루어도 저킹 액션이 그대로 전달된다〈그림2〉.

❺ 수명이 길다

물을 전혀 흡수하지 않아 흡수에 의한 강도 변화가 없다. 자외선에 장시간 노출돼도 영향을 받지 않아 수명이 나일론줄의 3배 이상으로 길다.

PE라인의 단점

❶ 순간충격에 약하다

대물을 걸었을 때 나일론줄은 특유의 신축성 덕분에 약간씩 늘어나며 충격을 완화하지만 PE라인은 신축성이 없어 강도를 넘어서는 충격이 가해질 경우 단번에 끊어질 수 있다. 그래서 PE라인을 쓸 때는 쇼크리더라는 충격 완화용 목줄을 이어 쓰는 경우가 대부분이다.

❷ 마찰과 열에 약하다

PE라인은 가는 원사 여러 가닥을 꼬아 만든 합사. 각각의 가는 올은 작은 마찰에도 손상 받을 수 있다. 특히 거친 암초, 물고기의 이빨, 비늘 등에 직접 닿으면 긁혀서 상처를 입을 수 있으므로 1m 안팎의 목줄(쇼크리더)을 PE라인에 연결하여 사용하는 게 좋다〈그림3〉.

❸ 잘 엉킨다

나일론줄보다 가늘고 부드러워 관리를 잘못하면 엉킴이 잦고 한번 엉키면 풀기 어렵다.

❹ 표면이 매끈해 일반 매듭법으로 묶으면 잘 풀린다

PE라인은 표면이 매끈하게 코팅돼 있어 일반적인 방법으로 매듭을 하면 쉽게 미끄러져 풀린다. 그래서 PE라인을 사용할 때는 반드시 특수한 매듭법을 익혀야 한다(매듭법은 72페이지 참조).

❺ 비싸다

중가 제품은 1호 기준 150m에 3만~4만원이고 고가 제품은 10만원을 훌쩍 넘는다. 그러나 비싼 제품일수록 코팅이 잘 돼 있어 수명이 오래가고 비거리도 좋은 편이다.

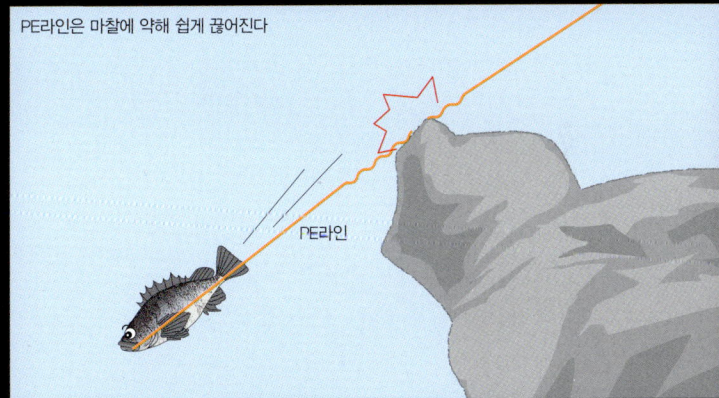

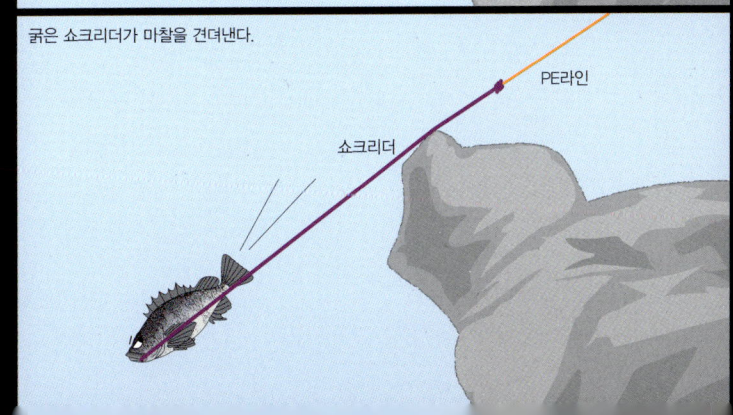

모노줄이 나일론사?

나일론사를 흔히 모노줄이라고 부르는데, 잘못된 명칭이다. 모노(Mono)의 의미는 '하나, 단일'이라는 뜻으로, 여러 겹의 줄을 꼬아 만든 합사의 반대 의미일 뿐 낚싯줄의 소재를 의미하는 것은 아니다. 나일론사 타래에 모노필라멘트(Mono-filament)라 표기되어 있는데 낚시인들이 그 표기를 보고 줄여서 모노라인이라 부른 것이 마치 나일론줄의 명칭인 양 잘못 알려진 것이다.

PE라인으로 낚시를 하고 있다. PE라인은 여러 홑줄을 꼬아 만든 합사다.

PE라인의 호수 선택

록피시 루어낚시에서 가장 많이 쓰이는 PE라인은 1.5호다. 1.5호 라인으로 1m 농어, 90cm 광어와 참돔까지 문제없이 낚아낼 수 있다. 따라서 1.5호보다 더 굵은 PE라인은 쓸 필요가 없다. 다만 서해 다운샷에서 50호 이상 무거운 봉돌을 즐겨 쓰는 낚시인들은 2호 라인을 쓰기도 한다. 그러나 그때도 1.5호로 충분하다.

사실은 1호만 해도 충분하다. 그런데도 1호 라인이 너무 가늘어서 낚시인들이 불안감 때문에 1.5호를 쓰는 것이다. 일본 다이와사의 경우엔 소비자들에게 자사 제품 중 1호 라인을 안심하고 쓰라고 권장하고 있다.

한편 0.8호 라인은 루어낚시에선 거의 쓰지 않고 입질이 아주 예민한 주꾸미 배낚시에서 쓰인다. 그렇다고 베이트릴의 원줄을 통째로 바꿀 필요는 없고, 가을 주꾸미 시즌이 오면 0.8호 라인을 30~40m만 1~1.5호 PE라인에 연결해 쓰다가 주꾸미 시즌이 끝나면 끊어내는 식으로 사용한다.

PE라인의 가격은 천차만별

1~2만원대 제품부터 4~6만원대를 넘어 10만원 이상의 제품까지 PE라인의 가격은 천차만별이다. PE라인은 보통 4합 제품과 8합 제품으로 나뉘는데 4합 제품보다 8합 제품이 두 배 이상 비싸고 공정도 까다롭다. 강도 역시 4합 제품보다 8합 제품이 앞선다. 코팅 상태도 낚시에 영향을 미친다. 코팅 상태가 좋지 않거나 벗겨지면 라인끼리 밀착돼 비거리도 떨어진다. 그래서 전문가들은 수직으로 채비를 내리는 배낚시에선 중저가품을 쓰더라도 최대한 멀리 루어를 날려야 하는 연안 캐스팅게임에서는 중가 이상의 PE라인을 쓸 것을 권한다.

PE라인의 역사

PE라인의 소재인 폴리에틸렌(Polyethyene)은 화학적으로 가장 간단한 구조를 갖는 고분자로서, 플라스틱 용기, 비닐봉투 등의 재료로 쓰인다. 폴리에틸렌은 성분은 동일해도 밀도나 분자량에 따라 4~5가지로 성질이 달라지는데, 낚싯줄에 사용하는 것은 일상생활용품을 만드는 것보다 분자량이 매우 높은 초고분자량 폴리에틸렌, UHMWPE(Ultra High Molecular Weight Polyethylene)이다.

폴리에틸렌이 낚싯줄로 이용되기 시작한 것은 1990년대 이후다. 첫 제품에 PE(Polyethylene)라는 성분명을 표기한 것이 낚시인들 사이에 'PE라인'으로 불리게 된 계기다. 처음에는 일본의 낚싯줄 업체들이 주도적으로 제품을 개발했으나 이후 낚시용품 최대 시장인 미국에서도 PE라인을 생산하면서 다양한 브랜드의 PE라인이 출시되고 있다.

쇼크리더는 필수

쇼크리더란 충격(Shock) 완화용 목줄(leader)을 말한다.
PE라인을 루어에 바로 묶으면 매듭부위에서 쉽게 끊어지므로 꼭 쇼크리더를 중간에 연결해주어야 한다.
보통 목줄은 원줄보다 가늘지만 루어낚시용 쇼크리더는 원줄보다 굵다. 그 이유는 원줄로 가늘고 강한 PE라인을 쓰기 때문이다.
PE라인 1호 원줄이 훨씬 가늘지만 대체로 훨씬 굵은 카본사 3호 쇼크리더가 먼저 끊어진다.

PE라인이 감긴 스피닝릴(앞)과 베이트릴(뒤). PE라인은 인장강도는 높지만 마찰강도가 낮기 때문에 여쓸림이 빈번한 목줄 부분은 나일론사나 카본사를 쇼크리더로 사용해 보강해주어야 한다.

채비 일선에서 충격 완화, 여쓸림 방지

쇼크리더의 역할은 크게 두 가지다. 첫째 이름에서 알 수 있듯이 신축성이 거의 없는 PE줄에 전달되는 충격을 완화하는 것이며, 둘째 원줄인 PE줄의 마찰에 약한 단점을 보완해 수중여나 고기 이빨에 쓸림으로 인한 상처를 견디는 것이다. 셋째 무색, 투명한 카본사나 나일론사를 쇼크리더로 써서 고기의 경계심을 덜 수 있다는 것이다. 원줄인 PE라인과 쇼크리더를 묶는 방법은 간편FG노트, 개량 피셔맨즈노트 등이 대표적이다.

카본줄이냐 나일론줄이냐?

쇼크리더의 소재로는 나일론줄과 카본줄이 있다. 부시리 등 대형어를 노리는 지깅낚시인들은 강도가 높은 카본줄보다 나일론줄을 쇼크리더로 선호한다. 강도는 카본줄이 더 좋지만 나일론줄은 신축성이 좋아 충격 흡수력이 좋기 때문이라고.
그러나 록피시낚시인들은 카본줄을 선호한다. 바닥까지 루어를 내리는 록피시낚시에서는 나일론줄보다 여쓸림에 강한 카본줄이 유리하기 때문이다.

쇼크리더의 굵기는?

광어와 우럭, 쥐노래미 같은 록피시용 쇼크리더는 나일론사와 카본사 모두 4~5호가 적당하다. 이 정도면 90cm 광어도 끌어낼 수 있다. 연안루어낚시에서는 4호, 선상루어낚시에서는 5호를 많이 쓴다.
카본사는 품질이 평준화되어 있지만, 나일론사는 저급품들이 종종 있으므로 나일론사를 구입할 땐 인지도가 높은 회사의 제품을 쓰는 게 바람직하다.

PE라인 히트 아이템

구주통상

울트라 다이니마

고품질 원사를 사용해 인장력과 매듭강도가 뛰어나다. 표면을 특수 코팅해 베이트릴 사용 때도 부드러운 캐스팅으로 비거리를 확보할 수 있다. 장시간 사용해도 보풀이 생기지 않고 여쓸림에도 강하다. 대물과의 파이팅 때 합사의 고질적 단점인 파고들어가는 현상도 거의 없다. 다이니마 원사 함유량에 따라 3가지 종류를 판매 중이다. 권사량 150m.
● 가격 흰색 4만8000원, 카키색(국방색) 3만5000원, 오색합사 5만8000원. 0.6~3호까지 출시.

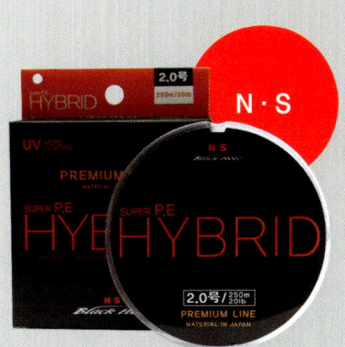

수퍼 PE 하이브리드

일본 직수입 SK71의 최고 등급 원사다. 섬세한 블레이드 섬유직조공법으로 제작해 줄과 줄 간의 결속력과 매듭강도가 뛰어나다. UV코팅을 3회 실시, 보풀 현상, 여쓸림에 의한 라인 손상 위험을 최소화했다. 고품질 코팅 덕분에 줄의 유연성이 최적으로 유지돼 줄엉킴이 거의 없고 비거리도 크게 좋아졌다. 1, 1.5, 2, 3, 4, 5, 6호 출시. 3~6호는 선상과 지깅용이며 굵은 줄임에도 유연성이 뛰어나다.
● 가격 0.6~0.8호 150m 3만원, 1호, 1.2호, 1.5호 150m 2만6000원(250m 4만4000원), 2~3호 250m 4만5000원, 4호 250m 4만7000원, 5호 300m 5만2000원, 6호 300m 5만2000원.

피싱코리아

씨호크 바이퍼 브레이드

100% 다이니마 PE 합사로 만들어 강도가 우수하다. 최신 공법으로 코팅되어 라인과 릴의 마찰을 최소화했고 강한 인장강도와 더불어 연신율이 0%에 가까워 높은 감도를 자랑하는 고강도 합사. 우수한 코팅으로 가이드 마찰율이 크게 줄어 원투거리도 향상됐으며 장시간 사용해도 색상 변화가 없다. 광어, 우럭, 주꾸미, 무늬오징어, 쏘가리, 볼락 등 민물과 바다에 걸친 전 장르의 낚시에 사용 가능한 라인이다. 권사량 100m.
● 가격 0.4~6호 1만2000원, 6호, 8호, 5색혼합 1만4000원.

한국다이와 주식회사

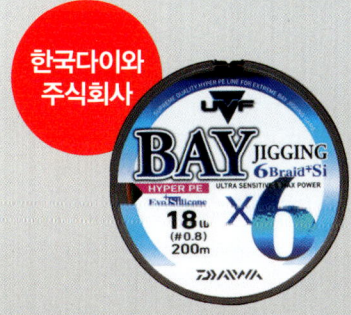

베이지깅 6브레이드 +Si

비중 0.98의 하이퍼 PE에 UVF(초고밀도 섬유가공) 그리고 EVO 실리콘 가공한 6브레이드 결합의 PE라인이다. 다이와사의 기존 제품보다 내마모성은 최대 250%, 강력은 최대 153% 향상됐고 동마찰계수는 최대 36% 경감시켰다. 여기에 초긴밀 가공처리로 기존 UVF 라인보다 최대 12% 슬림화를 실현했다. 권사량 200m.
● 가격 0.6(13lb)~0.8(18lb)호 9500엔, 1.0(22lb)~1.5호(30lb) 8150엔.

베이지깅센서+Si

참돔지깅에도 적합한 비중 0.98의 PE라인이다. 슈퍼 PE만의 고감도는 말할 것도 없고 에보 실리콘 가공에 의한 동마찰계수는 약 20% 경감했다. 이로써 지그 낙하 스피드가 향상될 뿐 아니라 마찰강도까지 향상되어 대물과의 장시간 파이팅에도 안심할 수 있다. 권사량 200m.
● 가격 0.8(12lb)~1.0호(14lb) 6800엔, 1.2(16lb)~1.5호(20lb) 6300엔.

UVF 솔티가 캐스팅 브레이드+Si

차세대 UVF가공(초고밀도 섬유가공)으로 라인의 10% 슬림화에 성공했다. 신축도를 더욱 억제하여 감도를 48% 향상, 지그의 움직임이 자유로워질 뿐 아니라 쇼트바이트도 확실하게 캐치한다. 종래품보다 강도가 172% 향상돼 갑작스러운 대물에도 여유롭게 대처할 수 있다.
● 가격 권사량 200m 기준 0.6호(13lb) 13000엔, 0.8(16lb)~1.0호(20lb)12500엔, 1.2호(27lb)~1.5(30lb) 12000엔, 2호(35lb) 18000엔, 2.5호(43lb) 11500엔, 3.0(50lb) 10800엔, 4.0호(60lb) 9000엔

※ 소개하는 제품 가격은 판매처에 따라 다를 수 있으며 소개 순서는 업체명 가나다순.

록피싱 장비와 채비 ❹

연안용 루어낚싯대 추천

Shore Rods

갯바위나 방파제에서 쓰기 좋은 연안루어낚시용 낚싯대들을 소개한다.
광어·우럭 연안낚시용 루어대는 바다루어낚시의 범용 로드라 할 수 있어 일단 구입해두면
에깅, 삼치루어, 농어루어낚시까지 폭넓게 쓸 수 있다.
바다루어낚시 전문가들이 추천하는 연안루어낚싯대 베스트 아이템을 정리했다. (게재순서는 제조업체명 가나다순)

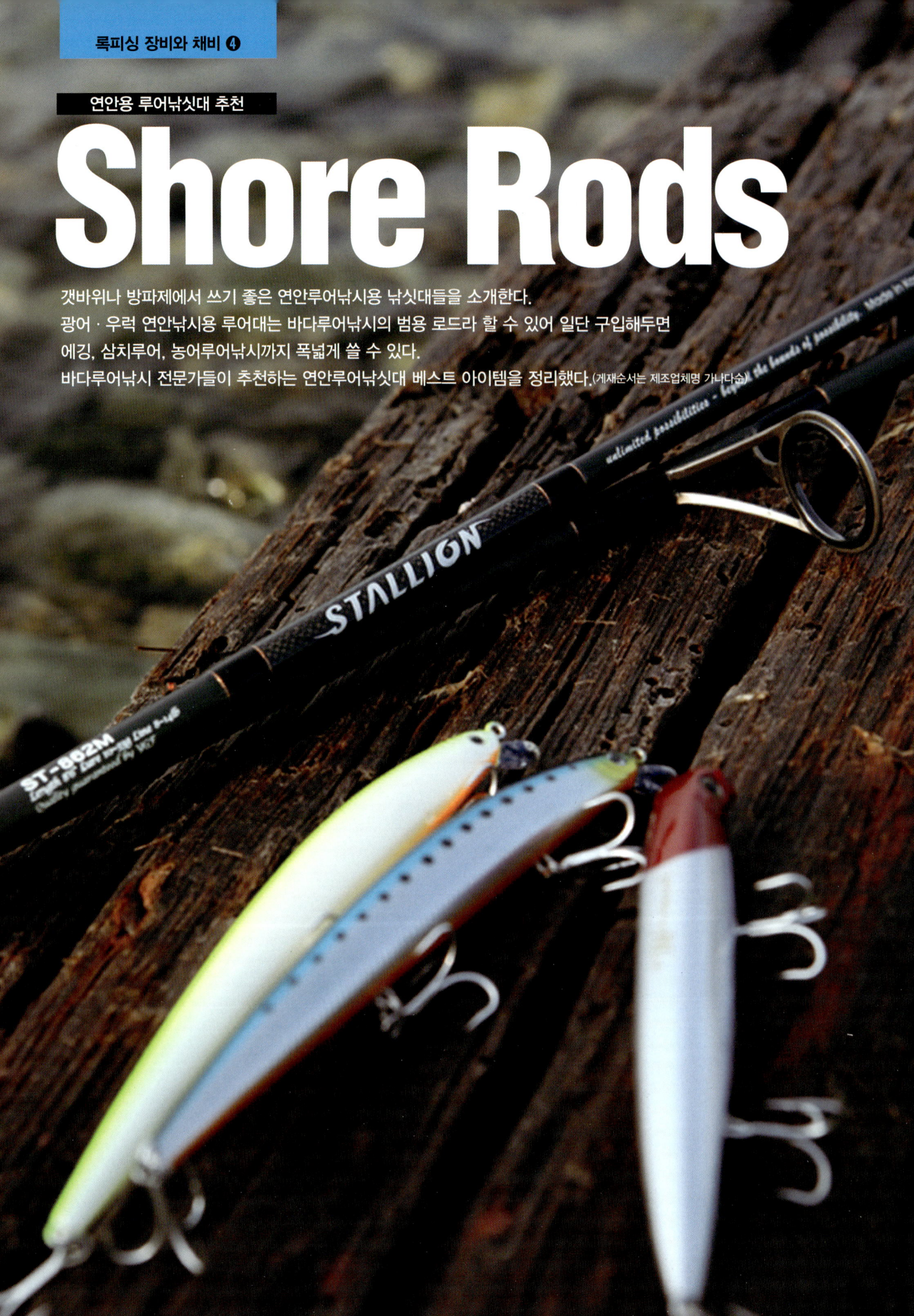

에스엠텍
락버드플러스 · 부사리스피닝 · 잉크구루

최석민 에스엠텍 대표

최석민의 장비와 채비

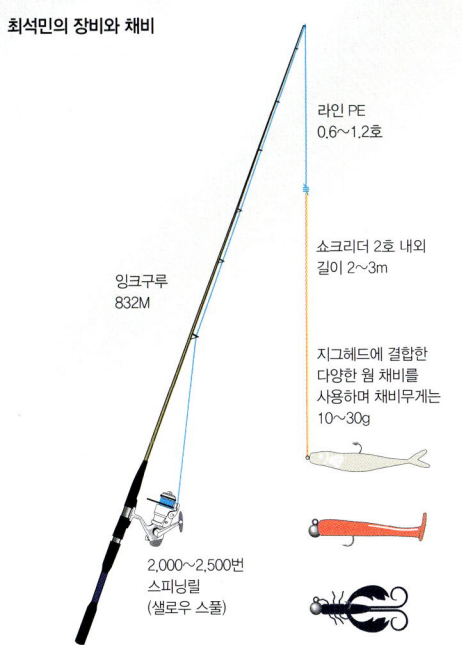

잉크구루 832M

라인 PE 0.6~1.2호

쇼크리더 2호 내외 길이 2~3m

지그헤드에 결합한 다양한 웜 채비를 사용하며 채비무게는 10~30g

2,000~2,500번 스피닝릴 (샐로우 스풀)

Staff's comment
연안에서 광어 · 우럭 루어낚시용으로 사용하기에는 길이 8ft 내외의 스피닝로드가 좋다. 에스엠텍에서 만든 락버드플러스, 부사리스피닝, 잉크구루를 연안용 로드로 추천한다. 적합한 루어의 무게는 10~30g이다. 이 정도 무게가 멀리 캐스팅하기 좋고, 다양한 액션을 연출하기도 수월하기 때문이다. 연안용으로 추천한 3종의 로드는 선상낚시용으로도 충분히 사용 가능하며 광어 · 우럭뿐 아니라 갑오징어, 무늬오징어, 농어, 삼치 등 다양한 어종을 상대할 수 있다.

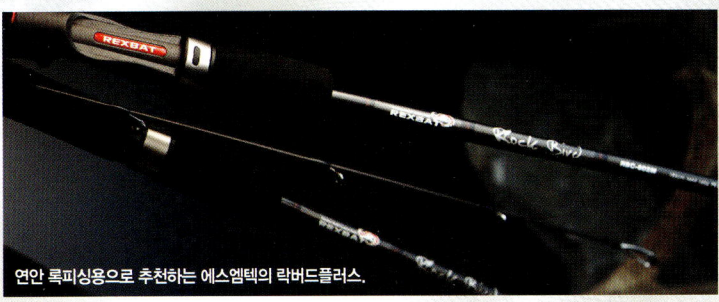

연안 록피싱용으로 추천하는 에스엠텍의 락버드플러스.

락버드플러스
락버드 로드를 업그레이드한 신제품으로 연안 · 선상 모두 사용 가능한 모델이다. 중저가 모델이면서 가볍고 감도가 좋은 덕분에 꾸준한 인기를 누리고 있다. 골드 메탈 도장을 한 합사전용 가이드와 그립감이 좋은 손잡이를 채용해 제품의 내구성과 편리성을 높였다.

품명	전장(ft)	마디수(절)	접은길이(cm)	무게(g)	선경(mm)	원경(mm)	루어중량(g)	라인(lb)	카본함유율(%)	가격(원)
RBPS-762ML	7.6	2	119	143	1.6	11.7	7-30	8-16	99	80,000
RBPS-802ML	8.0	2	127	152	1.6	12.0	7-30	8-16	99	85,000

부사리스피닝
광어, 우럭, 삼치, 농어, 갑오징어 등을 대상어로 한 바다루어 전용 낚싯대다. 섬세하고 경쾌한 블랭크로 캐스팅 능력이 뛰어나고 루어의 조작성이 좋은 제품으로 감도가 우수해 섬세한 액션을 즐기는 마니아들에게 잘 맞는 모델이다. 후지 릴시트와 SIC 가이드를 채용했다.

품명	전장(ft)	마디수(절)	접은길이(cm)	무게(g)	선경(mm)	원경(mm)	루어중량(g)	라인(lb)	카본함유율(%)	가격(원)
BSS-802M	8.0	2	126	124	1.7	11.3	7-35	8-16	99	125,000
BSS-862M	8.6	2	133	132	1.8	11.7	7-35	8-16	99	130,000

잉크구루
에스엠텍의 기술력과 실전경험을 토대로 설계된 에깅낚시 전용 낚싯대로 연안 광어 · 우럭 · 쥐노래미 루어낚시에서도 그 위력을 충분히 발휘한다. 고탄성 카본을 사용해 제작, 감도가 아주 뛰어나며 블랭크를 가늘게 설계해 가볍고 조작성이 뛰어난 것이 장점이다. 롱캐스팅과 섬세한 액션에 적합하다.

품명	전장(ft)	마디수(절)	접은길이(cm)	무게(g)	선경(mm)	원경(mm)	루어중량(g)	라인(lb)	카본함유율(%)	가격(원)
IKS-832M	8.3	2	128	129	1.7	11.3	10-20g	10-25	99	150,000
IKS-862M	8.6	2	132	138	1.7	11.6	10-20g	10-25	99	150,000

● 락버드플러스

● 부사리스피닝

● 잉크구루

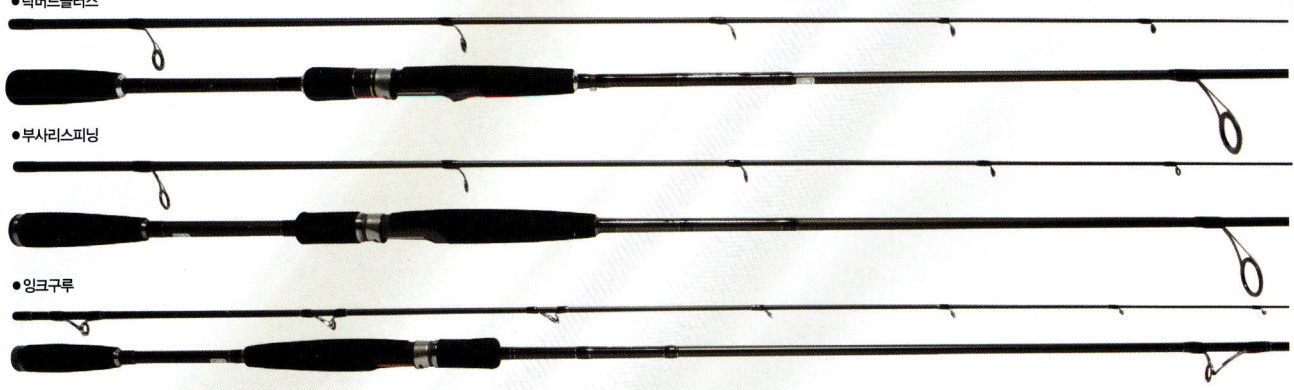

N·S

디퍼VIP II · 이카루스 · 허리케인셀트워터

신동만 N·S 바다필드스탭 팀장

Staff's comment

디퍼VIP II는 후지 K가이드 채용으로 디퍼의 명성을 한층 더 끌어올린 제품으로 어떤 복잡한 지형도 읽어내는 탁월한 감도와 대물을 히트해도 손쉽게 처리할 수 있는 허리힘을 자랑한다. 이카루스는 바다루어 대상어종에 맞는 전문적 스펙을 제시하는 고급 모델로, 스피닝 다섯 가지 모델은 우럭·광어·농어·부시리 등의 어종을 낚을 수 있도록 설계되었고, 베이트캐스팅 세 가지 모델은 연안루어낚시부터 선상지깅까지 폭넓게 사용할 수 있다. 허리케인셀트워터는 합리적인 가격에 고급 스펙을 지향하는 바다루어 전용대로 다양한 장르의 주력 모델로 사용해도 전혀 손색이 없는 제품이다.

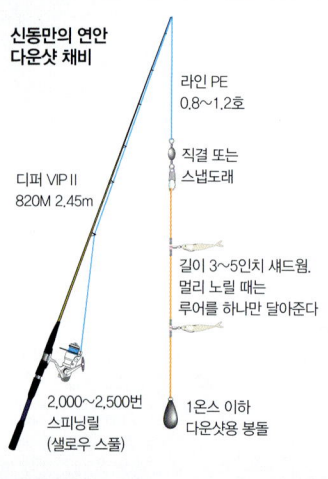

디퍼VIP II

설계와 디자인 등 모든 것을 우리바다 환경에 맞게 제작해 어떤 낚시인이 사용해도 만족할 수 있는 바다루어 전용 낚싯대. 저가의 로드로는 커버하기 어려운 깊은 수심의 조류에서도 충분히 위력을 발휘하며 후지 KLSG·KTSG·SIC 가이드 채용으로 라인의 이동과 시인성을 한층 업그레이드했다. 릴시트는 릴과 완전 밀착되어 일체의 딸깍거림이나 이탈감을 느끼지 못한다. 연안, 선상 어디에서나 사용 가능한 N·S가 자랑하는 바다루어 전용 낚싯대다.

모델명	전장 Length(m)	절수 Section	접은길이 (cm)	무게 Weight(g)	선경 Top/Bottom(mm)	원경	루어중량 (OZ)	LINE (lb)	카본 Carbon	가격 (원)
S-762ML	2.28	2	117	131	1.7	11.7	3/16~1/2	6~14	99	213,000
S-802M	2.45	2	126	148	1.73	11.97	1/4~5/8	8~18	99	225,000
S-862M	2.63	2	135	153	1.55	12.61	1/4~3/4	8~18	99	235,000

이카루스

우럭·광어용 바다루어 낚싯대로 다양한 액션을 구사할 수 있는 유연한 팁액션과 여걸림을 탄력적으로 극복해낼 수 있는 고탄성 튜브카본 공법을 적용해 다양한 바다 상황에서 루어낚시를 한결 수월하게 할 수 있다. EVA 소재로 제작한 투 그립 타입의 손잡이 부위는 시각적으로 심플한 멋을 살리고 낚싯대의 무게는 줄였다. 합사를 원활하게 통과시켜주는 후지 알코나이드 가이드는 메탈도장을 해서 염분에 강하다.

모델명	전장 Length(m)	절수 Section	접은길이 (cm)	무게 Weight(g)	선경 Top/Bottom(mm)	원경	루어중량 (g)	카본 Carbon	가격 (원)
S-762M	2.28	2	117	117	1.4	11.7	3~21	99	168,000
S-802M	2.43	2	125	13	1.6	12.0	5~28	99	178,000
S-832M	2.50	2	129	140	1.6	12.3	5~32	99	186,000
S-862M	2.58	2	135	142	1.9	13.0	10~30	99	198,000
S-922MH-M	2.78	2	142	152	1.8	13.3	10~36	99	210,000
C-732M	2.20	2	114	136	1.6	11.9	6~30	99	164,000
C-762MH	2.28	2	117	146	1.8	12.0	8~40	99	168,000
C-802H	2.43	2	126	157	2.0	14.0	10~45	99	178,000

허리케인셀트워터 II KR

KR 뉴 가이드 콘셉트 시스템을 사용한 허리케인 시리즈의 후속 모델이다. 경량화를 위한 마이크로 가이드 사용과 함께 불필요한 부품 사용을 최대한 줄여 많은 캐스팅에도 피로감이 적다. 우럭, 광어, 쥐노래미 같은 록피시를 노릴 때 적합하며 허리힘이 좋아 손님고기로 걸려드는 농어를 제압하는 데도 문제가 없다. 손끝으로 전달되는 어신 감지력이 뛰어나 예민한 입질도 쉽게 간파한다.

모델명	전장 Length(m)	절수 Section	접은길이 (cm)	무게 Weight(g)	선경 Top/Bottom(mm)	원경	루어중량 (g)	LINE PE(호)	카본 Carbon	가격 (원)
S-702ML	2.13	2	109	102	1.4	11.0	8~18	0.8~1.25	99	115,000
S-762ML	2.28	2	119	113	1.5	11.5	10~28	0.8~1.5	99	120,000
S-802ML	2.45	2	126	122	1.6	11.9	12~30	0.8~1.5	99	125,000
S-862M	2.58	2	135	138	1.6	13.2	12~36	0.8~2.0	99	130,000
S-902M	2.74	2	140	146	1.6	13.2	14~40	0.8~2.0	99	135,000
C-762M	2.28	2	118	130	1.9	12.4	10~28	0.8~2.0	99	120,000
C-802MH	2.43	2	125	143	2.0	13.1	16~32	1.0~2.5	99	125,000
C-832H	2.50	2	130	160	2.0	13.9	16~40	1.0~2.5	99	140,000

●디퍼VIP II

●허리케인셀트워터 II KR

●이카루스

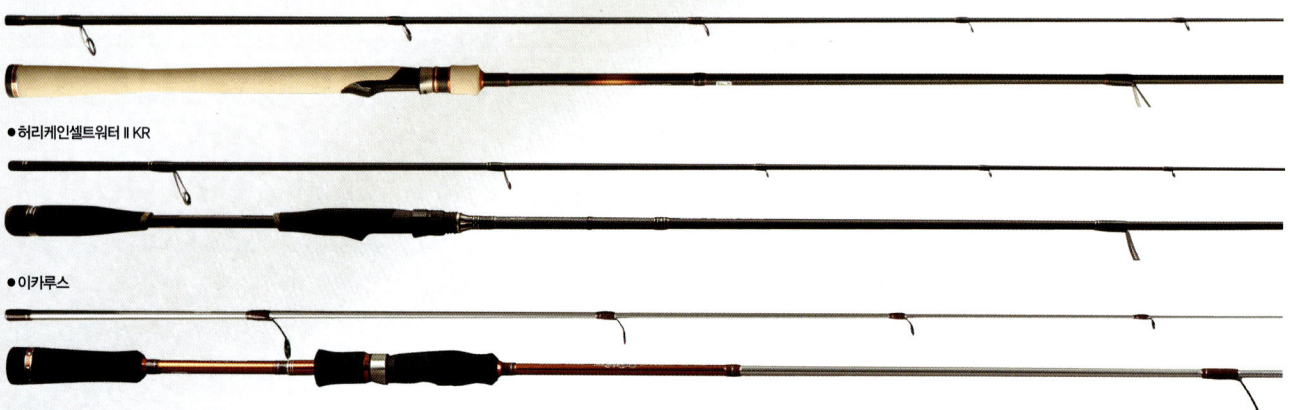

JS컴퍼니

루마 ·
빅쏘드N A4 ·
빅쏘드A2

정원구 JS컴퍼니 필드스탭

빅쏘드N A4

미국 3M에서 개발한 'Silica Nano Matrix' 복합소재인 파워럭스(Powerlux)로 제작한 낚싯대로 강도는 60% 향상되고, 무게는 20% 이상 줄인 제품이다. 우럭·광어·삼치·농어 등 모든 바다어종을 커버할 수 있는 범용성이 높은 제품으로 웜, 미노우, 바이브레이션 운용에 최적화된 제품이다. 낚싯대 길이를 7.6ft부터 8.6ft까지 다양하게 개발해 선택의 폭을 넓혔다. 46톤 초고탄성 카본으로 만든 블랭크는 감도가 뛰어나며 후지 티타늄 KR가이드 콘셉트를 적용해 로드가 가벼우면서도 내구성이 강하다.

모델명	전장(cm)	절수	접은길이(mm)	Line(lb)	루어중량(g)	선경(mm)	원경(mm)	무게(g)	카본	가격(원)
762ML	228	2	1170	6-14	5-24	1.5	10.7	118	99%	440,000
822M	248	2	1275	8-17	7-28	1.6	11.7	127	99%	460,000
862M	258	2	1325	8-17	7-30	1.6	12.2	132	99%	470,000

빅쏘드 A2

JS컴퍼니의 낚싯대 제조방식인 '헬리컬코어' 구조를 적용한 블랭크로 압축강도, 비틀림강도, 굴곡강도를 향상시켜 어떠한 대상어도 쉽게 제압할 수 있다. 캐스팅 시 순간적인 반발력을 높여 비거리를 향상시키고 복원력이 빠르며 짧은 회전운동으로도 쉽고 간결한 캐스팅을 가능하게 했다. 후지 신형 K가이드를 채용, 초보자도 쉽게 캐스팅할 수 있고 야간낚시에서도 라인트러블 없이 수월하게 캐스팅 할 수 있는 것이 장점이다. 최적의 무게밸런스를 실현, 장시간 캐스팅과 액션에도 힘들지 않으며 뛰어난 감도로 아주 가벼운 루어도 컨트롤할 수 있다.

모델명	전장(cm)	절수	루어중량(g)	Line(lb)	선경(mm)	원경(mm)	무게(g)	카본	가격(원)
A214s(S722ML)	220	2	5-30	6-16	1.5	14.2	121	99%	270,000
A214b(BC742ML)	223	2	7-28	6-16	1.6	14.2	122	99%	270,000
A213s(S762L)	228	2	5-21	6-14	1.5	13.2	113	99%	260,000
A214s(S802ML)	243	2	7-28	6-16	1.6	14.0	120	99%	275,000
A213s(S862L)	259	2	5-24	6-14	1.5	14.2	124	99%	280,000
A214s(S902ML)	274	2	7-28	6-16	1.6	14.7	138	99%	295,000
A224s(S972ML)	292	2	7-30	6-16	1.6	14.4	147	99%	310,000

루마

JS컴퍼니가 제안하는 최강의 다목적 바다루어로드. 후지 티타늄 SIC가이드와 후지 합사 전용 가이드인 T-LDBSG · T-LCSG가이드를 채용해 라인 손상과 염수에 의한 부품의 부식 및 변형을 최소화했다. 후지 러버 도장 릴시트를 채용해 수천 번의 캐스팅과 액션에도 우수한 착용감을 유지한다. 초고탄성(40톤+46톤)의 하이카본 원단은 순간적인 반발력을 높여 방파제, 갯바위에서도 원거리 캐스팅을 가능하게 해준다. 무거운 지그헤드와 메탈루어의 운영에도 최적인 제품이다.

모델명	전장(cm)	절수	접은길이(mm)	루어중량 Best,Max	라인	선경(mm)	원경(mm)	무게(g)	카본	가격(원)
LM-762	229	2	1170	17, 28	PE 1.5~2	1.50	10.07	128.4	99%	320,000
LM-7112	241	2	1230	25, 42	PE 1.5~3	1.66	11.18	133.8	99%	330,000

Staff's comment

여기 소개하는 3가지 로드는 JS컴퍼니의 고급형 바다루어낚싯대로 우럭, 광어는 물론 농어, 삼치 등 다양한 어종을 상대할 수 있으며 연안과 선상에서 전천후로 사용할 수 있는 제품이다. 빅쏘드N A4는 미국 3M사가 개발한 실리카 나노 매트릭스 복합소재인 파워럭스로 제작해 기존의 로드와는 차별화된 더 강하고 가벼운 제품으로, JS컴퍼니의 야심작에 해당한다. 로드의 블랭크와 버트 부분은 초고탄성 카본 소재에 JS컴퍼니만의 제작방식을 적용해 뛰어난 캐스팅 능력과 제압력을 동시에 갖추고 있다.

● 빅쏘드N A4

● 빅쏘드 A2

● 루마

한국다이와주식회사

라브락스·
리버티클럽씨배스·
HRF(하드록피시)

성상보 다이와 필드스탭

라브락스 76LL-F

라브락스는 농어를 주 타깃으로 개발되었지만 76LL-F는 라브락스 시리즈 중 길이가 가장 짧고 가벼운 제품으로 이동이 잦은 항만·방파제 구간이나 연안에서 캐스팅과 포인트 이동을 반복하기 수월하도록 설계된 모델이다. 7~9cm 미노우와 싱킹펜슬을 정확히 원하는 스트럭처에 캐스팅할 수 있는 능력을 가지고 있으며, 농어·볼락·광어·우럭 등의 대상어들을 효과적으로 제압할 수 있다.

모델명	전장 ft(m)	마디수 (개)	접은길이 (cm)	무게 (g)	선경 (mm)	원경 (mm)	루어중량 (g)	라인 (lb)	카본 (%)	가격 (엔)
76LL-F	7.6(2.29)	2	119	108	1.4	9.9	4~21	4~12	98	33,900

리버티 클럽 씨배스 80L

합리적인 가격의 보급형 농어전용 로드로 '낚시의 즐거움을 보다 많은 사람들에게 알리기 위하여'라는 콘셉트로 제작되었다. 간결하고 깔끔한 디자인과 손쉬운 사용법 그리고 오리지널 릴 시트와 세퍼레이트 그립을 채용해 누구나 쉽고 부담 없이 연안루어낚시에 도전해볼 수 있도록 해준다. 소개하는 80L은 리버티 클럽 씨배스의 7가지 모델 중 가장 가볍고 짧은 제품으로 5~28g 루어를 자유자재로 다룰 수 있어 우럭·광어·농어·락피시 등에 범용으로 사용할 수 있다.

모델명	전장 ft(m)	마디수 (개)	접은길이 (cm)	무게 (g)	선경 (mm)	원경 (mm)	루어중량 (g)	라인 (lb)	카본 (%)	가격 (엔)
80L	8.0(2.44)	2	126	140	1.6	11.4	5~28	6~12	70	미정

HRF(하드록피시) INFEET-HRF 70MS

HRF는 Hard Rock Fish의 줄임말로 연안의 중대형 록피시를 타깃으로 메탈지그나 무거운 웜 채비 등을 조작하기 쉽게 만들어진 전용 대다. INFEET-HRF 70MS는 라이트 지그헤드의 스위밍에서부터 14g(1/2온스) 내외의 텍사스 리그까지 다양한 채비를 다룰 수 있으며 멀리 떨어진 스트럭처를 정확하게 공략하기 좋은 로드이다. 올 SIC가이드로 바닥을 읽는 감도가 뛰어나 대형 록피시가 머무는 바닥층을 꼼꼼히 훑을 수 있다.

모델명	전장 ft(m)	마디수 (개)	접은길이 (cm)	무게 (g)	선경 (mm)	원경 (mm)	루어중량 (g)	라인 (lb)	카본 (%)	가격 (엔)
INFEET-HRF 70MS	7(2.13)	2	111	125	1.7	11.4	5~21	5~12	89	20,800

HRF(하드록피시) INFEET-HRF 70LS

INFEET-HRF 70LS는 70MS에 비해 더 가벼운 채비를 다룰 수 있도록 설계되었다. 1.8g(1/16온스)의 라이트 채비부터 7g(1/4온스) 내외의 채비를 물속에서 스위밍시키기 적당하다. 방파제, 연안 갯바위, 항포구에서 중소형 록피시를 노리기에 적합하며 가벼운 채비를 멀리 던질 필요가 있는 곳에서 특히 유용하게 사용할 수 있다. 우럭·쥐노래미의 약한 입질을 잡아내는 데 효과적이며 바닥이 복잡한 곳에서 가벼운 채비를 이용해 밑걸림 없이 낚시하는 데도 좋다.

모델명	전장 ft(m)	마디수 (개)	접은길이 (cm)	무게 (g)	선경 (mm)	원경 (mm)	루어중량 (g)	라인 (lb)	카본 (%)	가격 (엔)
INFEET-HRF 70LS	7(2.13)	2	111	120	1.6	11.4	5~14	4~8	89	20,800

Staff's comment

일본 다이와의 농어대 중에서도 가볍고 길이가 짧은 로드들은 록피시 연안루어낚시에 알맞다. 라브락스 76LL-F와 리버티클럽 씨배스 80L은 부담 없이 연안루어낚시를 즐길 수 있는 로드들이다. HRF는 락피시 전용낚싯대로 본격적으로 우럭·광어·쥐노래미를 노릴 수 있는 제품이다. 사용하는 채비의 무게에 맞춰 로드를 선택할 수 있는데, 필자는 INFEET-HRF 70MS와 INFEET-HRF 70LS를 추천한다.

성상보의 연안루어 장비채비

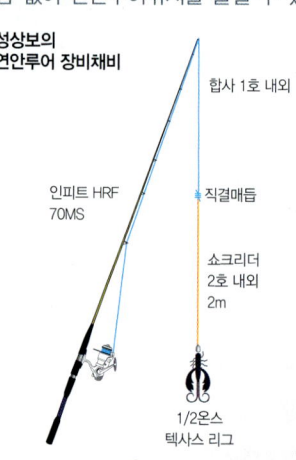

- 라브락스 76LL-F
- 리버티 클럽 씨배스 80L
- HRF(하드록피시) INFEET-HRF 70MS

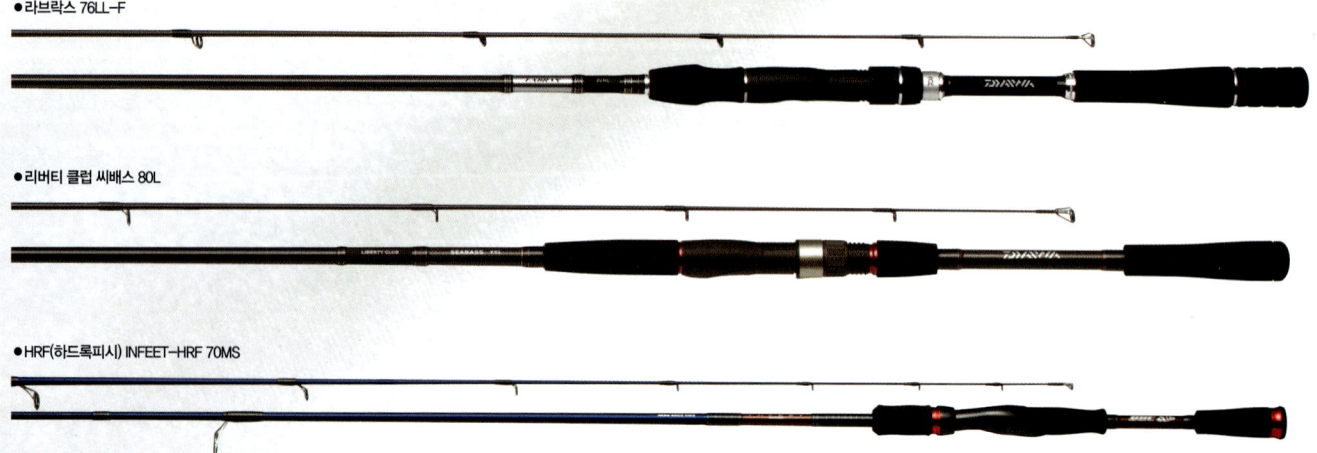

주목받는 신제품들

EGING ● 천류

'에깅'은 길이 9ft의 에깅용 낚싯대이지만, 광어·우럭 연안루어낚시용으로도 호평을 받는 제품이다. 부드러운 팁밸런스로 소형 루어도 쉽게 멀리까지 캐스팅할 수 있으며 섬세한 액션이 가능하다. 에깅대의 특징인 허리의 탄성이 좋기 때문에 대어도 쉽게 제압할 수 있으며 손잡이는 '3파트 그립' 구조로 잦은 캐스팅에도 피로감이 적은 것이 장점이다. 롱캐스팅이 가능하기 때문에 연안에서 다양한 대상어를 노릴 수 있고, 선상대로도 활용할 수 있다.

상품명	품번	전장(ft)	마디	접은길이(cm)	루어무게(g)	라인(lb)	무게	가격(원)
EGING	90ML	9.0	2	140	20~30	7~14	150	95,000

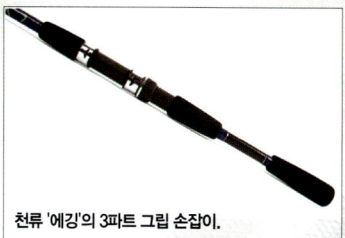

천류 '에깅'의 3파트 그립 손잡이.

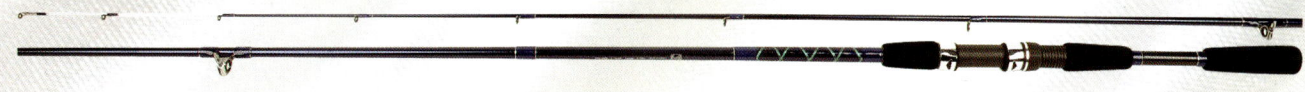

NONInoni ● 구주통상

'노니'는 농어, 광어, 우럭 루어낚시에 모두 사용할 수 있는 고급형 바다루어 낚싯대다. 사용 가능한 루어 무게는 5~28g으로 소형 웜에서부터 큰 미노우까지 모두 캐스팅할 수 있다. 동급 최고 품질의 블랭크를 채택, 파워풀한 파이팅으로 짜릿한 손맛을 만끽할 수 있으며, 후지 고급 릴시트와 EVA 소재 그립을 채용해 사용감을 높였다. 외관은 오렌지 컬러를 도색해 시원하고 강렬한 이미지를 준다.

상품명	품번	전장(ft)	마디	접은길이(cm)	루어무게(g)	라인(lb)	무게	가격(원)
NONInoni	762ML	7.6	2	102	5~28	8~16	130	230,000

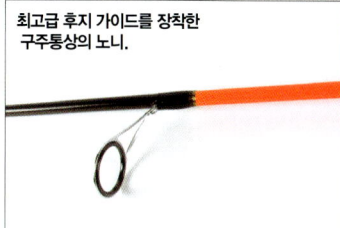

최고급 후지 가이드를 장착한 구주통상의 노니.

STALLION ● 영규산업

'스탤리언'은 농어용 낚싯대로 출시되었지만 길이 8ft~8.6ft 로드 사양은 광어, 우럭 연안낚시에 두루 사용하기 적합한 모델이다. 고탄성 카본과 평직카본의 조화로 완성도 높은 디자인을 구현했으며, 너트형 후지 릴시트를 채용해 릴과의 일체감이 아주 뛰어나다. 전 가이드에 SIC링을 채용해 캐스팅 시 원줄과의 마찰을 최소화했다.

품번	표준전장(ft)	접은길이(cm)	마디(절)	자중(g)	루어무게(g)	라인(lb)	가격(원)
ST-802ML	8.0	126	2	150	7~25	6~12	147,000
ST-862ML	8.6	133	2	165	7~25	6~12	157,000
ST-862M	8.6	134	2	170	10~33	8~14	167,000
ST-902ML	9.0	141	2	180	10~30	8~14	178,000
ST-902M	9.0	142	2	210	15~45	8~20	189,000
ST-962ML	9.6	149	2	183	10~30	8~14	194,000
ST-962M	9.6	149	2	212	15~45	8~20	200,000
ST-1002M	10.0	157	2	215	15~45	8~20	210,000

영규산업 스탤리온의 블랭크.

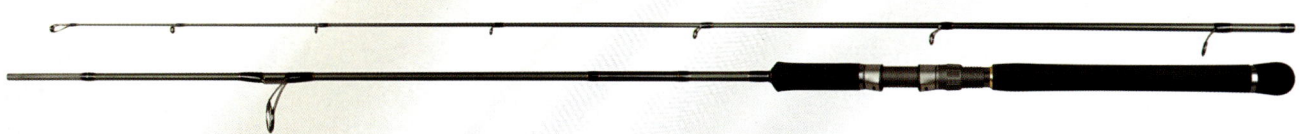

록피싱 장비와 채비 ❺

연안낚시에는 스피닝릴!

Spinning Reel
Casting mechanism

릴 다리
릴을 낚싯대의 릴시트에 고정시키는 부위다.

베일(Bail)
앞쪽으로 젖히면 줄이 풀리고 원래 상태로 닫으면 더 이상 줄이 풀리지 않도록 하는 역할을 한다.

역회전 방지 레버
릴의 핸들은 앞쪽뿐 아니라 뒤로도 돌릴 수 있다. 뒤로 돌리면 릴이 거꾸로 돌면서 원줄이 풀려나간다. 그러나 핸들을 뒤로 돌릴 경우는 거의 없으므로(줄을 풀 때는 통상적으로 베일을 젖혀서 푼다) 평소에는 오프(ON) 상태로 고정해 역회전되지 않도록 한다.

스풀(Spool)
낚싯줄이 감기는 실패다. 몸체와 분리가 가능해 다른 굵기의 원줄을 감아 둔 예비 스풀과 교체해 사용할 수 있다.

핸들과 핸들노브
릴을 감을 때 돌리는 손잡이가 핸들이다. 그중 손에 쥐는 부분을 핸들노브라 한다. 핸들은 안 쓸 땐 접어두는데, 원터치로 접는 방식과 돌려서 접거나 빼서 따로 보관하는 방식이 있다.

드랙노브(Drag knob)
드랙의 강약을 조절하는 다이얼이다. 드랙노브 조절로 고기가 물었을 때 스풀에 감긴 원줄이 풀려나가는 정도를 조절할 수 있다.

릴은 수직으로 감아올리고 내리기에 편한 베이트캐스팅릴(베이트릴)과 던지기에 편한 스피닝릴이 있다.
원래 릴의 초기 모델은 베이트캐스팅릴이었고, 캐스팅 기능을 높이고자 고안된 형태가 스피닝릴이다.
연안루어낚시에서는 원거리 캐스팅이 필요하기 때문에 스피닝릴을 사용한다.
스피닝릴은 사용 방법이 간단해 남녀노소 누구나 쉽게 쓸 수 있다.
캐스팅 과정에서 베이트캐스팅릴에 흔히 발생하는 줄엉킴이 없다는 것도 스피닝릴의 장점이다.
스피닝릴 중에서도 루어낚시에선 작고 가벼운 소형 릴이 적합하다. 수치로는 2000번이나 2500번 릴이 소형 릴이다.

루어용 스피닝릴은 '섈로우 스풀'이 대세

바다루어낚시가 유행하면서 스풀 깊이가 얕고 폭이 넓은 섈로우 스풀 릴들이 출시되고 있다. 스풀이 얕고 폭이 넓으면 원줄이 빠져나올 때 스풀 언저리에 닿는 마찰이 줄어들어 그만큼 비거리가 증가하게 된다. 이런 구조의 릴이 출시되게 된 계기는 PE라인의 유행 때문이다. 가는 합사인 PE줄은 일반 나일론줄에 비해 3배가량 가늘기 때문에 150~200m를 감아도 기존 스풀을 1/3도 채우지 못한다. 그러면 줄이 풀릴 때 스풀 엣지와 마찰면이 커져서 비거리가 줄어든다. 그래서 PE줄을 주로 쓰는 루어낚시용 스피닝릴은 스풀을 얕게 만들어 캐스팅 거리를 늘리는 데 주안점을 두게 됐다.

초기에는 1호 이하의 가는 PE라인을 사용하는 볼락루어낚시와 에깅낚시(오징어 루어낚시)용 릴에만 이런 섈로우 스풀이 채택됐으나 지금은 바다루어낚시용으로 볼 수 있는 대다수 중소형 스피닝릴에 섈로우 스풀이 채택되고 있다.

보조스풀 갖추면 릴 두 개 사는 효과

커스텀 스풀
메이커에 따라서는 제품은 달라도 동일한 품번대의 릴이라면 어떤 릴에나 호환되는 커스텀 스풀도 출시하고 있다. 사진은 다이와의 RCS 스풀들.

스피닝릴을 살 때 보조스풀을 예비로 구입하는 것이 좋다. 스풀이 두 개면 원줄을 두 종류 감을 수 있어서 상황에 맞춰 스풀만 교환해 쓸 수 있다. 가령 릴 본체의 스풀에 1호 줄을 감았다면 보조스풀에는 0.8호 또는 1.5호를 감아두는 식이다. 굳이 릴을 두 개씩 갖고 다닐 필요가 없는 셈이다.

릴 제품에 따라 보조스풀이 추가로 제공되는 제품도 있고 별매로 구입해야 하는 제품도 있다.

릴 스풀에 원줄 묶는 법
안돌리기 묶음법과 클린치 노트

릴 스풀에 원줄을 감는 방법은 두 가지다. 하나는 안돌리기 묶음법(유니 노트)이며 또 하나는 클린치노트다. 이 두 방법은 노래묶음법과 동일하나. PE라인은 나일론줄과 달리 표면이 미끄러워 매듭을 지어도 풀리는 경우가 있다. 이때는 원줄 끝단에 한 번 매듭을 지어 놓으면 이 매듭이 걸려 밀려 빠져나가지 않는다. 또 처음부터 빡빡하게 감으려 하면 미끄러운 PE라인은 스풀에서 헛돌므로 대여섯 바퀴는 천천히 감아 PE라인을 스풀에 밀착한 후 서서히 힘을 주면서 빡빡하게 감는다.

클린치 노트로 원줄을 묶은 스풀.

안돌리기 묶음법
1. 스풀에 낚싯줄을 걸친다.
2. 두 줄을 겹쳐서 한 번 감아 돌린다.
3. 끄트머리를 안으로 돌려 한 쪽에 감기 시작한다.
4. 4회 정도가 적당하다.
5. 끄트머리를 사진과 같이 처음에 만들어진 고리 속으로 집어넣고 당겨 조인다.
완성-단단히 조이고 자투리를 자른다.

클린치 노트
1. 스풀에 낚싯줄을 걸친다.
2. 두 줄을 겹쳐서 쥔다.
3. 두 줄을 서로 비틀어 꼬아준다.
4. 끄트머리를 잡고 안으로 넣어서
5. 다시 돌려 빼내 만들어진 고리 속에 통과시키고 당겨서 조인다.
6. 본줄을 당겨 조여준다.
완성-자투리를 잘라준다.

스피닝릴 기본 조작법

릴이 결합된 낚싯대를 쥐는 방법은 사진과 같다. 사진에서 보듯 약지와 중지 사이로 릴다리를 끼운 뒤 릴시트를 잡아야 안정적이다. 그 상태에서 검지로 라인롤러에 걸쳐져 있던 원줄을 걸어 당기고, 낚싯대를 잡지 않은 반대쪽 손으로 베일을 앞쪽으로 제치면 던질 준비는 끝난다.

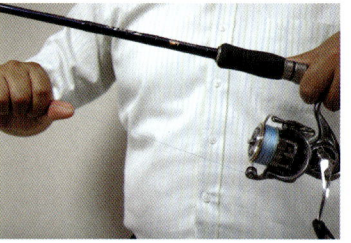

1. 낚시를 하기 전 드랙 조절부터 한다. 원줄을 손으로 당겨보아 약간 힘을 주면 원줄이 천천히 끌려 나오는 정도로 맞춰 놓는다. 원줄이 너무 쉽게 끌려나오면 드랙을 조여주고(드랙노브를 시계방향으로 감는다), 너무 빡빡하게 풀리면 드랙을 풀어주며(드랙노브를 시계반대방향으로 푼다) 드랙 강도를 조절한다.

2. 릴 전면에 있는 드랙 노브. 이것을 돌려서 풀림 정도를 조절한다.

3. 원줄 손가락에 걸기-검지의 첫 번째 마디에 원줄을 가볍게 걸친다.

4. 베일 젖히기-릴을 쥔 반대쪽 손으로 베일을 앞쪽으로 젖힌다.

오버헤드 캐스팅 요령

-모든 캐스팅의 기본이 되는 방법이다. 쉽게 던질 수 있고 정확도도 높은 편이다.

1. 준비 자세
   낚싯대를 든 오른팔(왼손잡이는 왼팔)을 겨드랑이에 붙이고, 낚싯대를 정면을 향해 거의 수평으로 유지한다. 팔이 겨드랑이에서 떨어져 있으면 낚싯대를 휘둘러 올릴 때 대 끝이 비뚤어져 엉뚱한 방향으로 루어가 날아갈 수 있다.

2. 뒤로 젖혀 올리기
   어깨의 힘을 빼고 편하게 젖혀 올린다. 처음에는 천천히 동작을 연습한 후에 익숙해지면 점차 젖혀 올리는 속도를 빠르게 한다.

3. 앞으로 휘두르기
   머리에서 뒤쪽으로 15도가량 낚싯대를 젖힌 뒤 앞쪽으로 빠르게 대를 휘두른다. 휘두른 뒤의 낚싯대 위치는 준비 자세 때의 위치와 동일하다. 휘두를 때는 반드시 루어의 무게를 느끼는 것이 중요하며, 팔의 힘은 빼고 손목의 스냅을 활용한다.

4. 원줄 놓기
   낚싯대를 전면으로 밀어내는 타이밍에 손가락에 걸고 있던 원줄을 놓아준다. 이때 라인을 놓는 타이밍이 늦으면 루어는 바로 앞에 처박히고, 반대로 너무 빨리 놓으면 높이 솟았다가 떨어지고 만다. 이 타이밍을 맞추기 위해 연습을 반복한다.

5. 써밍하기
   써밍이란 방출되고 있는 라인을 멈추게 하거나 속도를 줄이는 방법을 말한다. 주로 왼손으로 릴 스풀을 살짝 눌러주거나 오른손 검지로 스풀을 눌러서 써밍을 한다. 캐스팅한 루어가 목적했던 포인트를 지나 더 멀리 갈 것 같을 때 써밍을 하기도 하지만, 정확한 거리에 날아가도 살짝 써밍을 해서 여유줄이 너무 많이 풀리지 않게 한다.

써밍 동작. 스풀 끝부분에 검지를 대거나 반대편 손으로 살짝 감싸쥔다.

다이와 이그지스트

내구성을 높이고 감도를 향상시킨 다이와사의 플래그십 모델. 방수성능이 매우 높은 매그실드 기구를 바디뿐 아니라 라인롤러에도 채용하여 종합적인 방수단계까지 이르렀다. 경량화와 감도 향상을 실현한 뉴 에어로터를 탑재. ABSⅡ와 더불어 권사량의 최적화를 계산함으로써 비거리와 트러블 감소를 모두 실현했다. 2508PE, 2510PE 사이즈는 PE라인이 딱 맞게 감기는 PE스풀을 채용(나일론, 플로로카본 라인도 겸용)했다.
■ 가격 2508PE-H 77000엔, 2510R-PE 79000엔

다이와 세르테이트

세르테이트는 내구성과 강성을 지속적으로 추구한 메탈바디를 채용하고 있다. 첫 등장 후 2013년 현재까지 9년 동안 높은 신뢰를 받고 있는 릴이다. 이 세르테이트 릴에 매그실드 라인롤러를 탑재함으로써 더 내구성을 높였다. 또 경량, 고강성의 자이온 에어로터를 사용했다. 최신 기능을 모두 탑재한 다이와 스피닝릴의 하이그레이드 스탠더드 모델이다.
■ 가격 2506H 39000엔, 2508PE 39000엔

스피닝릴 히트 아이템

캐스팅과 릴링을 계속 반복하는
루어낚시용 스피닝릴은 작고 가벼우면서도 성능이 뛰어나야 한다.
즉 어떤 낚시장르보다 고성능의 릴이 필요한 것이 바다루어낚시라고 할 수 있다.
록피시낚시용 스피닝릴은 2000~2500번 크기가 적당하다.
부시리 같은 힘센 고기를 상대하는 것이 아닌 만큼
4000번 이상의 중대형 릴은 불필요하다.
연안 바다루어낚시에 최적화된 스피닝릴을 소개한다.

다이와 루비아스

모든 상황에서 최고의 성능을 자랑하는 올라운더 릴이다. 모든 모델을 체인지한 루비아스는 매그실드로 인한 방수성의 향상, 에어로터가 만들어내는 초감도, 마그네슘을 뛰어 넘는 자이온의 가벼움과 강성 등 스피닝릴의 최첨단 기능을 아끼지 않고 탑재해 플래그십 모델에 육박할 정도로 가격 대비 성능이 뛰어난 릴이다.
■ 가격 2506 29600엔, 2510PE-H 29600엔

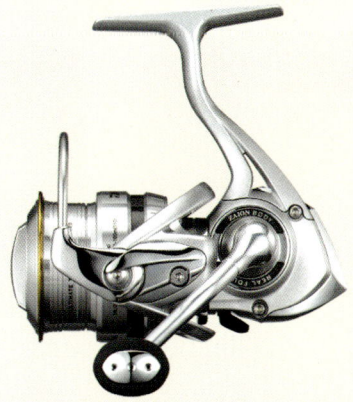

다이와 칼디아

방수 성능이 우수한 매그실드, 자이온 바디, 에어로터, 경량 알루미늄 스풀 등을 채용한 효과로 대폭적인 경량화와 방수성, 내구성, 조작성의 향상을 실현한 릴이다. 부드러운 조작이 가능한 알루미늄 머신컷 나사식 핸들을 탑재했다.
■ 가격 2506 23500엔, 2506H 23500엔

다이와 프림스

자이온을 장착하여 부드러운 회전성능과 대폭적인 경량화를 실현했다. 상위 기종에 버금가는 기능과 디자인을 겸비했으며 바디의 방수성을 높이고 에어로터를 채용했다. UTD, ABSⅡ, 리얼스토퍼 등의 최신 기능도 다 들어 있다.
■ 가격 2506 16300엔, 2508R-SH 17600엔

록피싱 장비와 채비 ❻

선상용 루어낚싯대 추천

Boat Rods

우럭·광어 선상루어낚시에선 참돔지깅 로드나 라이트지깅 로드가 주로 사용되고 있다. 광어 다운샷 낚시의 추부하와 액션이 참돔지깅낚시나 라이트지깅과 거의 같기 때문이다. 높은 신뢰성으로 낚시인들 사이에 꾸준한 인기를 얻고 있는 선상루어 피싱로드들을 소개한다. (낚싯대 소개는 제조업체명 가나다순)

메가배스

트리갸SJ

일본 메가배스에서 생산한 트리갸SJ는 선상낚시 전용 대로 슬로우 지깅에 최적화된 로드이다. 대물의 갑작스런 입질에도 능숙하게 대응하는 한 단계 발전된 라이트지깅 전용 대다. 기존의 로드들과 차이점이라면 자연스러운 지그의 액션을 연출하는 것은 물론 갑작스런 대물의 입질에도 대응할 수 있는 허리힘과 강한 내구성을 가지고 있다는 것이다. 총 3가지 모델이 출시되었으며 기본적인 제원과 블랭크는 모두 공통이다.

모델명	길이(ft)	루어무게(g)	라인(호)	가격(엔)
T-663SJ	6'6"	MAX 200	MAX 2.0	42,000
T-664SJ	6'8"	MAX 250	MAX 2.5	42,500
T-665SJ	6'10"	MAX 300	MAX 3.0	43,000

앵글러스 리퍼블릭

팜스 메탈위치

라이트지깅 전용 로드인 팜스 메탈위치는 대상어와 낚시환경을 구분해 총 12가지 스펙을 제공해 선택의 폭이 넓은 것이 장점이다. 일본 앵글러스 리퍼블릭에서 생산한 팜스 메탈위치는 각 대상어와 낚시스타일을 세분화해 그것에 맞춘 전용 설계로 제작한 라이트지깅 로드다. 각 기종마다 최고의 밸런스를 추구하는 데 설계 목적이 있다. 전 기종에 K가이드, SIC링을 탑재, 톱가이드는 MNST, 그 아래는 KTSG와 KLSG를 편성했다. 품목별 시리즈는 한눈에 알 수 있도록 용도별로 컬러를 구분해서 도장했으며 모든 기종에 세퍼레이트 타입의 EVA 그립을 채용, 한결 경쾌한 기분으로 낚시를 즐길 수 있게 만들었다. 총 12종의 모델이 출시되어 있다.

모델명	길이(ft)	절수(pcs)	파워(강도)	루어무게(g)	PE라인(호)	자중(g)	가격(원)
MTGC-632SF	6.3	1	2	100~150	1.0-2.0	130	330,000
MTGC-633SF	6.3	1	3	130-180	1.2-2.5	133	330,000
MTGC-634SF	6.3	1	4	150-200	1.5-3.0	144	330,000
MTGC-612M	6.1	1	2	30-150	0.6-1.5	134	310,000
MTGC-652M	6.5	1	2	30-150	0.6-1.5	136	310,000
MTGC-632T	6.3	1	2	60-150	0.6-1.5	142	310,000
MTGC-633T	6.3	1	3	80-200	0.8-2.0	147	315,000
MTGC-634T	6.3	1	4	100-250	0.8-2.5	153	315,000
MTGC-595B	5.9	1	5	60-180	1.0-2.0	142	310,000
MTGC-633B	6.3	1	3	30-100	0.8-2.0	139	315,000
MWGC-633B	6.3	1	3	30-100	0.8-2.0	173	250,000
MWVS-633A	6.3	1	3	30-120	0.8-0.2	187	250,000

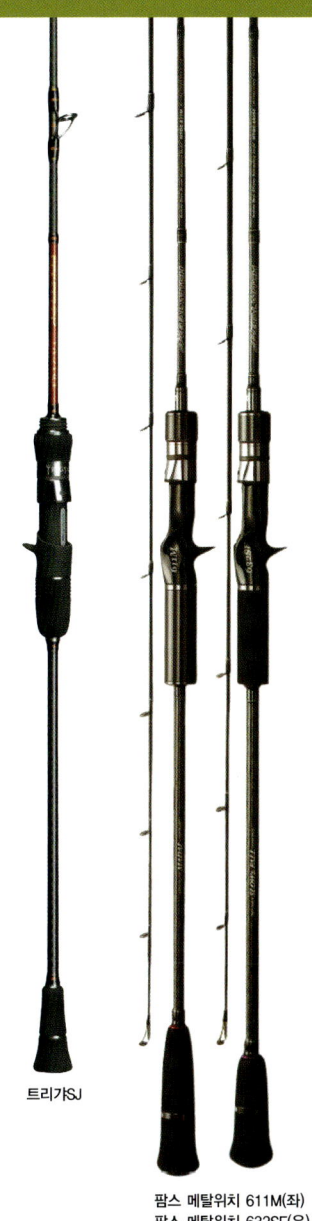

트리갸SJ

팜스 메탈위치 611M(좌)
팜스 메탈위치 632SF(우)

영규산업

파워트레인

민어 전용 루어대로 2.4m 길이의 견고하고 짧은 루어대다. 민어 전용대라고는 하지만 낚싯대가 가볍고 빳빳한 튜블러 초리를 채택해 중대형 록피시를 상대하기에 안성맞춤이다. 줄엉킴 방지 LC·LDB가이드를 채용했으며 모든 가이드엔 SIC링이 장착되어 있어 합사와 가이드가 손상되는 것을 방지했다. 파워트레인이라는 이름답게 뛰어난 견인력을 자랑한다.

모델명	전장(m)	접은길이(cm)	마디수	추무게(호)	선경/원경(mm)	자중(g)	카본(%)	가격(원)
240C	2.40	125	2	MAX 45호	2.2/13	170	96	188,000

맥스필버스터

참돔지깅낚시와 라이트지깅용으로 광어 다운샷에도 활용 가능한 로드이다. 예민한 초리로 자연스러운 후킹이 가능하며 감도가 아주 뛰어난 것이 특징이다. 대형어도 빠르게 제압하는 파워 블랭크와 릴과의 일체감이 뛰어난 후지 ACS릴시트를 채용했다. 100g 내외의 타이라바와 인치쿠를 사용할 수 있으며 참돔지깅뿐 아니라 광어 다운샷, 우럭선상낚시, 라이트지깅에 두루 사용할 수 있다.

모델명	전장(m)	접은길이(cm)	마디수	선경/원경(mm)	자중(g)	루어무게(g)	PE라인(호)	카본(%)	가격(원)
BC-662ML	1.96	145	2	1.8/11.7	138	MAX 100	1-3	99	176,000
BC-712ML	2.15	162	2	1.8/11.7	143	MAX 100	1-3	99	188,000
SP-662ML	1.96	145	2	1.8/11.7	143	MAX 100	1-3	99	166,000
SP-712ML	2.15	162	2	1.8/11.7	148	MAX 100	1-3	99	176,000

디펜더

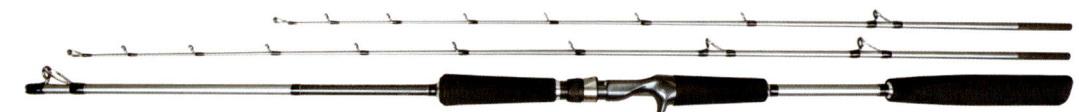

디펜더는 2개의 초리로 길이를 다르게 사용할 수 있는 선상루어낚시 전용대로 100호 이상의 추부하를 견딜 수 있기 때문에 심해의 대형어도 공략할 수 있다. 선상전용 낚싯대로 길이가 다른 튜블러 초리가 2개 들어 있어 원하는 길이로 선택 사용할 수 있다. 낚싯대의 무게를 줄이기 위해 고인장성의 플렉시블 튜블러 초리를 선택했다. 낚싯대 전체의 휨새는 8:2로 주꾸미, 참돔, 광어, 우럭 등 다양한 장르에 적용해 사용할 수 있다. 줄엉킴 방지 LC · LDB 가이드에 SIC링을 장착했다. 블랭크 터치 트리거 시트를 채용해 무게는 줄이고 그립감은 대폭 개선한 제품이다.

모델명	전장(m)	접은길이(cm)	마디수	선경/원경(mm)	자중(g)	루어무게(g)	PE라인(호)	가격(원)
180/195	1.80-1.95	103	2	180:2.0/11.3|195:2.2/11.3	180:140|195:145	100 이상	1-2	125,000

에스엠텍

락버드

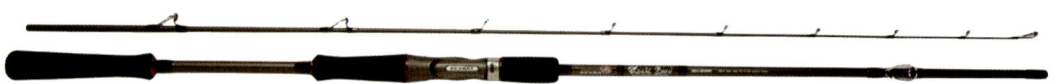

광어 · 우럭루어 외에도 갑오징어 · 주꾸미 · 삼치 등을 대상어로 하는 범용 루어낚싯대다. 낚싯대의 무게가 가볍기 때문에 루어의 조작성이 좋고, 장시간의 낚시에도 피로감이 작은 것이 장점이다. 블랭크와 릴시크에 그레이 골드 메탈 컬러를 도장해 깔끔한 이미지를 구현했으며, 합사전용 가이드를 채용해 줄꼬임을 최소화했다. 투그립 타입의 슬림형 그립으로 파지감이 우수하다.

모델명	길이(ft)	절수(pcs)	접은길이(cm)	자중(g)	선경(mm)	원경(mm)	루어무게(g)	PE라인(호)	카본(%)	가격(원)
RBS-602M	6.0	2	97	115	1.7	10.5	MAX130	PE0.6-1.5	87	68,000
RBC-602M	6.0	2	97	120	1.7	10.5	MAX130	PE0.6-1.5	87	68,000
RBC-662M	6.6	2	103	125	1.7	12.1	MAX160	PE0.8-2.0	87	75,000
RBC-662MH	6.6	2	103	135	1.8	12.4	MAX160	PE0.8-2.0	87	75,000

블루몬드스틱

블루몬드스틱은 다양한 수심대를 공략할 수 있는 선상전용 낚싯대다. 우럭·광어·대구 등 다양한 어종의 선상낚시를 커버할 수 있는 선상낚시 전용 로드로 부드럽게 휘어지는 팁으로 예민한 입질을 잡아내고 강한 허리로 대물도 쉽게 제압하는 것이 장점이다. 후지 릴시트와 합사전용 줄꼬임방지 SIC가이드를 채용했다.

모델명	길이(ft)	절수(pcs)	접은길이(cm)	자중(g)	선경(mm)	원경(mm)	루어무게(g)	PE라인(호)	카본(%)	가격(원)
BMC-662T	6.6	2	102	140	1.8	11.0	MAX120	PE0.6-1.5	99	198,000
BMC-662F	6.6	2	102	145	2.0	11.2	MAX160	PE0.8-2.0	99	198,000

스쿠라

슈퍼프리미엄급의 전문가용 라이트지깅 로드로 참돔지깅을 중점으로 설계되었으나 광어·우럭 등 선상낚시가 가능한 어종이라면 어떠한 것도 상대할 수 있다. 액션은 레귤러이며 낚싯대가 가볍기 때문에 지그를 원활하게 조작할 수 있으며 하이테크놀로지 설계의 초리로 참돔과 광어의 미세한 입질도 쉽게 잡아낼 수 있다. 후지 SIC 가이드와 후지 릴시트를 채용했으며 핸들 길이가 긴 특수한 2피스 구조로 제작되었다.

모델명	길이(ft)	절수(pcs)	접은길이(cm)	자중(g)	선경(mm)	원경(mm)	루어무게(g)	PE라인(호)	카본(%)	가격(원)
SCC-652R	6.5	2	135	132	1.4	11.7	MAX90	PE0.6-1.2	99	320,000
SCC-652T	6.5	2	135	136	1.6	11.8	MAX120	PE0.6-1.5	99	320,000

에스엠스틱

스쿠라보다 한 단계 아래의 보급형 참돔지깅 전용 대다. 광어·우럭·삼치낚시 등에도 범용으로 사용할 수 있다. 투피스로 분리되기 때문에 간편하게 보관·이동할 수 있으며 투피스지만 원피스 못지않은 아주 뛰어난 감도를 자랑한다.

모델명	길이(ft)	절수(pcs)	접은길이(cm)	자중(g)	선경(mm)	원경(mm)	루어무게(g)	PE라인(호)	카본(%)	가격(원)
SMC-632T	6.3	2	100	138	1.7	10.0	MAX120	PE0.6-1.5	99	150,000
SMC-632F	6.3	2	100	145	1.8	10.2	MAX160	PE0.8-2.0	99	150,000

N·S

매직아이 토크

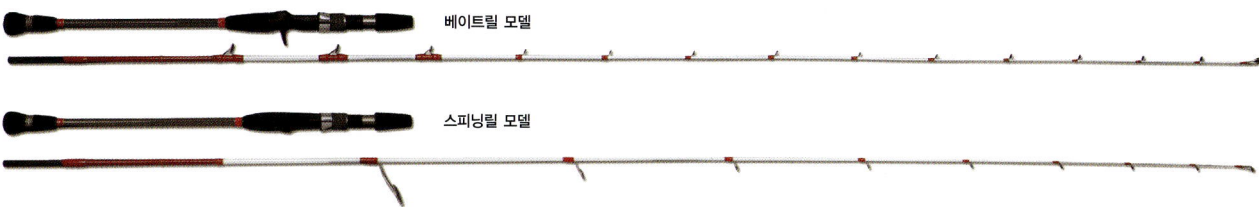

베이트릴 모델

스피닝릴 모델

참돔지깅은 물론 광어·우럭·부시리·방어 등 다운샷과 빅게임을 모두 소화할 수 있는 전천후 라이트지깅 대다. '토크'란 극한의 상황에서 낚싯대 블랭크의 장점을 부각시켜주는 신개념 블랭크를 의미하는데, 히트, 파이팅, 랜딩에 이르기까지 전 과정의 성공률을 높여주는 역할을 한다. 선상과 연안에서 모두 사용할 수 있는 제품.

모델명	전장(m)	마디수(본)	접은길이(cm)	자중(g)	선경(mm)	원경(mm)	루어무게(g)	카본(%)	가격(원)
TJ582S	1.73	1	173	145	2.2	10.3	80~200 / Max 250	99	250,000
TJ582B	1.73	1	173	169	2.2	10.3	80~200 / Max 250	99	250,000
TP782B	2.34	2	180	170	1.8	11.9	30~100 / Max 125	99	280,000
TP782S	2.34	2	180	159	1.8	11.9	30~100 / Max 125	99	280,000
TP794S	2.36	2	186	195	1.8	14.8	40~100 / Max 125	99	300,000

매직아이 라이트지깅

가늘고 약해보이지만 30kg 잿방어를 단 7분 만에 제압할 정도로 허리힘이 강한 라이트지깅 대다. 가볍기 때문에 장시간 지깅에도 힘이 들지 않으며 부드러운 초리는 입질을 간파하는 능력이 아주 우수하다.

모델명	전장(m)	마디수(본)	접은길이(cm)	자중(g)	선경(mm)	원경(mm)	루어무게(g)	라인(lb)	가격(원)
C571XXH	1.70	1	170	186	2.2	14.7	180	25	270,000
C632XH	1.90	2	139	223	2.6	13.9	150	20	280,000
C632XXH	1.90	2	139	208	2.2	13.3	180	25	290,000
S571XXH	1.70	1	170	186	2.2	14.7	180	25	270,000
S632XH	1.90	2	139	223	2.6	13.9	150	20	280,000
S632XXH	1.90	2	139	208	2.2	13.3	180	25	290,000

바이터

참돔지깅 전용 로드로 후지ACS(Body)와 KDPS(Head) 릴시트 조합으로 최상의 그립감과 릴과의 결속력을 보장한다. 후지 IG(골드이온도금) 합사전용 가이드를 채용해 염분에 가이드가 손상될 염려가 없다. 레귤러 라이트 액션의 슬림함으로 더욱 섬세하면서도 여유 있는 로드워크가 가능하며, 악조건에서의 민감한 입질도 섬세하게 간파해낸다.

모델명	전장(m)	마디수(본)	접은길이(cm)	자중(g)	선경(mm)	원경(mm)	루어무게(g)	PE라인(호)	카본(%)	가격(원)
B-66RLS	1.98	2	154	142	1.6	14.7	40~130	0.8~2.0	99.9	350,000
B-66RRL	1.98	2	154	140	1.8	14.7	40~160	0.8~2.5	99.9	350,000

타이푼 II 나노

참돔지깅 낚싯대의 표준을 제시하는 모델로 초심자도 쉽게 접할 수 있는 낚싯대. 바다루어 전문가들이 설계한 참돔지깅 전용 로드로 입질부터 훅킹까지 일련의 과정에서 대상어가 거부감을 느끼지 않도록 만들었다. 강력한 허리힘을 자랑하며 모든 가이드는 후지 SIC합사 전용 가이드를 장착했다.

모델명	전장(m)	마디수(본)	접은길이(cm)	자중(g)	선경(mm)	원경(mm)	루어무게(g)	PE라인(호)	카본(%)	가격(원)
B-66RR	1.98	2	155	122	1.5	10.1	40~160	0.8~2.5	99	272,000
B-66RL	1.98	2	155	117	1.3	10.8	40~90	0.8~2.0	99	272,000
B-68RRL	2.03	2	161	126	1.4	10.8	40~150	0.8~2.0	99	285,000
B-68RRM	2.03	2	161	137	1.5	11.6	60~160	1~3	99	285,000
B-682RRM	2.03	2	104	113	1.5	11.6	60~160	1~3	99	285,000

하이퍼 텐야

텐야(Tenya)는 생새우를 미끼로 참돔지깅과 비슷한 방식으로 하는 일본식 배낚시를 말한다. 대상어는 참돔 · 우럭 · 광어 · 쥐노래미 · 다금바리 등이다. 텐야 낚싯대는 유연한 팁과 허리로 이어지는 완만한 밸런스 그리고 대형어를 제압할 수 있는 강한 허리가 꼭 필요하다. S-752RLS은 솔리드톱으로 좀 더 민감한 상황에서 약한 입질을 파악하기 좋으며, S-752RLT은 튜브톱으로 대상어들의 활성도가 좋을 때 자동으로 훅셋을 이끌어낼 수 있는 모델이다.

모델명	전장(m)	마디수(本)	접은길이(cm)	자중(g)	선경(mm)	원경(mm)	카본(%)	지그무게(g)	PE라인(호)	가격(원)
S752RLT	2.3	2	157	131	1.2	14.0	98	15~60(4~15호)	0.6~1.5	220,000
S752RLS	2.3	2	157	127	0.7	14.0	98	10~40(3~10호)	0.4~1.0	220,000
S702RMT	2.1	2	161	133	1.3	10.8	98	40~150	0.8~2.0	205,000
C702RMT	2.1	2	161	140	1.3	10.8	98	40~150	0.8~2.0	205,000

JS컴퍼니

참CXT

부드러움과 강함을 모두 가진 전문가용 고급형 선상 라이트게임 전용 로드로 참돔 · 우럭 · 광어 · 갑오징어에 두루 사용할 수 있다. 경량화와 조작성, 휴대성이 뛰어난 2절 분리식이지만 감도는 원피스 로드와 같고 힘의 전달도 유연하다. 친환경적이고 바닷물에 부식되지 않는 후지 신형 'ECHO' 가이드를 장착했으며 후지 ACS 릴시트 채용으로 착용감이 좋고 롱너트 방식이라 릴 장착 시 일체감이 뛰어나다.

모델명	길이(ft)	용도	루어최대중량(g)	루어최적중량(g)	최대라인(PE)	최적라인(PE)	최대드랙력(Kg)	무게(g)	가격(원)
CXT-662JSC	6'6"	Jerking shaft	100	70	2.0	1.2	5	150	330,000
CXT-682RSC	6'8"	Retrieve shaft	80	50	1.5	1.0	4	150	330,000
CXT-6102L RSC	6'10"	Retrieve shaft	80	50	1.5	1.0	4	149	350,000

참CWR

CXT에 비해 한 단계 아래인 보급형 선상 라이트게임 전용 로드다. 용도는 참돔 · 우럭 · 광어 · 갑오징어 · 주꾸미로 동일하다. CWR682 RSC는 참돔 전용 로드로 갑오징어, 주꾸미 낚시에도 사용할 수 있으며 100g 이상의 인치쿠도 사용할 수 있다. CWR662 JSC는 전천후 바다낚시용 로드로 80g의 타이라바, 인치쿠에 가장 알맞은 모델이다. CWR652 JSC는 라이트 지깅용으로 개발되어 다양한 메탈지그의 액션을 연출하는 데 적합하다. CWR642 SS는 스피닝 모델로 다양한 어종을 노리는 범용 선상낚싯대로 사용할 수 있다.

모델명	길이(ft)	용도	루어최대중량(g)	루어최적중량(g)	최대라인(PE)	최적라인(PE)	최대드랙력(Kg)	무게(g)	가격(원)
CWR-642JSS	6'4"	Jerking shaft	130	80	2.5	1.5	6	165	220,000
CWR-652JSC	6'5"	Jerking shaft	150	90	2.5	1.5	7	149	220,000
CWR-662JSC	6'6"	Jerking shaft	130	80	2.5	1.5	6	162	220,000
CWR-682RSC	6'8"	Retrieve shaft	100	60	2.0	1.2	5	152	220,000

닉스오션 & 닉스팝오션

전문성과 대중성을 겸비한 선상 게임 전용로드로 가볍고 조작성이 뛰어나며 휴대하기 간편한 다목적 선상루어 로드이다. 원피스 같은 자연스러운 힘의 전달을 실현한 분리형 핸들타입, 염수에 강하고 내마모성이 좋으며 줄 꼬임을 최소화한 기간산업의 Z가이드 장착, 큰 부하에도 변형이 없고 라인 송출에 최적인 후지 MNST 톱가이드를 장착했다. 3D 크로스 공법으로 생산된 블랭크는 단단함과 질김을 동시에 구현해 일부러 조작하지 않아도 자연스러운 움직임을 연출할 수 있다.

닉스오션

모델명	전장(mm)	절수	루어중량(g)	라인(PE)	선경/원경(mm)	자중(g)	카본(%)	가격(원)
662JSC	1970	2	Best:80 Max:130	Best:1.5 Max:3	1.7/11.2	130	99	160,000
682RSC	2020	2	Best:60 Max:110	Best:1.0 Max:2	1.4/10.2	125	99	160,000

닉스팝오션

모델명	전장(mm)	절수	접은길이(mm)	라인(PE)	루어중량(g)	선경/원경(mm)	자중(g)	카본(%)	가격(원)
BC662VS	1980	2	982	Best:1.5 Max:3	Best:90 Max:150	1.7/11.9	120	99	95,000
BC682RS	2030	2	1045	Best:1.2 Max:2.5	Best:60 Max:110	1.5/10.7	125	99	95,000

천류

블루코너 보트

블루코너 보트는 광어의 예민한 입질을 놓치지 않도록 뛰어난 감도를 자랑하는 인터라인낚싯대이다. 선상에깅 · 광어선상루어낚시 전용으로 개발된 제품으로 7.3ft 단일 모델이다. 낚싯줄이 몸통으로 들어가는 인터라인낚싯대로 베이트릴을 장착할 수 있으며 스피닝릴 모델은 없다. 인터라인낚싯대인 만큼 낚싯대 전체를 타고 오는 감도가 아주 뛰어난 것이 장점이다. 낚싯줄의 원활한 방출이 가능하도록 낚싯대 내부를 특수 설계했으며 라인트러블을 완전히 차단해 초보자들도 쉽게 사용할 수 있다. 후지 정품 릴시트와 EVA 투핸드 그립을 채용해 릴과의 일체감과 파지감이 우수하다.

모델명	전장(m)	마디수(절)	접은길이(cm)	무게(g)	선내경(m/m)	가격(원)
732M-C	2.2	2	115	150	1.6	140,000

블루코너 타이라바DX

최신형 참돔선상 루어낚싯대로 참돔의 입질 패턴을 분석해 제작, 극도로 예민한 팁액션을 가지고 있는 L타입과 레귤러한 액션의 ML타입 두 종을 출시했다. 광어 · 우럭 다운샷에도 위력적이다. 후지 신형 릴시트를 채용해 낚싯대와 릴의 일체감이 뛰어나며 그립감이 우수해 장시간 낚시에도 피로가 덜하다. 전형적인 참돔선상 루어낚싯대답게 초리는 예민하고 허리힘은 강하게 설계했다. L타입은 극도로 예민한 팁으로 앞부분은 글라스, 뒷부분은 고탄성 카본으로 제작한 하이브리드 타입의 초리를 채용했다. 선상 라이트지깅 및 다양한 버티컬 액션에 적용할 수 있어 활용도가 아주 높은 것이 장점이다.

모델명	전장(m)	마디수(절)	접은길이(cm)	루어무게(g)	PE라인(호)	무게(g)	가격(원)
195L	1.95	2	136	5-60	0.3-1.5	195	155,000
195ML	1.95	2	136	10-100	0.6-2.5	197	155,000

LUKINA

일본 다이와가 선보이는 2013년 최신 모델로 참돔지깅, 라이트지깅 등을 소화할 수 있는 전천후 지깅대로 출시된 로드이다. 672XHS · 652XHB · 632XXHB 3종이 출시되어 있다. 카본 함유량이 87%로 탄성과 유연성의 밸런스가 절묘한 조합을 이루고 있으며, 블랭크는 제압력과 복원력이 우수하고 감도도 아주 뛰어나 루어를 조작하기 편하며 바닥을 읽는 능력도 뛰어나다. 우럭 · 광어 다운샷은 물론 참돔 · 라이트지깅 · 슬로우지깅에 모두 대응하기 때문에 선상루어낚시를 한다면 이 한 가지 모델로 충분히 소화할 수 있다. 손잡이 부분에는 다이와의 최고급 지깅대인 '솔티가'에 탑재된 '3DX' 기술을 적용해 대형어를 빨리 제압할 수 있도록 해준다. 합사 트러블을 방지하는 최신 LDB 가이드를 탑재했다.

모델명	전장(m)	접은길이(cm)	중량(g)	선경/원경(mm)	루어중량(g)	카본(%)	가격(엔)
LUKINA BJ 672XHS	2.01	158	160	0.8/11.9	160	87	30,000
LUKINA BJ 652XHB	1.96	152	145	0.8/11.9	160	87	28,000
LUKINA BJ 632XXHB	1.93	148	150	0.8/11.9	200	87	28,000

스펠바인더 BJ

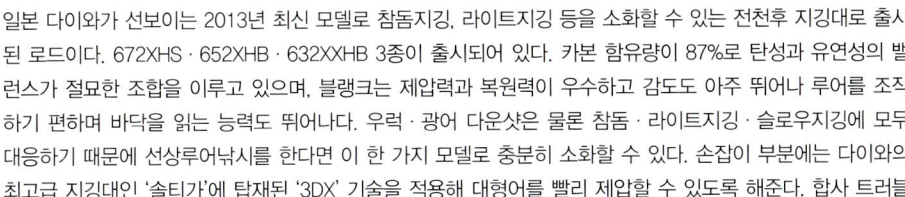

타이라바, 라이트지깅용 선상낚싯대로 참돔, 우럭, 광어 등을 대상어로 사용하기 적당하다. 휴대하기 편한 투피스로 타이라바, 라이트지깅에 최적의 휨새를 가지고 있다. 가격 대비 고급스런 디자인과 성능을 가지고 있으며 후지 가이드를 채용했다. 총 3가지 모델이 출시되어 있다. SP-BJ662HB는 전체가 부드러워 물고기가 거부감 없이 입질하도록 유도하며 SP-BJ632XHB는 조작하기 쉬운 길이로 보다 적극적인 유인과 챔질이 가능하다. SP-BJ632XHS는 스피닝릴 유저에게 추천하는 모델로 라이트지깅에 최적의 길이와 파워를 제공한다. 얕은 수심에서도 사용하기 좋으며 40g~100g의 지그를 다양하게 사용할 수 있다.

모델명	전장(m)	접은길이(cm)	마디수(절)	선경/원경(mm)	루어중량(g)	PE라인(호)	카본(%)	가격(엔)
BJ662HB	1.98	148	2	1.9/10.9	40-100	0.6-1.5	88	19,500
BJ632XHB	1.91	148	2	1.7/10.1	40-120	0.6-2.0	88	19,500
BJ632XHS	1.91	141	2	1.7/10.1	40-120	0.6-2.0	87	18,500

스펠바인더 BJ 2

0.6~2.0호의 가는 PE라인을 사용하는 선상낚시에 알맞다. 유효 길이가 1인치 정도 길어져 고기의 활성이 나쁠 때 좀 더 다양한 액션을 만들어내기에 유리해졌다. 가이드 세팅을 대폭 변경해 선단부는 라인 꼬임을 방지하는 경사 LBD 가이드를 사용해 K가이드에서는 대응할 수 없는 라인 꼬임을 감소시켰다. 파워 랭크는 지금까지와 같은 XHB이면서도 끈기를 강화하여 대물이 배 밑에 끌여와 저항할 때 유연하게 대처할 수 있다. 중간부 블랭크는 부드럽게 휘어져 대물을 상대할 때 유리하다. 가이드 다리 길이가 짧은 LN 타입, 손잡이 위 첫 가이드는 LC 가이드로 라인 꼬임을 방지했다. 디자인은 레드와 골드 컬러를 채용해 럭셔리함이 넘친다.

모델명	전장(m)	접은길이(cm)	마디수(절)	선경/원경(mm)	루어중량(g)	PE라인(호)	카본(%)	가격(엔)
BJ2 672HB	2.01	150	2	1.6-10.1	40-100	0.6-1.5	88	21,000
BJ2 642XHB	1.93	143	2	1.7-10.1	40-120	0.6-2.0	88	21,000

록피싱 장비와 채비 ❼

선상낚시에는 베이트릴!

Baitcasting Reel
Vertical System

선상루어낚시는 루어를 캐스팅하기보다 수직으로 내리고 감는 동작이 주가 되므로 스피닝릴보다 베이트캐스팅릴(베이트릴)이 유리하다. 스피닝릴은 원줄을 풀고 감으려면 손으로 일일이 릴 베일을 젖혔다 닫았다 반복해야 하지만 베이트릴은 엄지로 썸바 클러치를 누르고 스풀을 잡는 것만으로 원줄을 풀고 잡을 수 있어서 순간순간 줄 길이를 조절하기에 대단히 편리하다. 또 원줄이 풀릴 때 스피닝릴은 원줄이 나선형으로 풀려나가지만 베이트릴은 직선으로 풀려나가서 채비 하강 도중 들어오는 대상어의 미세한 입질을 쉽게 파악할 수 있다.

베이트릴의 구조

❶ **릴 다리**–릴을 낚싯대의 릴 시트에 고정시키는 부위다.
❷ **핸들과 핸들 노브**–릴을 감을 때 돌리는 손잡이가 핸들이다. 그중 손에 쥐는 부분을 핸들 노브라고 한다. 베이트릴은 핸들 노브가 두 곳이라 신속하게 핸들을 잡아 돌리기 편리하다.
❸ **레벨 와인더**–핸들을 돌리면 좌우로 왕복하며 원줄을 스풀에 고르게 감는 장치다.
❹ **클러치(썸바)**–누르면 스풀이 OFF(풀림) 상태가 돼 역회전하며 원줄이 풀려 내려간다. 핸들을 돌리면 스풀이 ON(잠김) 상태가 되면서 원줄이 풀리지 않게 된다.

❺ **드랙 노브**–베이트릴의 드랙 노브는 별처럼 생겼다고 해서 스타드랙이라고도 한다. 스피닝릴의 드랙노브와 같은 역할을 한다. 시계방향으로 돌리면 스풀이 조여지고 시계반대방향으로 돌리면 스풀이 느슨해진다.
❻ **브레이크 다이얼**–스풀의 회전 속도를 조절하여 백래시(back rash)를 방지하는 역할을 한다. 자석의 힘으로 회전 속도를 조절하는 마그네틱 브레이크 방식과 원심력을 이용하는 원심 브레이크 방식이 있다(사진의 루키나 베이트릴은 원심 브레이크 방식을 채택하고 있다). 둘 다 베이트릴에만 있는 브레이크다. 베이트릴은 스풀이 역회전하며 원줄을 풀기 때문에 관성에 의해 스풀 회전 속도가 원줄 풀림 속도보다 빨라지면 스풀 위에 원줄이 거꾸로 감겨 엉켜버리는 백래시가 생기고 만다.
❼ **메커니컬 브레이크**–드랙 노브 옆에 붙어있으며 스풀의 회전 속도를 수동으로 조절하는 브레이크다. 맨 먼저 이 브레이크로 스풀의 회전 정도를 조절한 뒤 사용한다. 초보자들은 캐스팅을 할 때 이 메커니컬 브레이크를 약간 빡빡하게 조여두면 백래시를 줄일 수 있다. 그러나 수직(버티컬) 조작만 하는 선상루어낚시에선 백래시 발생 위험이 적으므로 충분히 풀어놓고 낚시한다.
❽ **스풀**–원줄이 감기는 부분이다. 스피닝릴과 달리 핸들을 돌리면 스풀이 따라서 회전한다.

베이트릴을 사용해 광어를 낚아내고 있다.

염분에 강한 바다용 베이트릴 필요

민물 배스낚시에서도 베이트릴을 쓴다. 그런데 민물용 베이트릴을 바다에 쓰면 염분에 부식될 위험이 있다. 민물용과 바다용 베이트릴의 가장 큰 차이는 베어링의 도금처리다. 바다용 베이트릴에는 도금한 베어링이 들어있어 녹이 슬지 않는다. 또 바다용 베이트릴 중에는 레벨 와인더의 왕복 속도가 민물용보다 훨씬 빠른 제품도 있다. 그래야만 가는 PE라인이 넓은 엑스(X)자 형태로 감겨 원줄이 원줄 사이로 파고드는 정도가 덜하기 때문이다. 즉 바다루어낚시엔 바다용 베이트릴을 써야 한다. 또 고급 사양의 바다용 베이트릴은 민물용보다 대구경 기어를 사용하므로 고기를 끌어내는 힘도 훨씬 강하다.

▶ 바다용 릴에는 '워셔블(Washable)' 표기가 돼 있는 릴들이 많다. 물로 세척해도 내부 부속이 부식되지 않는다는 뜻이다. 그러나 워셔블이 100% 방수의 의미는 아니다. 따라서 워셔블 릴이라도 바닷물에 젖지 않게 하는 것이 중요하며 바닷물에 젖은 릴은 민물로 최대한 빨리, 간단히 세척하는 게 좋다.

베이트릴의 형태

장구통형과 로우프로파일형

장구통형 / 로우프로파일형

베이트릴은 둥그렇게 생긴 장구통형 릴과 납작하게 생긴 로우프로파일(Low-profile)형 릴이 있다. 두 릴의 차이점은 뭘까? 가장 큰 차이점은 내구성이다. 장구통릴은 알루미늄 같은 금속을 통으로 깎아 제작하므로 튼튼하다. 또 로우프로파일 릴보다 덩치가 큰 만큼 기어와 워셔도 훨씬 큰 것을 탑재할 수 있어 힘이 좋다.

그에 비해 로우프로파일 릴은 바디를 금속 대신 강화합성수지 등으로 만들어서 가벼우며 디자인이 미려하다. 최신 고급 기종들은 장구통릴만큼의 기본 성능과 내구성을 갖추고 있다. 결국 어떤 걸 선택하느냐는 취향의 문제다. 약간의 차이지만, 조작성은 로우프로파일형이, 내구성은 장구통형이 앞선다.

Baitcasting Reel

베이트릴 기본 조작법

▶ 낚시 전

① 루어 세팅 후 클러치를 눌러 루어를 바닥에 떨어뜨린다. 루어가 떨어진 뒤에는 스풀 회전이 곧바로 멈추도록 메커니컬 브레이크를 조절한다.

메커니컬 브레이크로 스풀의 회전 정도를 조절하고 있다.

② 핸들을 돌려 스풀을 ON 상태로 만든 뒤 한 손으로 원줄을 세게 당겨 보면서 원줄 풀림 정도를 드랙노브로 조절한다. 약간 세게 당겨야 줄이 풀릴 정도로 조절하면 된다.

원줄을 당겨보면서 적당한 장력으로 드랙을 조절한다.

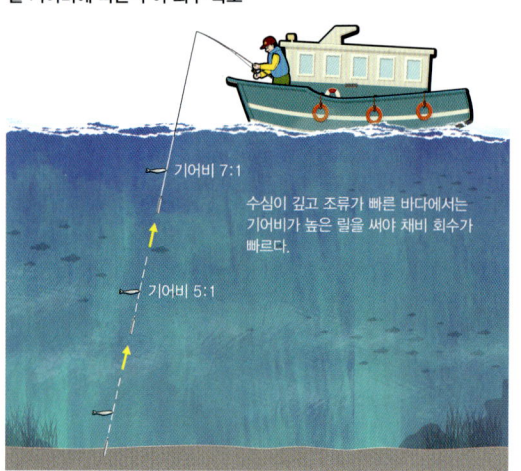

릴 기어비에 따른 루어 회수 속도

기어비 7:1

수심이 깊고 조류가 빠른 바다에서는 기어비가 높은 릴을 써야 채비 회수가 빠르다.

기어비 5:1

바다용 베이트릴, 왜 하이스피드 기어 채택하나?

바다용 베이트릴은 고가품일수록 릴 스풀의 회전비(기어비)가 높다. 기어비가 6대1 이상은 기본이며 고가 제품은 7대1 이상의 회전비를 갖는 제품도 있다. 기어비란 핸들 한 바퀴당 스풀이 회전하는 바퀴 수를 말한다. 예를 들어 7.1:1은 핸들 한 바퀴당 스풀이 7.1바퀴 회전한다는 뜻이다. 기어비가 높을수록 릴을 빨리 감을 수 있다. 그 대신 감을 때 힘은 다소 떨어진다. 요즘의 고가 릴들이 하이스피드 기어를 채택하는 이유는 깊은 수심까지 내렸던 채비를 신속하게 회수하기 위해서다. 원줄이 50m 이상 풀렸을 때 5대1짜리 릴과 7대1짜리 릴의 채비 회수 속도는 20% 이상 벌어지므로 채비 투입의 기회를 많이 잡기에는 7대1짜리 릴이 단연 유리하다.

▶ 실제 낚시

클러치를 눌러 루어를 바다에 투입하고, 루어가 바닥에 닿으면 핸들을 돌려 스풀을 ON 상태로 만든 뒤 로드를 움직여 루어에 액션을 취한다. 그러나 핸들을 돌려 스풀을 닫지 않고 엄지손가락으로 스풀을 눌러 스풀이 돌지 않도록 고정하는 방법도 많이 쓴다. 그 상태로 낚싯대로 액션을 주면서 원줄을 풀어 줄 필요가 있을 때는 엄지손가락을 떼어 스풀을 역회전시키고, 필요 없을 땐 눌러서 잡아주는 것이다. 입질이 오면 챔질 후 곧바로 핸들을 돌리면 스풀이 ON 상태로 되면서 원줄이 감긴다.

베이트릴 옆면에 적힌 기어비. 6대1 이상부터 하이스피드 기어 릴로 보면 된다.

엄지로 스풀을 누른 상태로 액션을 주다가 입질이 오면 챔질 후 핸들을 돌린다.

바다루어낚시용
베이트릴 히트 아이템

다이와
루키나
일정한 힘으로 브레이크력을 발휘해 백래시가 쉽게 나지 않는 매그포스 브레이크를 사용한 차세대 베이지깅릴이다. EXIST 등의 고급 기종에도 사용하고 있는 UTD 드랙을 사용해 매끄러운 드랙력과 강한 내구성을 자랑한다. 힘이 잘 전달되는 90mm 크랭크 핸들에 대형 노브를 사용. 올 메탈 프레임을 사용하여 쾌적하면서 파워풀 감기 느낌을 실현했다. 채비의 상하 움직임이 주가 됨을 감안해 강화 클러치 타입을 사용했다. 기어비 6.3대1.
- 가격 100H, 100HL 15000엔

다이와
료가 베이 지깅
료가 릴의 모든 기본 성능을 라이트지깅에 적용한 차세대 표준 지깅 릴이다. 더욱 강해진 드랙력, 라인이 풀려 나갈 때마다 움직이며 더욱 부드럽게 지그를 떨어뜨리는 싱크로 레벨와인더, 정밀한 성능의 UTD(얼티메이트 토너먼트 드랙) 등을 갖추고 있다.
- 가격 C1012PE-HW(기어비 6.3대1)~C2025PE-SHL(기어비 7.4대1) 전 모델 55500엔. 총 6개 사양.

다이와
팀다이와 질리언 PE 스페셜
PE라인 사용에 맞게 특화한 신개념 베이트릴이다. 타이라바낚시, 오징어 메탈지그 게임 등 수직적인 낚시뿐 아니라 종래의 베이트릴로는 어려웠던 PE라인을 사용한 캐스팅에도 쓰기 좋도록 파워를 증대시켰다. 기어비 7.9대1의 슈퍼 하이스피드 모델을 출시하여 농어낚시나 베이트 에깅 등도 포함하는 다양한 라이트 솔트워터 게임에 폭 넓게 쓸 수 있는 모델이다.
- 가격 100H(기어비 6.3대1) 47000엔~7.9L(기어비 7.9대1) 47500엔. 총 4개 사양.

다이와
솔티스트 ICS
로우프로파일형 경량 콤팩트 바디에 감아올리기 속도를 표시하는 IC 카운터를 탑재한 릴이다. 히트 패턴을 알기 쉬워 누구라도 간단하게 조과를 올릴 수 있다. 정확한 입질층을 잡는 것이 중요한 상황에서 위력을 발휘하는 것은 물론 노리고 있는 수심을 알 수 있어 재차 그 수신층을 노릴 수 있는 효율적 낚시가 가능하다. 기어비 7.3대1의 하이스피드 사양. 100mm 롱핸들암과 미끄럼방지 EVA 노브 사용.
- 가격 100SH 27000엔, 100SH-L 27000엔

다이와
베이야드
베이지깅 입문용 베이트릴이다. 농어와 갈치는 물론 참돔, 삼치, 소형 부시리까지 폭넓게 사용 가능하다. 입문용으로 한 대를 구입한다면 가장 적합한 모델이다.
- 가격 150(기어비 5.8:1) 19500엔, 150L(기어비 5.8:1) 19500엔.

메가배스
리트그래프 오우랑 리미티드
디지털 비전 시스템을 탑재한 라이트 지깅용 릴이다. 루어 비거리, 리트리브 거리, 루어가 목표 지점에 닿은 거리, 히트한 곳의 수심 등을 작동자에게 정확하게 계기반을 통해 알려준다. 다양한 정보 제공은 물속 지형을 정확하게 파악할 수 있도록 도와줌으로써 대상어를 좀 더 전략적으로 노릴 수 있는 장점이 있다. 기어비 6.3대1, 드랙력 4kg, 길이 55mm, 두께 3mm의 파워 핸들을 장착. 수입원 런커.
- 가격 28000엔

록피싱 장비와 채비 ❽

각종 소품들
Accessory & Tackles

루어낚시는 한 곳에 머물지 않고 이동하며 하는 낚시다.
따라서 몸에 지닐 수 있는 꼭 필요한 낚시도구만 갖추어야 한다.
자주 쓰는 소품류는 낚시조끼 호주머니에 넣거나 소품백에 수납해 어깨(또는 허리)에 멘다.
바다루어낚시에 필수적인 각종 용품과 소품들을 소개한다.

구명조끼
모든 바다낚시를 하는 데 있어 제1의 안전장구다. 부력재가 들어있는 제품과 공기팽창식 제품이 있다. 활동량이 많은 루어낚시에서는 공기팽창식 구명조끼(위 사진)가 편리하다. 공기팽창식은 일반 구명조끼처럼 어깨에 두르는 방식과 허리에 두르는 방식이 있는데 허리에 두르는 방식이 캐스팅 동작 때 방해를 주지 않아 인기가 높다.

방수낚시복
비가 오지 않는 날씨라 해도 바닷가에는 물안개가 끼거나 파도가 치는 날이 많다. 따라서 옷이 젖는 것을 막기 위해 방수낚시복은 꼭 마련해야 한다. 방수복은 고어텍스 재질과 같은 방수투습 원단으로 만든 옷인데 요즘은 고어텍스보다 훨씬 싸고 성능도 양호한 제품이 많다. 방수낚시복은 상하의 한 벌로 돼있는데, 워킹낚시를 할 때는 상의만 입는 게 좋다. 방수복 하의를 입고 걸으면 가랑이에 땀이 차서 활동성이 떨어지기 때문이다. 폭우가 아니라면 상의만 입는 게 더 활동적이다.

모자
뜨거운 태양 아래에서 장시간 낚시하므로 모자는 필수다. 예쁜 디자인보다 챙이 넓은 실용성 높은 모자를 선택하는 게 좋다. 무더운 여름에는 통기성이 뛰어난 고어텍스 재질이 좋고 챙만 달려있는 썬캡형 모자도 쾌적하다.

루어조끼
구명조끼와는 달리 루어를 넣어 다닐 수 있는 루어 수납용 조끼다. 소형 플라스틱 박스에 루어를 넣어 여러 개의 주머니에 넣어 다닌다. 무거운 태클박스를 들고 다니기 불편한 연안 루어낚시에서 특히 편리한 의류다.

캡 클립
낚시 도중 모자가 갑자기 바람에 날아가는 것을 막기 위해 모자와 옷깃을 단단하게 연결해주는 소품이다. 양손을 사용하는 낚시에서는 갑작스런 바람에 모자가 날아가는 수가 많다.

바지장화(웨이더)
밋밋한 해변에서는 바지장화를 입고 무릎 깊이만 들어가도 공략 여건이 좋아진다. 또 갯바위와 갯바위 사이의 얕은 물골을 건널 때도 바지장화가 있으면 매우 편하다. 동해와 제주도에선 바지장화가 연안루어낚시의 필수품처럼 애용된다. 남해와 서해에선 그만큼 자주 쓰이지는 않지만 구입해두면 매우 요긴한 용품이다.

어깨에 메는 루어백

태클박스

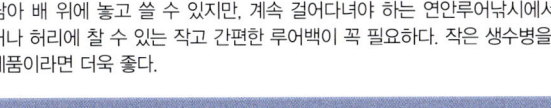

허리에 차는 루어백

루어백과 태클박스
루어와 각종 소품을 담는 가방이다. 선상낚시에서는 큰 태클박스에 루어와 릴, 각종 소품들은 담아 배 위에 놓고 쓸 수 있지만, 계속 걸어다녀야 하는 연안루어낚시에서는 어깨에 메거나 허리에 찰 수 있는 작고 간편한 루어백이 꼭 필요하다. 작은 생수병을 꽂을 수 있는 제품이라면 더욱 좋다.

단화

장화

히프가드
날카로운 갯바위나 배 갑판에 앉을 때 바지가 찢어지거나 바닷물에 젖는 것을 방지하기 위해 착용한다.

갯바위신발
갯바위는 늘 파도에 젖어 있고 미끄러운 해초가 자라 있어 반드시 미끄럼 방지용 발판이 부착된 갯바위신발을 착용해야 실족사고를 방지할 수 있다. 장화와 단화가 있는데 단화는 여름에 시원하기는 하지만 발목 이상 물이 잠기는 곳에서는 불편하다. 하나만 산다면 장화를 선택하는 게 좋다.

꿰미
낚은 고기를 살려 보관할 때 사용한다. 록피시용으로는 민물의 쏘가리낚시에 사용하는 소형 꿰미를 써도 무방하다.

장갑
거친 갯바위에서 넘어지거나 가시 달린 고기를 손으로 잡을 때 손을 보호한다. 또 여름에는 뜨거운 햇빛에 손이 검게 그을리므로 자외선 차단을 위해서라도 장갑을 끼어야 한다.

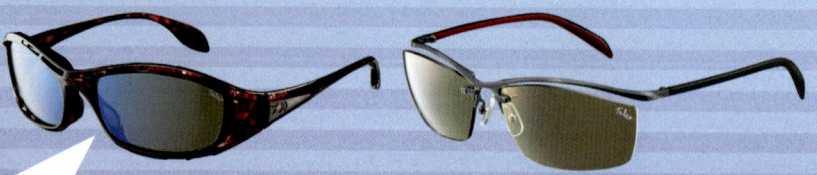

편광안경
수면에 반사되는 자외선을 차단해 물속을 훤히 들여다 볼 수 있다. 물고기들의 움직임을 잘 볼 수 있고 수중 지형 파악이 쉬워 물골을 건널 때도 안전하고 유리하다. 강한 자외선으로부터 눈도 보호한다. 다이와 제품.

플래시
야간낚시의 필수품이다. 모자에 끼우는 클립형 플래시 1개, 손에 들고 다니는 휴대용 플래시 1개를 함께 갖고 다녀야 한다.

피시그립
낚은 고기를 맨 손으로 들면 이빨에 물리거나 날카로운 아가미에 손을 다칠 수 있으므로 소형 가프나 고기를 집는 피시그립을 사용한다.

핀온릴과 커트기
낚싯줄을 자를 때 사용하는 도구다. 조끼에 핀온릴을 핀으로 고정한 뒤 커트기를 잡아당기면 줄이 풀려온다. 기왕이면 PE라인도 자를 수 있는 PE라인 전용 커트기가 좋다. 일반 커트기로는 PE라인을 끊기 어렵다. 값싼 커트기만 구입해서 목걸이처럼 목에 걸고 사용해도 된다.

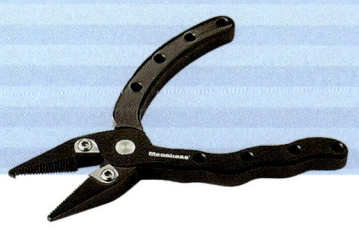

플라이어
고기 입에서 바늘을 빼낼 때 쓴다. 끝 부분이 기역자로 꺾여 있어 스플릿링을 쉽게 벌릴 수 있는 루어낚시 전용 플라이어가 좋다.

로드 클립
배 난간에 감아서 낚싯대를 고정하는 소품이다. 배가 이동하는 도중에 낚싯대가 쓰러져 파손되는 것을 방지한다. 다이와 제품.

바닷고기 신선보관을 위한
아이스박스의 선택
보냉력은 작은 쿨러가 강하다
휴대 간편한 소형과 중대형 한 개씩 갖춰야

아이스박스(쿨러)는 낚은 고기를 신선하게 보관하는 동시에 음료와 각종 먹을 것도 함께 보관하는 역할을 한다. 요즘은 국산 쿨러의 품질이 매우 좋아졌다. 아이스박스는 20리터 이하의 소형, 30~35리터의 중형, 50리터 이상의 대형으로 나뉘는데 최소 2종류를 갖고 있는 게 편하다. 만약 1개만 구입한다면 중형 아이스박스를 선택한다.
아이스박스는 같은 용량이라면 고가품의 보냉력이 더 강하다. 그런데 같은 고가 제품이라도 용량이 큰 제품보다 작은 제품이 더 보냉력이 뛰어나다. 그래서 큰 쿨러일수록 얼음을 많이 담아야 한다. 일반 레저용 아이스박스는 낚시용 아이스박스보다 값이 싼 대신 보냉력이 약하다.

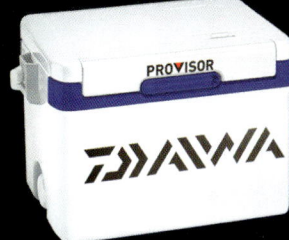

16~26리터 중소형
중소형 아이스박스는 연안루어낚시에서 사용하기에 적합하다. 연안 루어낚시는 선상루어낚시보다 마릿수가 적기 때문에 이 정도 용량이면 충분하다.

다이와 S1600X 블루 16000엔

다이와 VSS 3000RV
44800엔

30~35리터 중형
선상낚시용으로 가장 많이 사용되는 용량이다. 음료수와 얼음을 넣은 상태에서 고기를 넣어도 내부 공간에 여유가 있다. 정사각형보다는 직사각형 쿨러가 쓰임새가 높다. 우럭, 광어, 쥐노래미 같은 고기 외에 농어, 부시리, 삼치처럼 길이가 긴 고기들을 담기에 좋기 때문이다. 이런 형태를 흔히 '트렁크 스타일'로 부른다. 기왕이면 한쪽 끝에 바퀴가 달린 제품이 끌고 다닐 수 있어 편리하다.

다이와 S8000 블루 45200엔

50리터 이상 대형
갈치, 부시리, 대구 같은 크고 긴 고기를 담을 때 유용한 쿨러다. 용량이 큰 만큼 각종 음료수와 식품을 담고도 고기를 담을 공간에 여유가 있다. 50리터 외에도 70리터, 100리터짜리도 있다. 낚시 외에 가족나들이 같은 날에도 요긴하게 쓰인다.

Chapter 2
연안루어낚시

내가 가는 곳이면 어디든 낚시터. 동해안 드라이브를 즐기던 루어낚시인들이 강릉 남쪽 금진항 앞 해안도로변에 차를 세우고 록피시 낚시를 준비하고 있다.

연안루어낚시 현장
Rockfish Shore Trekking
떠나라! 그대 마음 내키는 대로…

'저 너머엔 큰 광어가 있겠지?' 포인트를 찾아 나선 낚시인들이 태안 구례포 해안의 갯바위로 걸어 들어가고 있다.

쉬엄쉬엄 산책하듯 즐기는 웰빙낚시

가벼운 장비로 큰 욕심 없이 갯가를 거닐며 즐기는 연안루어 낚시는 여유롭다. 부담도 없다. 그리고 건강에 좋다. 걷다가 그럴 듯한 갯바위가 보이면 잠시 멈춰서 루어를 던져본다. 입 질이 없으면 자갈밭에 앉아 사색에 잠겨도 본다. 낚이지 않는 다고 초조해할 필요도 없다. 어차피 물때가 되면 살찐 바닷고 기들이 내 낚싯대의 사정거리 안으로 들어올 테니….

동서남해 전역이 루어낚시 포인트

루어대만 하나 들면 전국 바닷가 어디를 가든 심심할 겨를이 없다. 왜냐? 온갖 바닷고기들이 다채로운 루어를 먹잇감인 줄 알고 졸졸 따라다니니까. 연안루어낚시는 배를 타지 않아도 돼 경제적이다. 갯바위는 물론 방파제와 백사장도 모두 포인 트가 된다. 배를 타지 않아도 된다는 건 진입과 철수가 자유 롭다는 얘기. 내가 원하는 시간에 낚시를 하고 싫증나면 바로 철수할 수 있다.

바다루어낚시의 출발은 록피시!

우럭, 광어, 쥐노래미를 대상어로 노리는 록피시 연안루어낚 시는 모든 바다루어낚시의 기본이 되는 장르다. 캐스팅과 릴 링, 유인동작, 루어의 선택 및 활용법을 마스터한다면 다른 바다루어낚시도 쉽게 적응할 수 있다. 기본은 웜 채비지만 바이브레이션, 지그스피너, 메탈지그 등 다양한 루어에 록피 시들이 반응하므로 상황에 맞는 루어 선택 능력을 기를 수 있 다. 만약 낚시 입문자들이 생미끼 대신 루어로 바다낚시에 도 전한다면? 록피시 외에 대안은 없다.

웜의 유혹을 참지 못하고 포로가 된 광어.

동트는 바다, 수평선을 향해 힘껏 루어를 던지고 있다. 호쾌한 캐스팅은 연안루어낚시만의 매력이다.

통영 미륵도 수륙마을 해안도로에서 밤낚시를 즐기고 있는 낚시인들. 밤엔 우럭, 볼락, 개볼락 등 다양한 어종들이 루어에 입질한다.

배 타고 찾아가는 섬은 1급 연안루어낚시터

연안에서 낚이는 우럭, 광어, 쥐노래미는 선상낚시에 올라오는 씨알보다는 잘다. 그러나 이 낚시의 황금시즌인 여름과 가을에는 30cm가 넘는 굵은 놈들도 종종 올라온다. 특히 배를 타고 들어가는 섬낚시터에서 연안낚시를 하면 씨알도 굵고 마릿수도 많다. 그래서 매니아들은 여객선을 타고 들어가는 근거리 섬낚시터를 선호하며 간혹 2시간 이상 걸리는 먼 원도까지 원정을 나서고 있다. 인천여객터미널에서 출항하는 덕적도·대청도·소청도, 대부도에서 철부선으로 들어가는 이작도, 보령 대천 여객터미널에서 출항하는 호도·녹도·외연도 등은 갯바위와 방파제에서도 큰 우럭과 광어를 낚을 수 있는 황금어장이다.

록피시 루어낚시는 너무 쉬워~

우럭과 광어는 그 자원이 풍부하여 루어낚시 초보자들이 가장 쉽게 낚을 수 있는 물고기다. 특히 광어는 생미끼보다 루어에 더 잘 낚이는 고기로 바다루어 붐을 일으킨 1등공신이다. 생미끼낚시 시절엔 낚기 어려운 물고기였으나 요즘은 루어 덕분에 우럭보다 더 잘 낚이는 고기가 되었다. 광어 자원이 가장 풍부한 곳은 서해다. 인천부터 목포까지 서해안 갯바위와 방파제 어디서든 광어를 쉽게 낚을 수 있다. 특히 옹진군, 태안군, 보령시, 군산시, 부안군의 먼 바다 섬들은 모두 광어의 무진장한 보고라 할 수 있다.

한편 우럭과 쥐노래미는 서해남부와 남해서부의 원도에 풍부한 어자원이 매장돼 있다. 가거도, 태도, 홍도, 흑산도, 맹골도 등 전남 신안군과 진도군의 낙도에는 갯바위마다 굵은 우럭과 쥐노래미가 우글대지만 감성돔·참돔 찌낚시터만 시도되어 그 어자원이 채 드러나지 않고 있다. 그렇게 먼 섬으로 가지 않더라도 슬로시티로 유명해진 완도 청산도나 연육교로 연결된 완도 신지도만 가도 우럭과 쥐노래미는 실컷 낚을 수 있다.

"지금은 우리가 입질할 시간." 갯바위로 흩어졌던 낚시인들이 모두 모여 낚아온 광어와 우럭으로 점심식사를 준비하고 있다. 경기도 안산 하공경도의 갯바위낚시 모습이다.

강릉 안목방파제의 낚시인들. 연안루어낚시는 진입과 철수가 여유로워서 좋다.

아빠와 함께 인천 덕적도로 놀러간 방시후 군이 낚은 우럭. 해변에서 루어로 우럭과 노래미를 낚으며 즐거운 시간을 보냈다.

작은 방파제와 갯바위가 이어진 여밭은 우럭, 노래미가 항상 노니는 곳이다.

"배 타는 항구에 이런 녀석들이 살고 있어요." 전남 강진군 마량항에서 루어낚시를 즐긴 강상구(좌), 김수완씨가 큰 광어를 낚아 즐거워하고 있다.

태안 구례포 해안 갯바위로 루어낚시 출조를 나선 바다루어이야기 회원들이 큰 광어를 낚아 의기양양하게 걸어오고 있다.

"으라차차~" 부산 외섬에서 라이트 지깅을 시도해 큰 고기를 건 부산 낚시인 김영환씨. 배를 타고 조금 먼 바다로 나가면 더 다양하고 큰 고기들을 만날 수 있다.

연안 우럭낚시 기법 ❶

우럭 대표 채비는 지그헤드 리그

연안 우럭낚시의 키포인트는 '카운트다운'을 통해 수심을 빨리 파악한 뒤 그에 맞는 루어를 찾는 것이다. 연안 우럭 루어낚시에서 가장 많이 쓰이는 채비는 지그헤드 채비이며 둘째는 다운샷 채비, 셋째는 텍사스 채비다.

▲ 남해 먼바다에 속하는 신안 만재도 갯바위에서 지그헤드 채비로 40cm급 우럭을 낚은 춘천 낚시인 정경훈씨. 1온스 지그헤드에 4인치 그럽을 사용했다

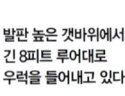

발판 높은 갯바위에서 긴 8피트 루어대로 우럭을 들어내고 있다.

갯바위용 록피시 루어대는 7피트 이상이 좋다

갯바위용 광어·우럭 루어낚시대는 7피트 이상의 긴 대가 좋다. 보통 7.6~8피트를 많이 쓴다. 그보다 짧은 민물용 쏘가리대나 배스대로도 낚시는 가능하지만 민물과 달리 바다는 파도가 높게 치면 연안으로 접근이 불가능하므로 짧은 대가 불편한 것이다. 또 낚싯대가 너무 짧으면 록피시를 끌어낼 때 원줄이나 쇼크리더가 수중여나 장애물 등에 쓸려 터질 위험이 높다. 테트라포드 방파제에서도 물에서 최소 2~3m는 위쪽에서 낚시하므로 짧은 대보다는 긴 대가 고기 처리에 유리하다.

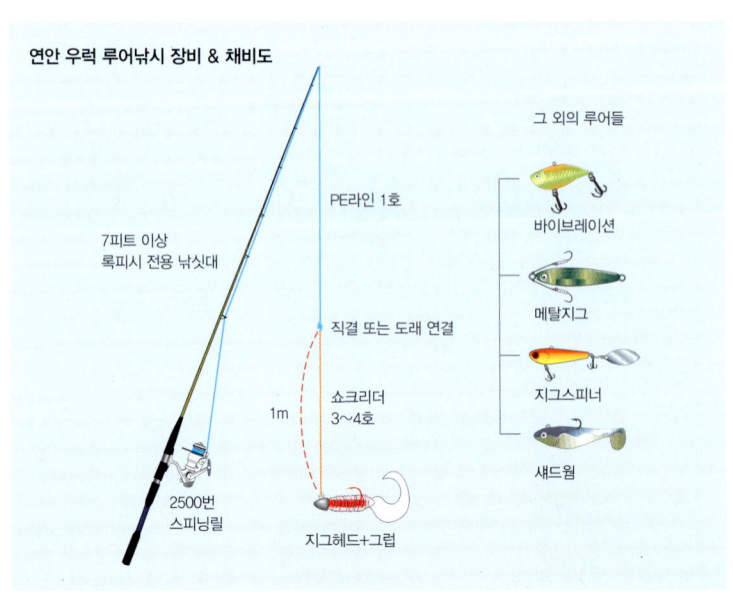

84

우럭 연안루어낚시에서 사용하는 루어의 90%는 지그헤드와 웜을 결합한 지그헤드 채비다. 우럭낚시용 웜은 끝이 반달 형태로 말린 그럽(Grub)을 주로 쓴다.

지그헤드와 웜을 세팅할 때는 지그헤드의 무게와 웜의 크기를 맞춰 쓰는 게 좋다. 예를 들어 2인치 그럽은 1/8온스 지그헤드에 알맞고, 3인치 그럽은 1/16~1/4온스 지그헤드, 4인치 그럽은 3/8~1/2온스 지그헤드와 밸런스가 맞다. 지그헤드보다 웜이 크면 챔질이 잘 안되고, 반대로 웜은 작은데 지그헤드만 무거우면 밑걸림만 잦아지므로 비율을 잘 맞춰 세팅하는 게 중요하다.

포인트의 수심과 조류의 세기에 따라 지그헤드와 웜은 다양하게 바꾸어줘야 한다. 지그헤드는 수심이 깊을수록 무겁게, 얕을수록 가볍게 쓰는 게 원칙이다. 갯바위에서는 멀리 던질수록 수심이 깊어진다고 보면 되므로 원투 거리가 멀수록 지그헤드도 무겁게 쓴다.

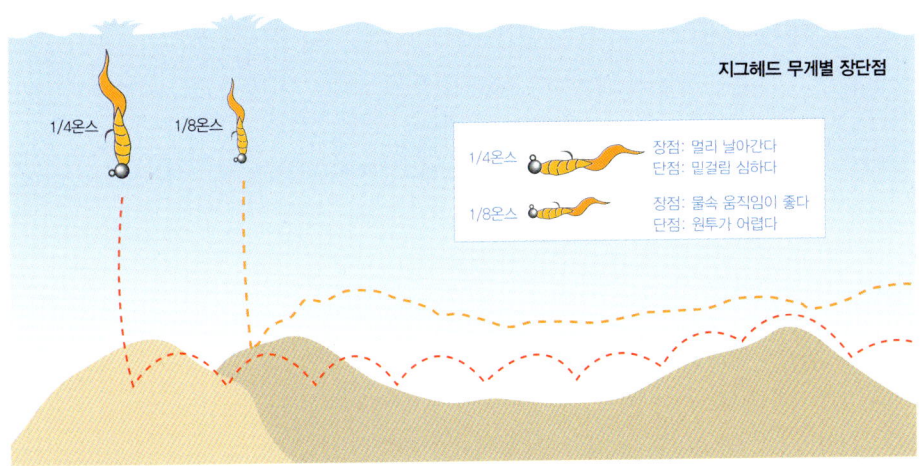

서해 우럭 루어낚시 시즌
4월부터 스타트, 9~11월이 가장 굵어

우럭 연안 루어낚시가 활성화된 서해를 기준으로 할 경우 4월부터 11월까지가 우럭 루어낚시 시즌이다. 대체로 4월 중순에 접어들면 전역에서 입질을 시작하며 9~11월 사이에 씨알이 가장 굵게 낚인다. 배를 타고 나가는 섬낚시터는 시즌이 더 빨라서 5월 말~6월 초면 격포권 왕등도, 위도, 군산권 고군산군도, 십이동파도, 어청도, 안산 풍도와 육도, 인천 대소이작도 등에서 25~30cm급 우럭이 낚이기 시작한다. 수심이 깊은 방파제나 주변에 양식장을 가까이 두고 있는 곳에서는 12월에도 우럭이 잘 낚이고 봄에는 3월부터 입질이 시작되는 곳도 있다.

카운트다운으로 수심 파악하기

지그헤드의 무게를 선택하기 전 수심을 파악하는 방법이 카운트다운이다. 루어를 던진 후 마음속으로 '하나(1초), 둘(2초), 셋(3초), 넷(4초), 다섯(5초)…' 하는 방식으로 카운트다운 해본다. 만약 루어가 카운트다운 7에 바닥에 닿았다면 그 다음엔 5나 6에서 릴링을 시작하면 밑걸림도 피하고 루어도 수중암초 근처를 유영시킬 수 있게 돼 입질 받을 확률이 높아진다. 카운트다운은 연안 루어낚시에서 가장 많이 쓰는 1/4온스 지그헤드로 한다. 1/4온스는 5~6m 수심대에서 주로 사용하는 지그헤드인데 캐스팅 후 보통 5~6초면 바닥에 닿는다. 만약 1/4온스 시그헤드기 그보다 짧은 3~4초 만에 닿는다면 수심이 얕다는 뜻이다.

연안 우럭낚시의 적합물때는 5물~12물

우럭낚시의 적합물때는 배낚시와 연안낚시가 완전히 다르다. 선상루어낚시는 조금물때가 좋지만 연안루어낚시는 사리물때가 좋다. 조류가 활발하게 움직이는 5물~12물 사이가 최조 적기다. 조금물때를 전후한 시기는 조류 흐름도 약하고 수위도 낮아 우럭의 활성이 매우 약하다. 조금물때에는 경사가 완만한 갯바위보다 수심이 깊은 직벽형 갯바위 또는 방파제를 찾는 게 유리하다.

▼ 사리물때의 빠른 조류에서 우럭을 노리는 낚시인들.

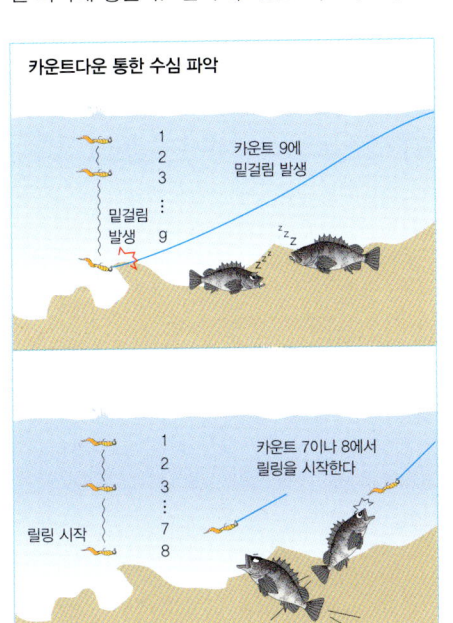

이 말은 수심에 비해 지그헤드가 너무 무겁다는 뜻이므로 한 단계 가벼운 1/8온스로 지그헤드를 바꿔준다. 만약 1/4온스를 썼는데 5~6초가 지나도록 바닥에 닿지 않는다면? 조류가 아주 빠르게 흐르거나 수심이 깊다는 뜻이므로 이때는 3/8온스(7~10m 수심에서 주로 사용) 정도의 무게로 바꿔준다. 만약 수심이 10m 이상으로 깊거나 아주 먼 거리를 노린다면 1/2온스까지도 써볼 필요가 있다.

그런데 위에 예를 든 기준은 조류가 완만히 흐르고 바람도 그다지 세지 않은 상황을 가정한 것이다. 따라서 낚시 당시의 조류와 바람의 세기에 따라 지그헤드 무게의 선택 기준은 수시로 바뀐다. 또한 잔챙이 우럭이 너무 많이 달려든다 싶을 때는 수심이나 캐스팅 거리에 상관없이 일부러 무거운 3/8~1/2온스 지그헤드에 4인치 이상의 큰 섀드웜 또는 그럽을 사용해 굵은 놈만 골라 낚는 방법도 있다.

아무튼 우럭 연안루어낚시에서는 1/8, 1/4, 3/8온스가 주로 쓰이므로 이 무게의 지그헤드를 많이 구입하는 게 유리하다.

야간낚시 팁

밤에는 가벼운 루어로 근거리 노려라

우럭은 낮보다 밤에 낚이는 씨알이 훨씬 굵다. 그래서 우럭 루어낚시 매니아들은 낮보다 밤에 낚시를 즐긴다. 특히 물이 맑은 동해에선 90% 밤에 우럭을 낚는다. 우럭은 낮에는 암초 주변에 은신해 있지만 밤이 되면 은신처를 벗어나 활발히 돌아다닌다. 밤에는 연안의 얕은 곳까지 나와 먹이사냥을 하므로 뜻밖에 발 앞에서 굵은 씨알이 올라올 때가 많다. 그래서 바다루어낚시 매니아들은 낮에는 광어와 쥐노래미 위주로 낚시하다가 날이 어두워지면 본격적으로 우럭을 노리는 비박낚시를 선호한다. 밤에는 야행성인 우럭 입질이 살아나지만 반대로 주행성인 쥐노래미는 입을 꾹 다문다.

▶ 동해안 야간 루어낚시에서 올라온 우럭과 개볼락(녹색을 띠는 물고기 3마리).

밤에는 우럭이 떠서 문다

공략법에도 차이가 있다. 낮에는 가급적 멀고 깊은 곳을 노려야 굵은 우럭들이 낚이지만 밤에는 가까운 발밑에서도 굵은 우럭을 뽑을 수 있다. 밤에는 우럭들의 경계심이 떨어져 있고 먹이사냥에 정신이 팔려 왕성한 공격본능을 나타내기 때문이다. 그래서 낮에 1/4온스 지그헤드를 사용했다면 밤에는 1/8온스를 사용해 근거리를 노리는 게 오히려 유리하다. 지그헤드가 가벼워 바닥에 빨리 가라앉지 않아도 큰 상관은 없다. 우럭이 떠서 돌아다니기 때문이다. 가벼운 지그헤드가 조류에 밀려 흘러가는 과정에도 입질이 들어온다.

▶ 울진 후정 해안도로에서 야간 루어낚시를 하고 있다. 우럭, 개볼락, 볼락이 낚인다.

포인트 선정 요령과 적합할때는 낮낚시와 거의 동일하다.
밤낚시는 낮보다 유의점이 많다. 일단 주위가 어두워 보이지 않으므로 갯바위 이동 시 주의해야 한다. 밤에는 반드시 미끄럼방지 발판이 부착된 갯바위 장화를 착용하는 게 좋다. 랜턴 배터리 잔량이 충분한지 꼭 확인해야 한다. 썰물 때 멀리까지 나갔다가 배터리가 소진되면 복귀할 때 낭패를 겪는다. 특히 간만조 차가 큰 서해안에서는 들물이 시작되면 중간 지점이 먼저 물에 잠길 수 있으므로 이동 때 반드시 퇴로의 지형을 기억해두는 것이 중요하다.

릴링&스톱 방식으로 바닥층 노려라

우럭의 은신처인 바닥이나 수중여를 스치듯 루어를 낮게 끌어줄수록 유리하다. 릴링이 너무 빠르면 루어가 바닥에서 많이 뜨고, 릴링이 너무 느리면 수중암초나 바닥에 걸리게 된다. 따라서 가장 적당한 속도를 찾아내는 게 바닥층 공략의 키포인트인데 물속 지형을 알 수 없는 상황에서는 생각처럼 쉽지 않은 일이다.
이때는 스위밍과 호핑을 동시에 섞어가며 바닥을 노리는 게 좋다. 즉 루어가 바닥에 닿으면 3초 정도 릴링해 끌어주다가 잠시 릴링을 멈춘다. 그러면 루어가 바닥에 '툭―'하고 떨어지는 게 느껴진다. 이때 잠시 쉬었다가 다시 3초가량 릴링 후 멈추는 과정을 반복한다. 얕은 곳보다는 깊은 곳을 노릴 때 편리한 방법이다.

릴링 & 스톱 방식으로 바닥층 노리기

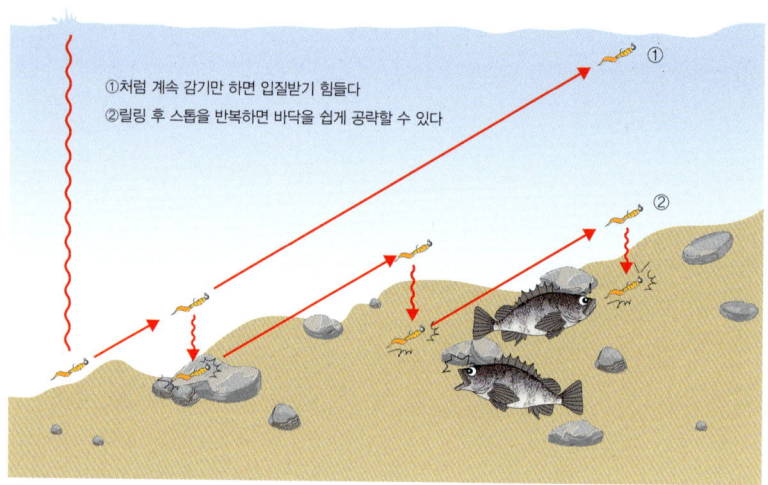

① 처럼 계속 감기만 하면 입질받기 힘들다
② 릴링 후 스톱을 반복하면 바닥을 쉽게 공략할 수 있다

입질 파악과 챔질

우럭이 입질하면 대 끝에 '투둑'하고 느낌이 전해진다. 그것이 입질인지 밑걸림인지 애매하다면 바로 채지 말고 대 끝을 지그시 당겨서 낚싯줄을 팽팽하게 유지한 채 잠시 기다려보라. 밑걸림이면 아무 반응이 없을 것이고, 입질이라면 다시 '툭툭' 치거나 '스으윽' 하고 낚싯대 끝이 휘어질 것이다. 그때 손목 스냅으로 가볍게 챔질하면 된다. 한편 루어를 감는 도중에 입질이 오면 바로 채지 말고 그냥 그대로 계속 감는다는 기분으로 루어를 끌어주면 (먹잇감이 달아나는 줄 알고) 다급해진 우럭이 더 확실히 루어를 삼킨다.

깊은 수심에서는 다운샷 채비가 위력적

수심이 깊은 직벽형 암초대나 밑걸림이 심한 험한 여밭에서는 선상 루어낚시에서 주로 사용하는 다운샷 리그도 써볼만하다. 다운샷 채비는 맨 아래에 봉돌을 달고, 봉돌 위 30cm 지점에 웜채비를 연결한 것이다. 웜채비가 바닥에서 약간 떠 있는 만큼 밑걸림이 덜하며 걸림이 생겨도 주로 봉돌만 걸리므로 비싼 웜 채비는 살릴 수 있는 장점도 있다. 지그헤드 채비처럼 바닥을 질질 끌어주기보다는 큰 동작으로 팅겨주는 방식이 유리하다. 특히 한 자리에서 살살 흔들어주기만 해도 광어가 입질하므로 직벽형 갯바위에서 발 밑을 노릴 때 효과적이다.

아주 거친 여밭에선 텍사스 채비를

밑걸림이 너무 많아 루어의 손실이 심하다면 텍사스 채비로 바꿔본다. 텍사스 채비는 웜훅과 낚싯줄 사이에 구멍봉돌이 유동형으로 삽입된 채비인데, 원래 미국 텍사스주에서 배스낚시용으로 개발된 채비다. 이 채비는 바늘 끝을 웜 안에 숨길 수 있는 와이드갭 훅을 사용할 수 있어서 밑걸림 확률이 낮다.

단점은 전체 채비의 체적이 커지고 황동추가 납보다 가벼워서 조류를 많이 탄다는 것인데, 그래서 아주 거친 여밭이 아니면 많이 쓰진 않는다.

▼ 텍사스 채비. 바늘 끝이 웜 속에 감춰져 있어 지그헤드 채비보다 밑걸림이 덜하다.

싱커(구멍봉돌 또는 수중찌) / 구슬(비드) / 와이드갭 훅 / 그럽

입질 왕성하거나 조류 활발히 흐르면 중층을 노려봐라

초들물이나 초썰물처럼 조류가 막 움직이기 시작하는 타이밍에는 우럭의 활성도가 최고조에 달한다. 우럭이 은신처를 벗어나 왕성한 먹이활동을 하므로 이때는 바닥층 공략에 연연하지 말고 과감히 중층을 노려볼 필요가 있다. 또 조류가 왕성하게 흐르는 곳에선 우럭이 먹이를 찾아 중층을 회유할 때가 많으므로 역시 중층부터 노려볼 필요가 있다. 특히 수심 얕은 여밭에서 우럭이 떼 지어 중층 이상으로 떠올라 입질할 때도 많다.

▼ 군산 고군산군도 갯바위에서 낚은 우럭과 낚시에 사용한 각종 그럽 웜.

우럭이 잘 낚이는 타이밍은?

들물보다 썰물에 잘 낚여, 초썰물~중썰물이 피크

우럭 루어낚시에서 입질이 가장 활발한 시간대는 초썰물~중썰물과 초들물 시간이다. 언뜻 연안루어낚시는 바닷물이 완전히 차올라 수심이 깊어진 만조 무렵이 잘될 듯하지만 그렇지 않다. 중들물부터 만조까지는 거의 입질 받기 힘들다. 초썰물부터 입질이 살아나서 중썰물까지 이어지고 간조 전후에 주춤했다가 초들물에 또 한 번 반짝 입질이 살아나는 경우가 많다.

이런 입질시간대는 포인트 여건에 따라 달라질 수 있고 서해 남해 동해의 각 해역별로 차이가 있으므로 출조 전 충분히 현지 정보를 취합할 필요가 있다. 우럭은 입질시간대가 아주 정확한 물고기에 해당하므로 포인트 정보와 입질시간대 정보를 동시에 파악해야 한다. 타이밍이 되기 전엔 전혀 입질이 없다가도 타이밍이 되면 소나기 입질을 보내는 것이 우럭이다.

'서해 대표 물고기' 우럭의 한국 기록은?

우럭은 과연 얼마나 크게 자랄까? 낚시춘추에 등록된 우럭 최대어는 지난 2007년 서해 외연도 해상 배낚시에서 올라온 70cm다. 근해 배낚시에서는 50cm만 넘어도 대물로 취급받지만 먼 바다 침선낚시에선 60cm 이상급 우럭도 자주 출몰하고 있다.

연안루어낚시에서는 20~25cm급이 주로 낚이며 30cm만 되어도 굵은 편에 속하고 40cm 초반급은 대물로 대우 받는다.

▼ 지난 2007년 10월, 서해 외연도 해상에서 최진원씨가 낚은 70cm 우럭. 역대 최대어다

연안 우럭낚시 기법 ❷

갯바위 우럭 포인트 찾기

후미진 만보다 돌출된 곶부리가 명당

이찬복
팀쏘가리닷컴 운영자
우럭, 농어 연안루어낚시 전문가
엔에스 필드스탭
대전 바다로간쏘가리낚시점 대표

바다에서 루어낚시로 물고기를 만나기 시작한 것은 비교적 최근의 일이다. 물론 제주도나 원도에서는 오래전부터 트롤링도 하고 농어루어낚시도 했지만, 보편적으로 누구나 손쉬운 루어 채비로 가까운 근해에서 바닷고기를 낚기 시작한 것은 아마도 쏘가리 루어낚시인들이 쏘가리 금어기에 쏘가리 채비를 가지고 서해안의 우럭과 광어를 낚기 시작한 95년 중후반 즈음일 것이다.

지금은 루어를 이용해 우럭이나 광어뿐 아니라 부시리, 능성어, 참돔, 심지어는 오징어까지 낚아내고, 먼바다 선상에서 다운샷, 인치쿠, 타이라바, 메탈지그 등을 이용해 상상하기 힘든 대형 어종들을 만나고 있지만 그 원조는 90년대 후반의 우럭 루어낚시일 것이다. 요즘은 대단한 장비를 사용하고 배를 타고 먼 바다까지 나가서 큰 대상어를 만나고는 있지만 여전히 갯바위에서 부담 없는 장비로 시원하게 캐스팅하여 만나는 우럭과 광어는 그 나름의 즐거움과 담백함을 지니고 있다.

▲ 지그헤드 채비를 묶고 있는 필자. 지그헤드 채비는 연안 루어낚시에서 가장 많이 사용하는 채비다.

갯바위의 포인트 찾기

간조 때 물이 완전히 빠지는 얕은 곳에선 큰 우럭이 거의 낚이지 않는다. 간조 때도 바닷물이 남아 있는 지점부터 입질지점으로 인식하고 그 너머를 향해 캐스팅한다. 완전히 물이 빠지는 지점까지는 바닥이 상당히 복잡하고 굴껍데기 등이 많아 밑걸림이 심하다. 그리고 그 너머는 녹색 해조류, 또 그 너머 갈색 해조류, 그리고 그 너머부터 실질적인 입질지점이 나오게 된다. 그 지점을 넘겨 쳐서 서서히 끌어올 때 갈색 해조류가 밀생한 직전쯤이 주된 입질 포인트다.

기본적으로 갯바위의 제1포인트는 조류가 가장 빠른 툭 튀어나온 곶부리다. 수중 암반이 턱을 이루어 있고 수심이 깊다면 더할 나위 없겠다. 물색은

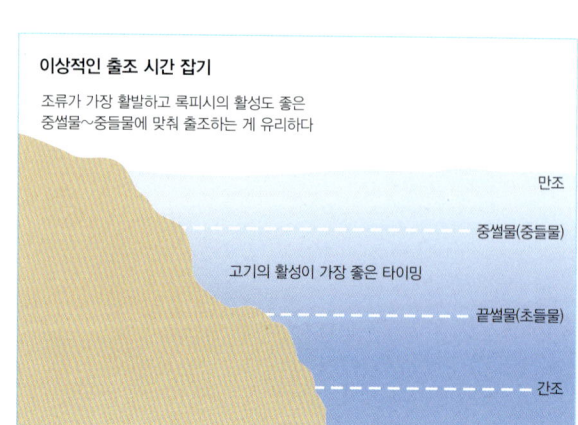

이상적인 출조 시간 잡기

조류가 가장 활발하고 록피시의 활성도 좋은 중썰물~중들물에 맞춰 출조하는 게 유리하다

만조
중썰물(중들물)
고기의 활성이 가장 좋은 타이밍
끝썰물(초들물)
간조

크게 구애받지 않는데 너무 심한 뻘물이나 너무 맑은 청물은 피하는 게 좋다.

갯바위낚시의 입질시간대

배낚시는 물이 적게 들고 나는 조금물때가 좋다지만 갯바위낚시는 반대다. 물이 많이 들고 많이 빠지는 사리물때가 좋다. 달이 보름이거나 그믐이면 사리물때이고, 하현이나 상현의 반달이면 조금물때다. 그리고 서해는 밀물은 남에서 북으로, 썰물은 북에서 남으로 흐른다.

특히 보름사리보다 조류가 더 센 그믐사리의 초들물이 가장 좋은 시간대이다. 그러므로 아침에 가서 저녁까지 하는 것보다 미리 물때표를 확인하고 중썰물 때 진입하여 끝썰물과 초들물을 집중적으로 보고 중들물에 낚시를 마무리하는 것이 가장 좋다. 그런 입질시간대는 지역별, 물때별로 다르므로 바다낚시 물때표를 미리 확인하는 습관이 꼭 필요하다.

지그헤드 무게와 웜의 색상

갯바위에서 가장 기본적인 루어는 지그헤드와 그럽 웜의 조합이다. 특히 라운드형 지그헤드는 그 가격과 편리함에서 다른 채비를 압도한다. 하지만 지그헤드 채비는 밑걸림 극복이라는 과제가 남겨져 있다. 지그헤드의 무게는 서해바다를 기준으로 수심 10m에 1온스 정도의 무게를 사용하고 수심이 5m 가량으로 얕으면 1/2온스를 사용한다. 같은 수심일 경우 조류가 빠른 상황에서는 더 무겁게 사용해도 좋다. 필자는 다소 무거운 지그헤드를 선호한다.

웜의 색상은 민물의 쏘가리나 배스용보다 심플하다. 필자가 가장 선호하는 웜의 색상은 흰색, 연두색, 주황색, 진주색, 금색, 은색 등의 반짝임이 심하고 눈에 잘 띄는 계열이다. 반대로 아주 어두운 색을 사용하기도 하지만 대체로 흰색을 사용한다. 특히 흰색 웜들은 염료의 영향을 덜 받아서 다른 컬러에 비해 훨씬 질기기도 하다.

또한 진주색은 갑각류의 탈피 직후 색깔과 흡사하고 주꾸미나 낙지 등의 색깔과도 비슷하여 특별한 상황에서 강력한 입질을 보여 주곤 하여 꼭 휴대하는 컬러이다.

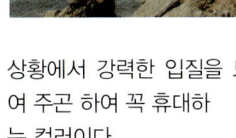
▲ 서해 보령 녹도에서 록피시 루어낚시로 광어와 노래미를 푸짐하게 낚은 필자.

웜의 크기는 기본적으로 4인치를 선호하고 조금 작게 쓰거나 더 크게 쓰기도 하지만 너무 작으면 시인성 면에서 불리해지고 너무 커지면 비거리가 짧고 부력이 커서 더디게 하강하므로 4인치 그럽을 가장 선호하는 편이다.

루어의 액션

우럭은 우악스런 생김새와는 달리 아주 섬세한 어종이다. 코앞에 루어가 오지 않으면 시원하게 물지 않는다. 특히 사이즈가 클수록 까다롭고 조류가 약하면 더욱 심해진다. 그러므로 어렵지만 깊은 바닥에 바짝 붙여서 천천히 움직여 주는 것이 가장 핵심적인 요령이다. 일단 코앞까지만 루어를 흘려주면 별다른 액션을 주지 않아도 잘 먹어 준다.

광어는 우럭보다는 훨씬 공격적이지만 역시 바닥 가까이 떨어뜨려서 아주 느리게 흘려주는 것이 기본적인 루어 액션이다. 최대한 멀리 캐스팅한 후 바닥까지 가라앉힌 루어의 라인을 확실하게 펴주고 아주 느리게 조류에 따라 흘리면서 여유줄만 감아 들이면 그것이 최고의 액션이 된다. 거기에 덧붙이자면 로드의 끝을 살짝 들었다가 놓아주면서 호핑과 비슷한 동작을 주면 좋다.

▶ 유속이 빠른 곶부리에 올라 우럭의 입질을 기다리고 있다.

| 필자의 갯바위 우럭낚시 장비 |

필자가 사용하는 엔에스사의 록피시 루어대들.

낚싯대는 7.6~8피트 길이의 미디엄 액션

1온스가량의 지그헤드를 캐스팅하기 위해서는 기본적으로 힘이 있는 낚싯대가 필요하다. 그러나 비거리 욕심에 너무 길고 뻣뻣한 로드를 선택한다면 쉽게 지치고 만다. 약간 짧고 부드러운 낚싯대를 선택하는 편이 좋다. 릴은 2500~3000번 스피닝릴을 쓴다. 원줄은 1.5~2호 다이니마 합사가 가늘고 강하다.
나는 합사 원줄에 팔로마 매듭으로 웜 훅을 바로 묶는다.
비거리나 라인 트러블의 문제 때문에 특별한 경우가 아니면 쇼크리더는 사용하지 않는다.

연안 우럭낚시 기법 ❸

우럭 방파제낚시 테크닉

방파제는 우럭의 숨은 아지트다. 물속에 겹겹이 쌓인 방파제 외항의 테트라포드는 우럭의 일급 은신처 역할을 하므로 주변에 암초가 없이 뻘이나 모래바닥만 있는 해변에선 방파제가 기타 해변보다 더 좋은 우럭낚시 포인트다. 특히 테트라포드에 은신한 우럭들은 붙박이들이 많아 수온이 낮은 겨울에도 잘 낚인다.

방파제는 배가 드나드는 물골에 설치되므로 주변보다 수심이 깊어 수위가 낮아진 상황에서도 낚시가 가능하다는 장점이 있다. 또 조류 흐름이 약해 갯바위에서는 낚시가 잘 안 되는 조금물때에도 방파제에서는 충분히 낚시가 가능하다. 하지만 방파제 공략법은 생각보다 쉽지가 않다. 복잡한 구조의 테트라포드를 루어로 노리다 보면 밑걸림을 피할 수 없기 때문이다. 따라서 방파제 우럭 루어낚시는 나름의 요령이 필요하다.

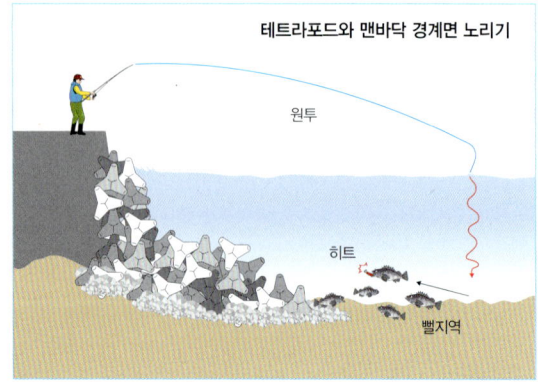

공략 요령 1 | 테트라포드와 바닥이 만나는 지점을 노려라

테트라포드 속에 숨은 우럭을 낚는다는 것은 생각처럼 쉬운 일이 아니다. 중들물 또는 중썰물처럼 특정 물때가 되면 우럭들이 테트라포드 위로 피어올라 먹잇감을 노리기도 하지만 그렇지 않을 때는 공략이 매우 어렵다.

오히려 테트라포드와 바닥이 만나는 경계면을 노리는 게 좋은 방법이다. 이 경계면에는 방파제 축조 때 무너져 내린 각종 구조물들이 흩어져 있어 우럭을 비롯한 각종 저서성 바닷고기들이 많이 모여 있기 때문이다. 따라서 루어를 던진 뒤 한두 차례 밑걸림 여부를 확인한 후 그 지점보다 훨씬 먼 곳에 루어를 던져 가라앉힌 뒤 경계지점으로 끌어들인다. 예상 입질 지점을 통과했다고 생각되면 빨리 릴링해 루어를 걷어 들인다. 그래야만 테트라포드에 루어가 걸리는 것을 막을 수 있기 때문이다. 요령이 생긴다면 릴링 속도를 조절해가면서 테트라포드 경사면을 더듬어 들어오는 것도 좋은 방법이다.

▲ 서해 태안군 신진 도방파제의 끝. 우럭 루어낚시의 명당이다.

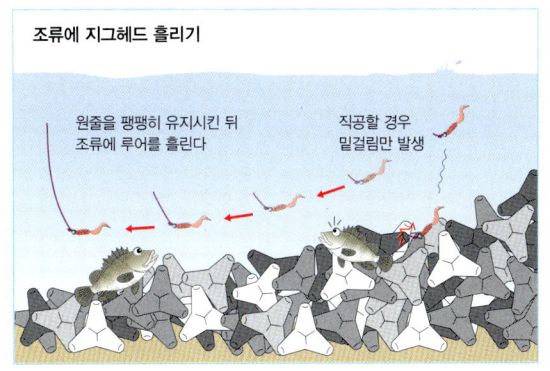

공략 요령 2 — 루어를 조류에 태워 테트라포드 위로 흘려라

조류에 지그헤드 흘리기

테트라포드를 직공하면 밑걸림이 자주 생겨 채비만 뜯기는 경우가 많다. 이때 써볼만한 방법이 지그헤드를 조류에 태워 흘리는 방식이다.

일단 3/8온스나 1/2온스 같은 무거운 지그헤드를 써야 될 상황이더라도 조류가 원활하게 잘 흐르는 상황이라면 1/4온스나 1/8온스의 가벼운 지그헤드를 써서, 목표한 지점보다 훨씬 앞쪽에 던져 가라앉힌 뒤 뒷줄을 주지 말고 기다린다. 이러면 지그헤드와 원줄이 조류에 밀리면서 완만한 각도로 테트라포드 위를 스치며 지나가게 된다. 이때 테트라포드 위에 떠서 먹이사냥을 하던 우럭이 루어를 발견하고 입질하는 것이다.

☞ 테트라포드에 은신한 우럭을 노리려면 루어를 최대한 테트라포드에 바짝 붙이는 게 좋다. 그러나 조류가 왕성하게 흐르면 우럭의 활성도 역시 좋아져 평소보다 매우 공격적으로 달려들므로 포인트 근처로만 통과시켜도 쉽게 입질을 받을 수 있다. 입질이 오면 최대한 빠른 릴링과 펌핑을 해 우럭이 테트라포드로 처박는 것을 막는다.

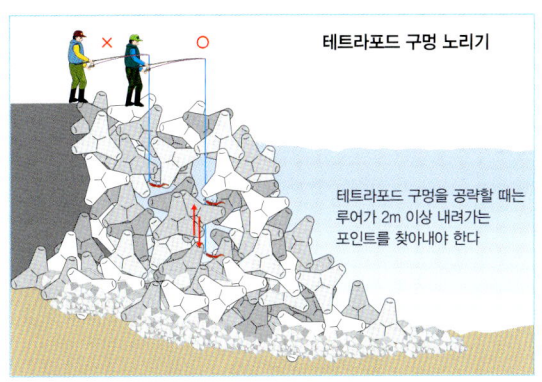

공략 요령 3 — 테트라포드 구멍을 고패질로 노려라

테트라포드 구멍 노리기

테트라포드가 겹쳐진 좁은 공간도 우럭 포인트다. 테트라포드 구멍은 어둡고 음산해서 씨알 굵은 붙박이 우럭들이 종종 모여 사는데, 지그헤드를 투입해 위, 아래로 흔들어주면 의외의 굵은 씨알을 낚을 수 있다. 단 구멍이 너무 얕으면 포인트로서 가치가 없으며 최소 2m 이상은 루어가 내려가는 곳에서 우럭이 잘 낚인다.

테트라포드 구멍을 공략할 때는 루어가 2m 이상 내려가는 포인트를 찾아내야 한다

공략 요령 4 — 테트라포드 없는 방조제와 대형 선착장은 원투 필요

길이가 수 킬로미터에 이르는 방조제 또는 테트라포드가 없는 대형 선착장은 정보가 없다면 포인트를 가늠하기 어렵다. 이런 곳은 원투낚시를 시도해 우럭 포인트가 될 만한 수중여나 구조물을 찾아내는 게 중요하다. 그러기 위해서는 장비와 채비도 일반적인 상황과는 달라져야 한다. 우선 낚싯대는 8피트 정도의 긴 게 필요하며 지그헤드 역시 1/2온스 정도의 무거운 게 필요하다. 지그헤드가 다소 무거워도 먼 거리까지 늘어진 원줄의 부력, 깊어진 수심 등으로 인해 지그헤드가 생각보다 빨리 가라앉지는 않는다. 원줄은 PE라인 1호를 넘지 않는 게 좋다.

▶ 강릉 안목방파제 내항 석축지대에서 낚시하고 있는 루어낚시인들. 우럭과 광어가 주로 낚인다.

방파제의 포인트 찾기

1st 조류 빠른 방파제 끝
2nd 외항의 꺾인 지점

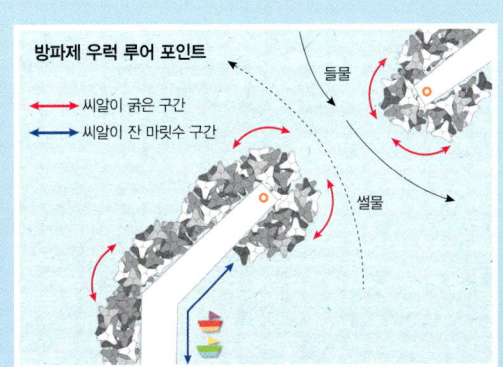

방파제 우럭 루어 포인트

방파제 우럭 루어낚시의 최고 명당은 들물과 썰물이 모두 활발하게 흐르는 방파제 끝이다. 우럭의 입장에서 들물과 썰물에 맞춰 회유하는 먹이고기들을 잡아먹기에는 조류와 먹이고기가 거쳐서 들어가는 방파제 끝이 최고의 사냥터인 셈이다. 붙박이 우럭 외에 들물 때 바깥 바다에서 방파제로 들어오는 우럭도 이 길목에서 먹이고기들을 노린다.

두 번째로 좋은 포인트는 방파제 외항의 'ㄱ'자로 꺾이는 지점이다. 조류 흐름이 변화하는 지점이므로 우럭 외에 모든 어종의 입질이 활발한 포인트다. 한편 조류 영향을 덜 받는 방파제 내항은 손바닥 미만의 잔챙이가 주로 살기 때문에 씨알에서는 큰 메리트가 없다. 이런 곳에서는 주로 구멍치기로 잔 손맛을 보려는 낚시인들이 자주 찾는다.

연안 광어낚시 기법 ❶

광어 채비의 난형난제

지그헤드냐? 다운샷이냐?

광어는 생미끼보다 루어에 더 잘 낚이는 고기다. 그래서 생미끼낚시 시절엔 낚기 어려운 물고기였는데 루어낚시가 성행하는 요즘은 우럭보다 더 잘 낚이는 고기가 되었다.

광어는 우럭보다 유영 폭이 넓고 자신의 영역을 침범한 물고기를 격렬하게 몰아내는 습성을 갖고 있어 특별한 액션 없이 광어가 머물고 있는 구간으로 루어만 통과시켜도 입질을 받을 수 있다. 초보자들이 쉽게 광어를 낚을 수 있는 이유다. 광어는 루어의 종류를 크게 따지지 않는다는 점도 매력이다. 웜 외에도 미노우플러그, 메탈지그 등 거의 모든 루어에 공격적으로 반응한다.

▼광어 자원의 보고인 인천 소청도. 갯바위 전역에서 광어, 쥐노래미, 우럭이 낚인다.

1 지그헤드채비 운용법

광어 루어낚시에서도 우럭 루어낚시에 사용하는 지그헤드 채비를 주로 사용한다. 광어 선상낚시에선 다운샷 채비가 월등히 낫지만 연안낚시에선 지그헤드 채비를 좀 더 많이 쓰는 편이다. 지그헤드 무게는 우럭낚시용과 동일하다. 다만 광어는 우럭보다 루어에 대한 공격성이 강하므로 우럭용 3인치보다 큰 4~5인치짜리 웜을 광어용으로 많이 쓴다. 큰 웜의 볼륨감 있는 액션이 광어의 공격성을 유혹하는 데 더 유리하기 때문이다.

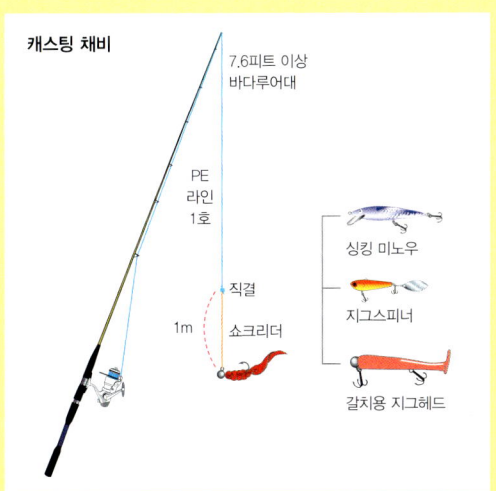

캐스팅 채비

빠른 액션보다 느리고 부드러운 액션에 반응

광어는 루어를 빠르게 움직일 때보다 느리게 움직여줄 때 더 자주 입질한다. 광어가 루어를 발견하고 점진적으로 다가올 시간이 필요하기 때문이다. 지그헤드가 바닥에 닿았다면 지속적으로 릴을 감는 것보다 낚싯대를 크게 치켜들어 루어를 앞쪽으로 당겨놓고 잠시 쉬는 동작을 반복하는 게 좋다. 이렇게 하면 지그헤드가 살짝 떠올랐다가 다시 떨어지는데 이 움직임을 보고 광어가 다가와 입질한다.

지속적인 릴링보다 릴링 & 스톱 유리

지그헤드가 바닥에 닿으면 5m 정도 끌다가 릴링을 멈춰 지그헤드가 바닥에 닿는 것을 느낀다. '툭-'하는 느낌이 나면 바닥에 닿은 것인데 이후 다시 5m가량 천천히 감다가 다시 멈춰 지그헤드를 바닥에 떨어뜨린다. 이런 식으로 운용하면 지그헤드를 바닥 가까이에서 유영하게 만들어 입질 확률을 높일 수 있고 움직임이 굼뜬 광어에게 어필할 수 있는 시간도 벌 수 있다.

1차 입질 실패해도 2차 입질에 대비하라

광어는 입질에 실패해도 재차 달려드는 습성을 가진 고기다. 따라서 릴링 도중 '투두둑-' 하는 입질이 왔는데도 걸림이 안 됐다면 곧바로 채비를 걷어 들이지 말고 잠시 릴링을 멈추었다가 1~2초 후 릴링하면 광어가 다시 달려드는 경우가 많다. 이것은 먹이에 대한 집착도 있지만 자기 영역에 들어온 침입자를 끝까지 쫓아내려는 목적도 크기 때문이다.

▼부안 왕등도에서 갯바위 루어낚시로 60cm급 광어를 낚은 변상윤씨.

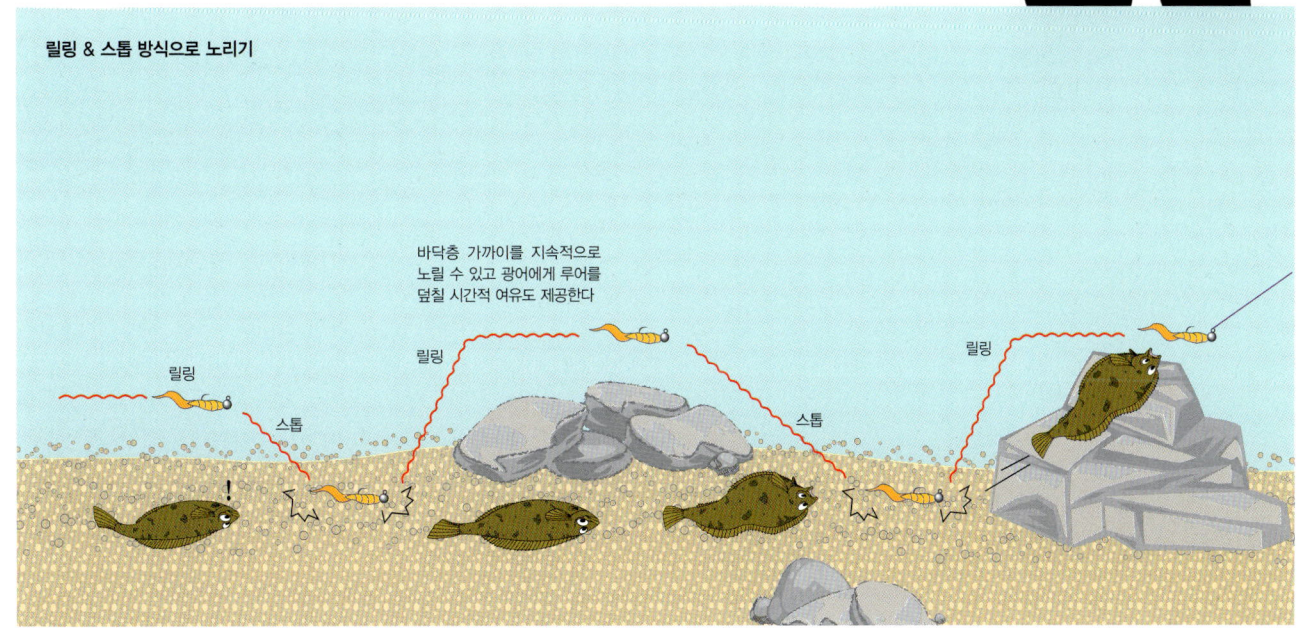

릴링 & 스톱 방식으로 노리기

바닥층 가까이를 지속적으로 노릴 수 있고 광어에게 루어를 덮칠 시간적 여유도 제공한다

광어 활성 낮을수록 큰 웜으로 시각을 자극하라

광어는 우력보다 공격력이 강하다. 그래서 큰 광어를 노린다면 큰 루어를 써보는 것도 좋은 방법이다. 그럽의 경우 평소 2~3인치를 썼다면 4인치로 크게 써보는 것이다. 이러면 루어의 볼륨감이 커지면서 광어의 시각을 강하게 자극한다. 특히 물색이 탁하거나 광어의 활성이 낮을 때 볼륨 큰 루어가 만들어내는 파동이 공격성을 더욱 자극하게 된다.

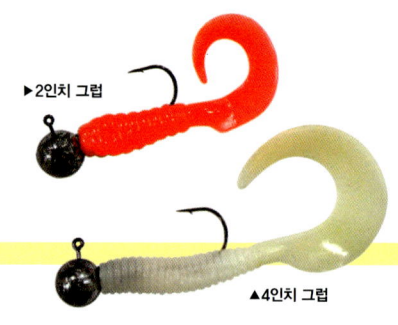

▶2인치 그럽

▲4인치 그럽

2 다운샷 채비 운용법

갯바위 다운샷은 광어 선상 다운샷 채비의 연안낚시 버전이다. 채비 맨 아래에 봉돌을 달고 봉돌 위 20~30cm 지점에 웜 채비를 연결하는 것은 동일하다. 바늘도 2/0~3/0호를 똑같이 사용한다. 다만 봉돌은 14g 정도 무게인 4~5호 봉돌을 주로 쓴다. 참고로 선상낚시에선 30~50호 봉돌을 사용한다.

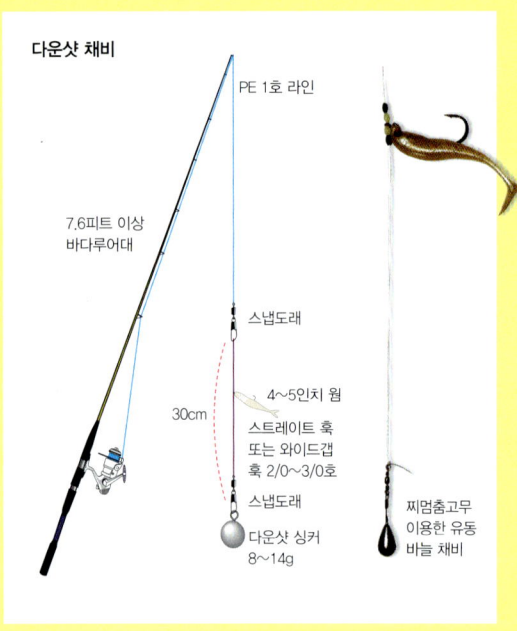

다운샷 채비

한 자리에서 흔들기만 해도 위력적

다운샷 리그는 지그헤드 리그처럼 지속적으로 끌거나 바닥뛰기 식으로 사용해도 되지만 한 자리에서 흔들기만 해도 루어 액션이 살아나는 장점이 있다. 그림에서 보듯 지그헤드 리그는 지그헤드에 웜이 결합된 일체형이라 계속 릴링해 끌어주지 않으면 루어 액션이 살아나지 않는다. 그러나 다운샷은 봉돌 위 30cm 지점에 루어가 분리돼 있어 릴링 없이 원줄만 한 번씩 툭툭 당겨주면 루어 액션이 살아난다. 광어가 있긴 해도 활성이 약할 땐 루어를 보고도 입질하지 않는데 그때 한 자리에서 오랫동안 유인동작을 일으키는 다운샷을 보고는 도저히 참지 못하고 달려드는 것이다.

➡ 바닥에 매복해 있던 광어는 먹잇감을 발견하면 천천히 다가와 단번에 덮치는 습성을 갖고 있다. 따라서 지그헤드리그처럼 계속 감기만 하면 미처 달려들기도 전에 입질 지점을 벗어날 수 있다. 그러나 다운샷 채비로 한 자리에서 계속 흔들어주면 그만큼 광어가 접근할 시간이 충분하기 때문에 입질 받을 확률이 높다.

입질 없을 땐 큰 폭의 챔질로 포인트 이동

만약 한 자리에서 계속 액션을 연출하는데도 입질이 없다면 10~20초마다 포인트를 이동시킨다. 이때는 단순 릴링으로 끌어주기보다는 큰 폭의 챔질로 채비를 붕- 띄워 앞쪽에 떨구는 방식이 유리하다. 바닥으로만 질질 끌고 올 때보다 밑걸림 위험도 피할 수 있어 유리하다.

이후로는 앞서 한 루어 흔들기 동작을 반복한다. 입질 형태는 선상 다운샷 때와 유사하다. 입질이 시원할 때는 대 끝을 한 번에 가져가지만 그렇지 않을 땐 뭔가 묵직한 게 매달려 있는 느낌이다. 이때는 살짝 대 끝을 들어 무게감이 느껴지면 강하게 챔질한다. 섣부른 챔질은 금물이다. 광어는 이빨이 안으로 휜 옥니 형태이므로 일단 물기만 하면 바늘이 잘 빠지지 않는다. 따라서 입질이 온 것을 느끼고 다소 여유 있게 챔질해도 입걸림에는 큰 문제가 없다.

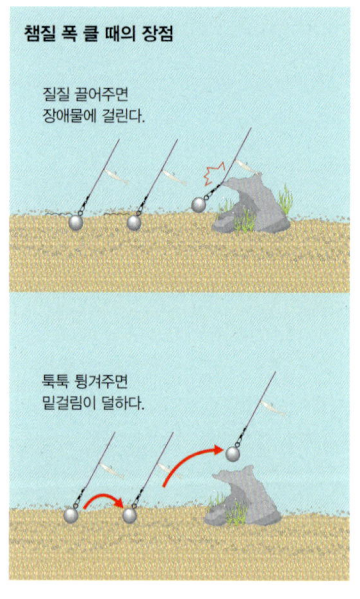

챔질 폭 클 때의 장점

질질 끌어주면 장애물에 걸린다.

툭툭 튕겨주면 밑걸림이 덜하다.

별도 가짓줄에 바늘 달면 루어 액션 살아나

원래 다운샷 채비의 바늘은 기둥줄(목줄)에 바로 달지만 목줄에 별도의 가짓줄을 달아 거기에 바늘을 묶어주면 웜의 움직임이 훨씬 더 활발해진다. 가짓줄 길이는 너무 길게 줄 필요 없이 3~4cm만 줘도 충분하다. 가짓줄을 달면 조류가 미약해도 웜이 잘 흔들려 광어 눈에 잘 띄게 된다.

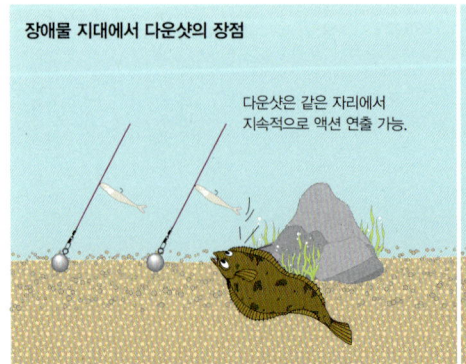

장애물 지대에서 다운샷의 장점

다운샷은 같은 자리에서 지속적으로 액션 연출 가능.

지그헤드는 릴링해야만 루어 액션 발생. 장애물 너머로 이동하면 안 보여 불리.

릴링

광어용 바늘의 선택

연안-와이드갭 훅, 선상-스트레이트 훅

웜용 바늘은 스트레이트 훅과 와이드갭 훅 어떤 걸 써도 상관없으나, 연안낚시에서는 와이드갭 훅이 유리하다. 바늘 끝이 웜 속에 살짝 박혀 있는 와이드갭 훅이 밑걸림 위험이 적기 때문이다. 한편 전문가들은 비슷한 크기의 갈치바늘을 쓰기도 한다. 갈치바늘은 스트레이트훅과 비슷하게 생겼는데 가볍고 강도가 좋아 선호하는 이들이 제법 있다.

▲스트레이트 훅(위)을 꿴 웜과 와이드갭 훅을 꿴 웜(아래). 입걸림은 스트레이트 훅이 잘 된다.

60cm 넘는 광어는 반드시 뜰채로!

히트한 광어를 물 밖으로 안전하게 끌어내는 것도 중요한 테크닉이다. 광어는 입은 크지만 주둥이 막은 매우 약해 바늘 박힌 부위가 쉽게 찢어져 벌어지는데 특히 발 앞에서 라인의 텐션이 느슨해질 때 바늘이 곧잘 빠져버린다. 바늘이 광어 입의 단단한 부위에 박혔다면 그대로 들어내도 되지만 주둥이 막이 찢어진 상태로 간신히 걸려있다면 뜰채로 떠내는 게 안전하다.

우럭 루어낚시인들이 많이 갖고 다니는 갈고리나 포셉은 물 밖으로 건져낸 고기를 집는 데는 적합하지만 요동치는 물고기를 걸어내기엔 불편한 도구다. 입을 제대로 집기도 힘들지만 집는 과정에서 광어가 요동쳐 이때 바늘이 잘 빠진다. 따라서 휴대가 간편한 짧은 뜰채를 갖고 다니는 게 좋다. 광어는 농어나 부시리처럼 발 앞에서 재차 달아나거나 크게 요동치지 않으므로 짧은 뜰채로도 쉽게 떠낼 수 있다.

▼큰 광어는 뜰채로 떠내는 게 안전하다.

Tip

광어 이빨 조심!

광어는 이빨이 대단히 날카로워 주둥이에 박힌 루어를 빼낼 때 조심해야 한다. 손을 주둥이 속으로 밀어 넣어 바늘을 빼려 해선 안 되며 이빨을 피해 루어를 뽑아내기 위한 포셉가위 또는 플라이어가 꼭 필요하다. 이것이 없으면 루어를 입속에 둔 채 라인을 잘라내야 한다.

는 게 좋다. 양면 좌우로 4장의 포를 큼지막하게 떠서 주방용 비닐팩으로 감싼 다음 얼음과 직접 닿지 않게 쿨러에 보관한다. 집에 도착한 4~5시간 후면 회가 적당히 숙성되어 광어 특유의 쫄깃함과 감칠맛이 더해진다. 그리고 샤워한 후에 가족과 더불어 소주 한잔! 손질해온 서더리는 다음날 아침 매운탕감이다.

▶왕등도 갯바위에서 루어로 낚은 광어들. 원도권 광어들은 씨알도 굵게 낚인다.
▼소청도로 출조한 낚시인들이 현지 배를 이용해 포인트를 이동하고 있다.

▲광어의 입에서 바늘을 빼내고 있다. 광어의 이빨은 매우 날카로워 주의해야 한다.

광어 싱싱하게 가져오기

고기를 낚은 후 피를 빼고 얼음에 재서 가져오는 정도야 낚시인이라면 누구나 아는 상식이다. 그러나 광어는 횟감으로의 선도가 다른 고기보다 빨리 떨어지는 편이므로 여름에는 현장에서 미리 포를 떠버리

연안 광어낚시 기법 ❷

전문가의 실전 가이드
광어는 루어를 가리지 않는 악식가

정계석 바다루어낚시인

광어는 의외로 낚기 쉬운 물고기다. 적어도 서해에서, 루어로 낚는다면 그렇다. 서해의 광어낚시 시즌은 5월부터 11월까지이며 피크시즌은 6~10월이다. 늦게는 12월까지도 광어가 낚인다. 가을에 접어들수록 씨알이 굵어지며 우럭과 비교한다면 수온이 낮을 때도 잘 낚인다.

🐟 광어가 먹지 않는 루어는 없다

광어는 웜, 바이브레이션(싱킹), 스푼, 메탈지그 등 가리지 않고 공격하는데 우럭에 비해 좀 크고 무거운 루어가 유리하다. 얕은 수심에서는 2~3인치 그럽웜과 조합한 가벼운 무게의 지그헤드채비에도 낚인다. 그러나 갯바위에서는 좀 멀리 던지는 게 유리하므로 3/8온스 이상의 지그헤드는 써야 한다. 보트에서라면 1/2온스에서 1온스까지가 적합하다.

원줄은 나일론사는 2~3호, PE라인은 1호(12lb) 내외면 훌륭하다. 다만 PE라인을 쓸 때는 강도가 높은 매듭법을 숙지하는 게 좋다. 광어낚시에서 쇼크리더(목줄)의 사용은 효율면에서 비추(非推)! 그러나 큰 농어가 함께 낚이는 상황이라면 쇼크리더를 쓰는 것도 좋다.

🐟 정지상태에서 미세한 움직임이 효과적

기본적으로 광어는 바닥고기이면서 자신의 위로 지나가는 먹잇감을 공격하는 어식어다. 역시 바닥을 탐색하는 게 유리하다는 얘기다. 그럽웜을 사용할 경우 나는 캐스팅 후 광어 코앞에 루어를 내려주고 광어를 살살 약 올리는 상상을 해본다. 그만큼 웜 운용에 있어서 속도는 고려대상이 아니다. 정지상태에서 아주 미세하게 손바닥만큼만 끌어도 먹는 경우가 많았다. 가끔 에깅(에기라는 루어로 오징어를 잡는 낚시) 테크닉을 연상하며 위로 쳐올려주는 동작도 주효하다.

스푼이나 바이브레이션을 쓸 때는 역시 루어 본연의 움직임을 내주어야 한다. 바닥에서 약간 띄운 상태에서 역동적인 움직임을 주어야 한다. 약간 크고 투박한 느낌의 섀드 웜이나 스웜베이트 등도 역시 마찬가지로 사용해준다.

루어 색상은 거의 가리지 않는 듯하다. 초기에는 어두운 색이 유리하지 않나 생각했지만 그렇지 않았다. 웜 종류는 약간 오버한 크기와 모양새가 유리하다. 가재, 꼴뚜기 모양을 본뜬 극단적인 이미테이션 종류도 좋다.

🐟 물색 맑은 날에도 잘 낚여

광어의 입질은 미묘하다. 대물인 경우에도 바로 감이 오지 않는 경우가 있고, 깜짝 놀랄 만큼 과격한 입질을 할 때도 있다. 입질 후 밑으로 내리박는 손맛은 없으나 어느 정도 끌려와서 낚시인의 눈에 띄는 순간부터는 맹렬히 파고드는 손맛이 일품이다. 훅셋은 거의 필요 없다. 대부분 목구멍 깊이 루어를 삼키기 때문이다.

청물이라 불리는 맑은 물이 밀려들 때도 농어는 입질을 망설일지 몰라도 광어는 오히려 기회다. 물색이 맑을 때는 떠올라서 먹는다. 그래서 그런 날 농어 루어낚시에 광어가 잘 낚인다. 중층에서 파르르 떨면서 이동하는 바이브레이션이 효과적으로 먹힌다.

▲웜을 물고 튀어오르는 광어. 광어는 굼떠보이지만 사실은 대단히 민첩한 육식성 어종이다.

▲지그헤드 채비로 광어를 낚은 엔에스 필드스탭 이찬복씨.

▲딥다이빙 미노우에 걸려든 광어.

▲지그스피너
▶싱킹 미노우플러그

🐟 모래밭뿐 아니라 암초지대에도 많이 서식해

'광어 포인트는 이런 곳'이라고 꼬집어 말할 필요가 없을 정도로 다양한 장소에서 낚인다. 좁은 섬과 섬 사이의 조류가 강하고 수심이 얕은 곳에서도 광어는 루어를 물고 나온다. 갯바위에 내리면 일단 곶부리를 중심으로 멀리 원투한 후 바닥을 읽어본다. 조류가 빠르게 흐르는 직벽지대의 깊은 바닥에도 의외의 대물이 많다. 다만 바닥이 모래인 해수욕장 스타일의 만 지형일 경우 만 중앙에서는 광어를 낚기 어렵고 양 옆의 갯바위 곶부리에 포인트가 형성된다. 다만 배낚시라면 만 중앙을 체크해볼만하다.

가장 이상적인 광어 포인트는 큰 규모의 여밭이지만 바닥이 뻘이 아닌 모래로 형성되어 있는 곳이다. 멀리 흐르는 조류까지 끼고 있다면 더 이상의 명당은 없다고 보아도 된다. 그런 곳은 우럭도 많다.

광어는 물때를 심하게 탄다. 간조 전후에 주로 낚인다. 중썰물부터 진입해서 중밀물 정도에 철수하는 게 좋다.

🐟 서해 광어는 얕은 여밭에 많다

서해의 경우, 대체로 광어는 우럭보다 얕은 곳에 있다. 우럭은 다양한 수심에 고루 분포하지만 광어는 2m 내외 수심에 많고 주변이 잔 바위나 돌이 많은 곳에서 입질이 잦다.

광어가 이런 곳을 좋아하는 이유는 먹이사냥에 유리하기 때문이다. 수심이 얕고 잔 바위가 많은 곳은 조류가 움직일 때 물살이 가장 빠르게 흐르는데 이런 곳은 먹이고기가 몰리게 돼 있다. 광어는 잔 바위 위에 몸을 올린 상태로 위쪽을 주시하다가 지나가는 먹이고기를 발견하면 순식간에 떠올라 잡아먹는다. 배낚시에서도 유독 어초나 침선에서 광어가 잘 낚이는 것도 광어가 바닥보다 높은 곳에 몸을 올려놓기를 좋아하기 때문이다.

갯바위나 섬을 간조 때 둘러보아서 잔 바위가 많이 잠겨 물살이 빠르게 넘나드는 곳이 보인다면 그곳을 광어 포인트로 잡는다. 썰물 때도 수심이 깊게 유지되는 곳에서는 광어보다 우럭이 더 잘 낚인다.

■ 필자 홈페이지 www.jigging.co.kr

▼충남 서천 비인면 홍원항 앞의 '작은여' 부근 간출여에 내려 루어낚시로 광어를 노리고 있다.

양식산과 자연산 광어의 구분

광어가 자연산인지 아닌지 구분하려면 배를 보면 된다. 배가 깨끗한 순백색이면 자연산이고 얼룩덜룩 갈색 반점이 있으면 양식산이다. 그런데 간혹 낚시를 하다가 얼룩반점이 있는 광어를 낚을 때도 있다. 그 광어는 어릴 때 양식장에서 탈출한 광어다. 이 반점은 인공부화한 광어의 특징으로서 치어기에 자연상태로 방출되면 성어가 되어도 지워지지 않는다고 한다.

횟감용 물고기는 자연산을 최고로 치지만 유독 광어만큼은 양식산이 더 맛있다고 주장하는 이들이 있다. 일식 요리사들은 한결같은 육질을 유지하는 능력에서 양식산이 자연산을 앞선다고 한다. 자연산은 1.5kg 이상으로 대형이거나, 수온이 낮은 겨울과 봄에 낚인 것은 맛있지만 여름에 낚인 광어는 찬물에서 길러낸 양식 광어보다 맛이 없을 수 있다는 것이다.

연안 광어낚시 기법 ❸

백사장에서 광어 낚는 법

광어 서프 캐스팅

일본에서는 드넓은 백사장을 무대로 웨이더를 착용하고 즐기는 광어 서프 캐스팅이 유행하고 있다. 스트레스를 한방에 날려버리는 호쾌한 멋의 새로운 루어낚시다. 우리나라에서도 서해, 동해, 제주도 백사장에서 시도해볼 가치가 큰 낚시법이라 할 수 있다

▲서프 캐스팅에 대형 광어가 속출하는 제주 서귀포시 사계리 백사장. 높이 솟은 봉우리는 산방산이다.
▶제주바다낚시천국 운영자 이재우씨가 제주 사계리 백사장에서 미노우로 낚은 85cm 광어.

서프 캐스팅이란?

서프 캐스팅(Surf casting)은 해변, 특히 파도치는 모래사장에서 채비를 원투하는 낚시를 통칭하는 낚시용어다. 즉, 백사장의 보리멸 원투낚시나 가자미 원투낚시가 대표적인 서프 캐스팅이라 할 수 있다. 하지만 백사장에서 생미끼 채비 대신 루어를 원투하는 낚시도 역시 서프 캐스팅의 한 가지 형태다. 국내에서는 아직 대중화되어 있지 않지만 일본과 구미에서는 장르화되어 있는 루어낚시다. 국내에서도 동해 일부지역과 제주도에서 농어나 광어 포인트로 개발되어 있는 백사장 포인트가 존재하므로 그리 낯선 낚시방법은 아니다.

▶드넓은 백사장은 알려지지 않은 광어 루어낚시 포인트다.

광어 서프 캐스팅 장비

▶낚싯대는 농어루어용

광어 서프 캐스팅 장비로 특별하게 개발되어 있는 낚싯대나 릴은 없다. 대개 농어낚싯대를 사용하고 있다. 8피트 낚싯대는 짧고 9피트(약 3m)를 최소 길이로 하여 그보다 조금 더 긴 낚싯대를 찾는다. 또한 광어의 입질 충격을 흡수해 줄 수 있는 유연한 특성을 갖는 것이 바람직하므로 농어대 중 루어 조작성 우선의 빳빳한 고탄성 낚싯대는 광어에는 적지 않다. 11~13피드 길이의 넙치 농어용 낚싯대를 사용하여도 좋은 선택이 될 것이다.

릴은 농어 루어낚시에 사용하는 3000~4000번대의 중소형 스피닝릴이면 좋다. 라인의 선택은 원줄은 PE 1호, 쇼크리더는 나일론이든 플로로카본이든 30~40파운드를 준비한다. 쇼크리더의 길이는 1m 정도로 충분하다.

▶루어는 미노우나 바이브레이션

가장 많이 사용하는 루어는 역시 미노우다. 보통 9cm 길이의 미노우를 기준으로 해당 포인트에서 광어가 잡아먹고 있는 먹이와 비슷한 길이가 적합하다. 현장에서 확인하고 결정해야 할 일이므로 5~13cm 길이의 미노우를 골고루 준비한다. 물에 가라앉는 싱킹 타입, 물에 뜨는 플로팅 타입 어느 것이든 상황에 맞춰 사용해야 하므로 우열을 주기 어렵다.

아무리 유명 제품이라도 저수지와 같이 정체된 물에서만 잘 작동하는 루어는 필요치 않다. 광어낚시에서는 미노우를 특별한 로드액션 없이 빠른 릴링으로 움직여 주는 것이 기본이므로 광어낚시에 사용하기 좋은 루어는 확실하게 원투가 되고 파도에 휩쓸려도 확실하게 액션을 하는 성능을 가진 제품이어야 한다.

미노우에 반응이 좋지 않은 경우 바이브레이션 플러그를 써본다. 바이브레이션은 원투하여 가라앉고 고속으로 릴링하다가 다시 잠시 멈춰 가라앉히는 동작을 반복하여 사용한다. 입질이 둔한 광어도 바이브레이션의 폴링동작에서 공격하는 경우가 있다.

▶웨이더

무릎 정도의 깊이로 발을 담그더라도 물속으로 들어가 옷을 적셔가며 낚시를 한다는 것은 고역이 아닐 수 없다. 수온이 높은 계절에는 어떻게 참아낸다 하더라도 그 외의 계절에는 낚시 자체가 어려우므로 웨이더의 착용은 필수조건이다. 더욱이 파도가 있는 해변에서는 웨이더의 필요성이 배가된다.

웨이더의 선택은 민물 계류낚시에서 사용하는 방수투습 고급 웨이더를 기준으로 생각하면 안 된다. 수시로 밀려드는 파도에는 모래가 뒤섞여 있어서 웨이더의 표면을 끊임없이 손상시키므로 바다낚시용으로 만들어진 질기고 터프한 웨이더를 골라야 한다. 또한 모래사장에서 사용하는 것을 전제로 하므로 계류용처럼 부츠를 따로 신는 형식이 아니라 일체형 부츠가 있는 장화식 웨이더가 훨씬 편리하다. 늦가을에서 조목에 걸쳐 추운 계절에 사용할 것이라면 보온성을 중요시하여 재질이 네오플렌(클로로플렌)으로 만들어진 웨이더를 선택해야 낭패가 없다.

▶베스트(조끼)형 구명동의

백사장은 비교적 얕은 해변이므로 구명동의 착용을 잊을 수 있지만, 서프 캐스팅낚시가 잘되는 날은 적당한 파도가 이는 날이므로 파도와 이안류(離岸流)에 휩쓸릴 위험이 있어서 구명동의 착용은 필수다. 부력재가 들어있는 갯바위용 낚시조끼와 같은 형태와, 제법 큰 루어박스가 수납되는 주머니가 달린 바다루어낚시용 베스트가 있는데 바다루어낚시용 베스트가 편리하다.

광어 서프 캐스팅 포인트

▶깊은 곳보다 브레이크 라인에

광어가 있는 장소는 주변보다 깊은 장소이기는 하지만, 가장 깊은 장소에 있는 것이 아니라 갑자기 깊어지는 경사면 즉, 브레이크 라인에 주로 머문다. 브레이크 라인을 찾기에 가장 간단한 방법은 간조 시에 미리 지형을 파악해 두는 것이다. 해변의 경사도가 가장 심한 장소를 봐둔다. 또한 물이 빠져나가도 물고기가 모이기 쉬운 깊은 장소 즉 물이 고여 있는 부분을 찾아둔다. 이런 장소를 만조 시에 공략해 본다. 광어는 밀물을 따라 들어와 이런 장소들에 머물며 먹이를 노릴 확률이 높다.

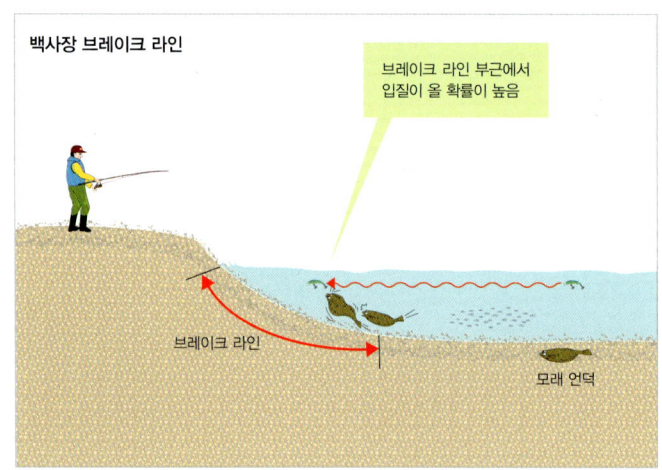

▶민물 유입 지역

백사장에는 민물이 흘러드는 장소가 있다. 민물이 유입되는 장소나 기수역은 먹이나 양분을 필요로 하는 작은 물고기가 모이는 장소이다. 이들 작은 물고기를 먹이로 하는 포식자들, 광어만이 아니라 농어, 황어, 감성돔 등도 이곳으로 모여든다.

▶이안류를 만드는 옆조류를 찾아라

해안으로 밀려든 파도는 어느 장소에서 모여 다시 한바다로 밀려나간다. 그 조류를 이안류(離岸流)라 부른다. 포인트는 이안류가 아니라 이 이안류를 만드는 옆으로 흐르는 조류다. 옆으로 흐르는 조류는 물골을 따라 흐르는데 그 물골은 주변보다 당연히 깊고 이 또한 좋은 포인트이다.

옆조류를 찾는 방법은 수면을 관찰해서 알 수 있다. 파도가 높이 이는 장소는 그 아래 바닥이 솟아 있는 것이다. 파도가 이는 부분의 전후 부분이 바로 주변보다 깊고 바닥층에서 좌우 어느 쪽으론가 흐름이 발생하고 있는 물골이다. 이 물골 양쪽으로 광어가 머무르고 있다고 생각하면 된다.

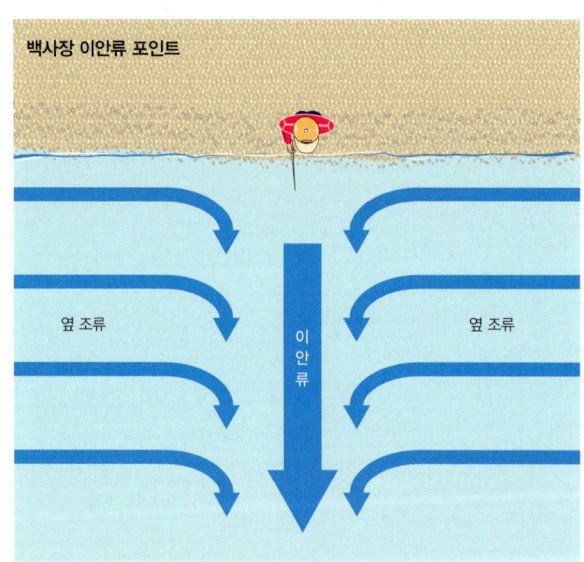

▶파도가 없는 날이 좋다

광어를 백사장에서 낚기 위해서는 광어가 어디에 머물며 먹이를 먹고 있는지 알아내야 한다. 광어가 물속에 골고루 퍼져 있을 리는 없다. 넓은 백사장에서 바다를 바라보면 아무런 변화도 없어 보이지만, 그 속에서 변화를 감지하는 능력이 필요하다.

동해안의 감성돔 낚시의 조건은 파도가 적당히 일어야 하는 것인데, 광어 서프 캐스팅에서는 파도가 잔잔해야 낚시가 된다는 것이 첫째 조건이다. 광어는 모래 속의 갯지렁이나 갑각류를 먹고 사는 어종이 아니라 주로 작은 물고기를 잡아먹는 상위 포식자이다. 파도에 밀려 해안 가까이 다가온 멸치와 같은 작은 물고기를 따라 광어도 접안한다. 그러나 파도가 너무 높으면 파도가 부딪치는 해안의 모래가 파도에 말려 올라 물속에 모래가 많이 섞이게 된다. 물이 모래로 흐려진 상황에서는 작은 물고기도 물이 맑은 깊은 장소로 피하게 되고 광어 역시 깊은 곳에 머물게 되므로 낚시가 곤란하다.

파도는 백사장 지형을 바꾼다

파도가 잔잔한 날이 지속된다면 오늘 잘 낚인 장소가 내일도 모레도 좋은 포인트가 된다. 그러나 파도가 높은 날이 하루라도 있다면 모래로 이루어진 백사장의 해저 지형은 간단하게 그 모습을 바꿔 버린다. 기껏 파악해 둔 브레이크 라인은 온데간데없고, 어렵사리 찾은 이안류와 물골도 바뀌어 버린다. 이와 같이 서프 캐스팅의 가장 큰 단점은 갯바위 포인트와 달리 낚시 올 때마다 새롭게 포인트 파악을 하지 않으면 안 된다는 점이다.

광어 서프 캐스팅 실전 테크닉

▶일출과 일몰 그리고 밀물 타이밍

어느 대상어도 마찬가지지만 광어 역시 입질이 활발한 시간, 즉 먹이를 사냥하는 포식시간은 아침저녁으로 몇 시간 정도이다. 일출 1시간 전부터 2시간가량, 또 일몰 1시간 전부터 2시간이다.

또 광어 서프 캐스팅은 밀물 시간이 좋다. 그중 만조 1시간 전이 최고의 타이밍이다. 만조를 향해가는 시간은 한바다에서 작은 물고기도 광어도 모두 해안으로 접근한다. 광어가 낚시인이 있는 방향으로 다가오는 시간이 떠나가는 시간보다 낚시 효율이 높아지는 것은 당연한 일이다. 만약 일출 또는 일몰 시간에 만조시간이 겹친다면 최고의 조건이 되겠다.

▶중층을 노린다

광어가 배를 바닥에 깔고 사는 물고기라고 루어를 바닥에 바짝 붙여서 천천히 움직여줄 필요가 없다. 광어는 겉모습과는 달리 활동성이 높고 급한 성격을 가진 물고기이다. 먹이를 공격하는 모습은 전광석화, 상상을 뛰어넘는 속도로 먹이를 공격한다. 수심이 그리 깊지 않은 장소라면 광어는 먹이를 따라 수면까지 올라오는 것으로 알려져 있다. 광어는 항상 위를 바라보고 있으므로 루어를 광어의 시야에 뜨이게 하려면 바닥이 아니라 중층을 약간 빠르게 통과시켜야 한다. 루어를 바닥에 붙여 움직여주면 오히려 광어의 입질을 받기 어려워지고 엉뚱하게 양태를 낚는 경우가 많다.

▶정면 원투보다는 양옆으로

광어의 기본적인 포인트는 급심으로 연결되는 브레이크 라인이다. 바로 몇 걸음 앞에서 수심이 갑자기 깊어지는 경사도가 큰 백사장이라면 광어는 멀리 있는 것이 아니라 바로 코앞 브레이크 라인에서 입질할 수 있다. 이러한 장소에서는 루어를 정면으로 원투하기보다는 양 옆으로 브레이크 라인을 따라 캐스팅하는 것이 광어를 낚을 확률이 높다.

▶루어 회수 직전까지 방심은 금물

낚시인이 서 있는 장소 바로 앞으로 브레이크 라인이 생성된 포인트에서는 광어가 바로 눈앞에서 입질하는 경우도 있다. 릴링이 거의 끝나고 루어를 회수하려는 찰나에 돌연 입질이 오는 경우가 있으므로 루어의 액션은 최후의 순간까지 정신을 집중해 공을 들이는 것이 좋다. 루어 회수 직전에 들어온 입질은 충격을 흡수해 주는 유연한 낚싯대를 사용하고 있다면 떨어뜨리지 않고 무사히 낚을 확률이 높다.

▲제주도 애월읍 해안에서 엔에스 필드스탭 백민수씨가 낚은 80cm 광어. 제주 해안은 대광어 집산지다.

▶루어는 색상보다 실루엣

아래에서 위로 쳐다보고 있는 광어에게 있어서 루어의 실루엣은 중요한 요소가 된다. 다시 말하면 현재 포식하고 있는 먹잇감과 크기, 형태적인 유사성이 중요하다는 뜻이다. 일출 전이나 일몰 후와 같이 하늘이 어두운 상황에서는 크기를 크게 쓰거나 조금이라도 빛을 더 반사해서 존재감을 어필하는 것이 중요하지만, 주변이 밝아지고 나면 광어에게 루어는 밝은 하늘을 배경으로 검게 실루엣으로 보인다. 이때는 루어의 색상을 따지기보다는 현재 광어가 잡아먹고 있는 먹이의 크기와 비슷하게 맞춰 주는 것이 입질을 받는 요령이다. 실전에서 광어 먹이는 수면에 튀는 물고기를 참고하거나 낚인 광어의 뱃속을 살펴보는 수밖에 없다.

▶단독 조행보다는 팀 출조

광어는 무리를 지어서 해안으로 접근해 온다. 즉, 낚이는 장소에서만 낚이고 다른 장소에는 광어가 없다. 넓은 모래사장에서 광어가 어디에 몰려 있는지를 빨리 찾아내는 것이 그날의 조과를 좌우하는 중요한 요소가 된다. 단독으로 출조한 경우는 광어가 몰려있는 장소를 찾는 데 어려움이 크다. 여럿이 팀을 지어 출조한 경우라면, 일단 광범위하게 퍼져서 탐색을 해보고 한 마리라도 낚였다면 그 장소를 집중 공략하는 것이 빠른 조과를 보장하는 지름길이다.

▼제주도 백사장 서프 캐스팅에 낚인 80cm급 광어. 미노우를 물고 나왔다.

Special Guide ❶

채비 만들기의 기초

록피시 루어낚시용 필수 묶음법

루어낚시를 제대로 즐기기 위해 꼭 익혀야 할 필수 매듭법과 결속법 몇 가지가 있다.
루어낚시는 낚싯줄과 낚싯줄, 낚싯줄과 도래, 루어를 연결하는 과정이 간단하기 때문에
가장 튼튼하고 만들기 쉬운 연결법 몇 가지만 알아도 충분히 낚시를 즐길 수 있다.

01 PE라인과 쇼크리더 연결법

PE라인은 표면이 매끄러워 일반 매듭법으로 쇼크리더와 직결하면 쉽게 미끄러져 매듭이 풀려버린다. 따라서 특수한 매듭법을 사용해야 한다. 그런 매듭이 개량 피셔맨즈 노트와 간편 FG 노트다. 한편 참치나 부시리 등 대형 어종을 노리는 지깅낚시나 포핑낚시를 할 때는 비미니트위스트 같은 고강도 매듭법을 사용하지만 광어, 우럭 등 록피시 낚시에선 그렇게 어려운 매듭법까지 익힐 필요는 없다.

개량 피셔맨즈 노트

과거 나일론 소재의 원줄과 목줄을 직결할 때 사용한 피셔맨즈 노트와 기본 원리는 같다. 그것을 PE라인과 카본·나일론줄의 연결에 적합하도록 개량한 것이다. 이 매듭의 장점은 매듭 자투리가 원줄 방향으로 나와 있으므로 캐스팅 때 가이드에 걸리는 저항이 적다는 것이다. 원래는 원줄(PE라인)을 두 겹으로 미리 꼰 더블라인을 만들면 강도가 훨씬 더 높지만 록피시용으로는 그냥 한 줄로 매듭을 묶어도 된다. 쇼크리더를 미리 3회 매듭지은 상태에서 원줄(PE라인)을 결합하므로 원줄이 잘 미끄러지지 않는다.

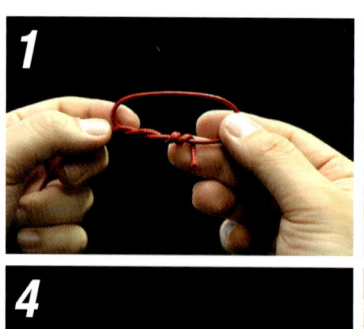
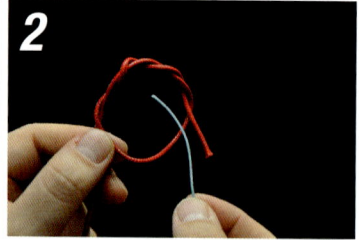

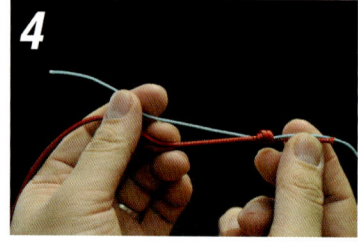
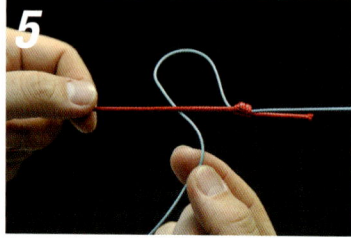

1 먼저 쇼크리더를 3회 감는다. **2** PE 원줄을 사진과 같은 방향으로 집어넣는다. **3** 원줄을 팽팽히 유지하고 쇼크리더를 일단 조인다. **4** 원줄을 쇼크리더와 평행하게 만들고 **5** 여유 공간을 만들어둔다.

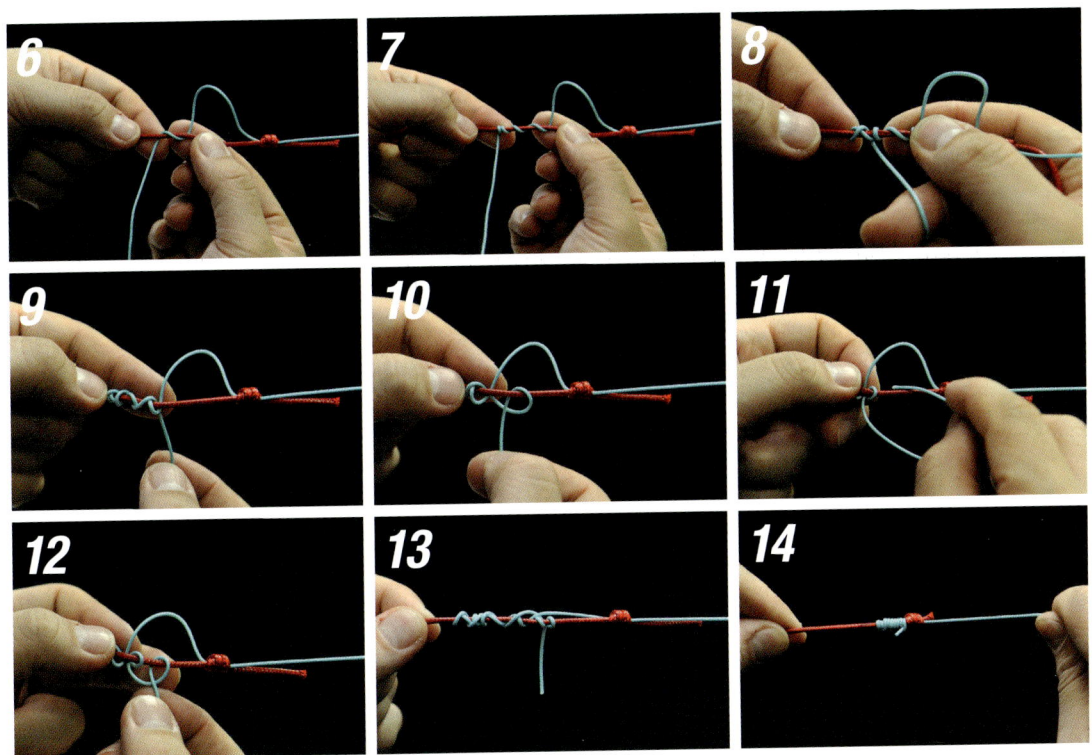

6 쇼크리더 위로 원줄을 감기 시작한다. **7** 5~6회 감는다. **8** 원줄을 감은 줄 사이로 되돌려 감기 시작한다. 처음 만들어 둔 여유공간이 줄어들지 않도록 조심한다. **9** 되돌아오면서 다시 5~6회 감는다. **10** 여유 공간 속의 목줄 위로 하프히치를 한 번 한다. **11** 다시 한 번 돌려 넣고, **12** 한 번 더 하프히치를 한다. **13** 원줄을 당겨 조이기 시작한다. 이때, 매듭 위로 침을 조금 발라주면 좋다. **14 완성** 각각의 방향으로 강하게 조이고 자투리를 잘라준다. 자투리 끝을 라이터로 마무리한다.

간편 FG 노트

간편 FG 노트는 PE라인과 쇼크리더를 연결하는 대표적인 방법 중 하나다. 사용하는 사람마다 끝 마무리를 조금씩 달리하는 변형이 계속 등장하고 있는 매듭법이다. 그러나 강도는 높지만 매듭법이 복잡하다는 것이 FG 노트의 단점. 그래서 원래 방식보다 과정을 절반 이상 줄인 것이 간편 FG노트다. 매듭 강도가 좋아 중대형급 어종을 노릴 때도 안전하다. 록피시 루어낚시 외에 오징어 에깅, 농어 루어낚시에서도 많이 사용되고 있다.

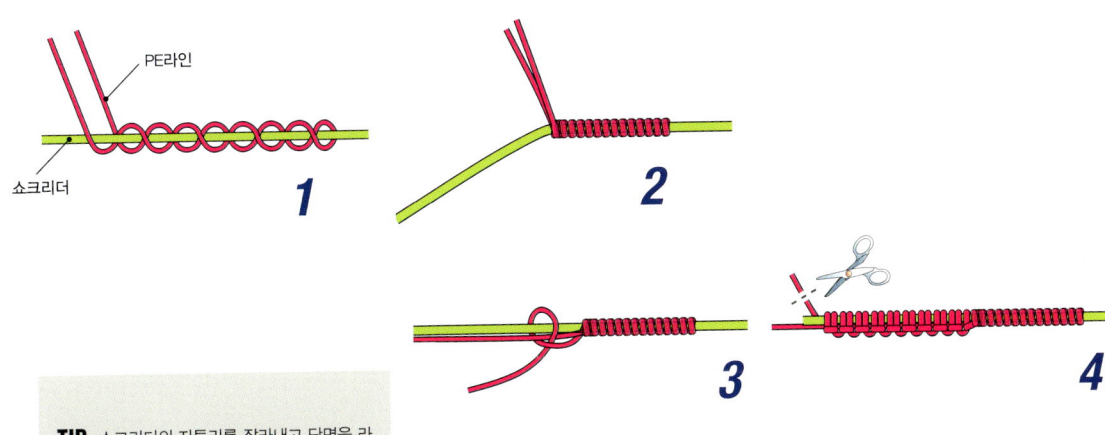

TIP 쇼크리더의 자투리를 잘라내고 단면을 라이터로 살짝 지져 주어야 PE라인의 손상을 미연에 방지할 수 있다. 또 매듭을 조여주기 전에 쇼크리더 위에 감긴 PE라인에 침이나 물을 적당히 발라 주어 마찰열에 의한 강도 저하를 막도록 한다.

1 그림처럼 쇼크리더(목줄)에 PE라인을 번갈아가며 15회 정도 감아준다. PE라인을 좌우로 왕복해 돌려주기만 하면 된다. **2** PE라인을 뭉쳐 상태에서 쇼크리더 두 가닥을 당기면 PE라인이 촘촘하게 밀착된다. 이때 침을 살짝 발라줘도 좋다. 몇 번 더 강하게 당겨서 마찰로 인해 더 이상 당겨지지 않으면 성공. **3** 매듭을 한 번 지은 후 강하게 한 번 더 당겨서 고정한다. 10회 정도 매듭을 지어준다. **4** 자투리 줄을 잘라주면 완성.

02 도래(루어) 연결법

원줄과 목줄을 연결할 때 직결을 하지 않고 중간에 도래를 써서 연결할 때가 많다. 대표적으로 다운샷 채비가 그렇다. 도래를 묶는 방법 중 가장 대표적인 것은 소개하는 클린치 노트와 유니 노트다. 한편 이 묶음법은 도래보다 루어나 웜훅을 묶을 때 더 많이 쓰인다.

클린치 노트

1 도래에 줄을 통과시킨다. 2 두 줄을 서로 비틀어 5~6회 꼬아준다. 3 끄트머리를 쥐고 돌려 4 도래와 낚싯줄이 만든 고리 속으로 통과시킨다. 5 계속해서 사진과 같이 큰 고리 속으로 통과시킨다. 6 본줄과 끄트머리를 서서히 당겨 조인다. 매듭이 서로 엉키지 않게 천천히 당긴다. 7 완성 자투리를 잘라준다.

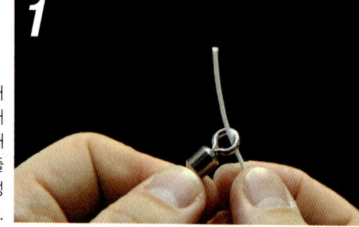

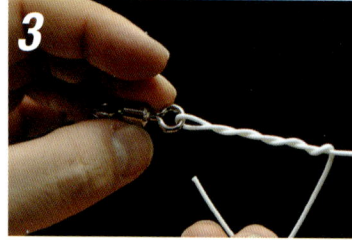
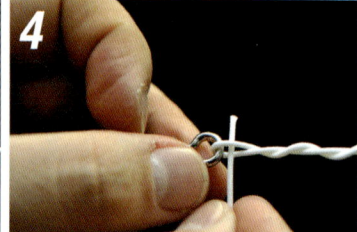

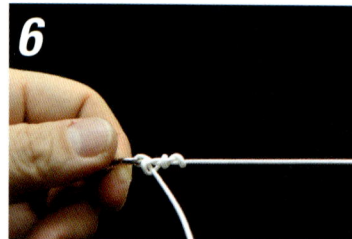
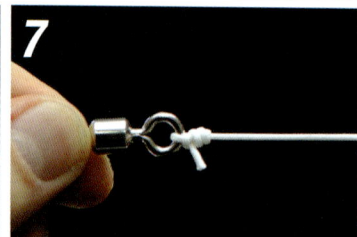

TIP 1번 단계에서 도래 고리에 줄을 두 번 넣어주면 훨씬 강도가 높아진다. 즉 도래에 줄을 통과시킨 뒤 다시 한 번 더 줄을 통과시키는데, 이후 과정은 동일하다. 클린치 노트는 빳빳한 줄이나 가는 줄의 경우, 꼬임 수가 적으면 밀려 풀어질 우려가 있으므로 4회 이상 충분히 꼬임을 넣어줄 것. 매듭을 조여주기 전에 침을 발라주면 마찰열에 의한 낚싯줄의 손상을 방지해 매듭강도 저하의 우려가 없어진다.

유니 노트

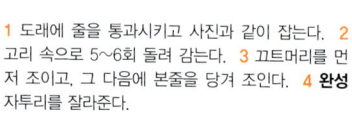

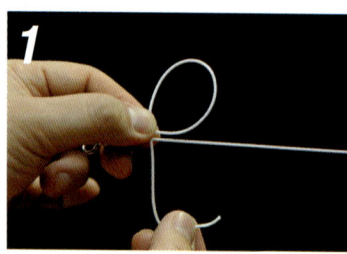
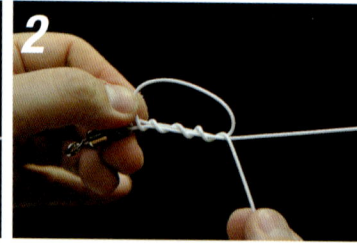

TIP 굵은 낚싯줄을 사용하는 경우에도 안심하고 매듭지을 수 있다. 매듭이 간단하고 강도가 우수해 풀릴 우려가 없다. 매듭 과정에 꼬임이 들어가지 않으므로 낚싯줄 손상이 거의 없다. 누가 매듭지어도 완성도에 큰 차이가 없다.

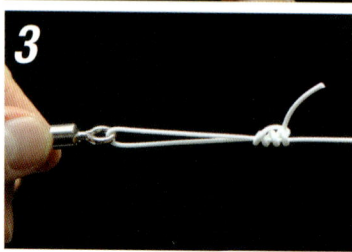
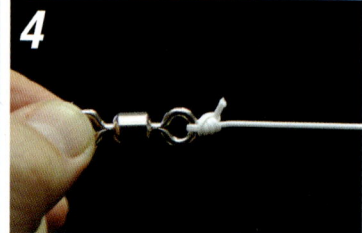

1 도래에 줄을 통과시키고 사진과 같이 잡는다. 2 고리 속으로 5~6회 돌려 감는다. 3 끄트머리를 먼저 조이고, 그 다음에 본줄을 당겨 조인다. 4 완성 자투리를 잘라준다.

03 루어 연결법

루어를 묶을 때는 도래연결법을 사용해도 된다. 그러나 루어의 원활한 움직임을 더 살리고 싶다면 여기 소개하는 행맨즈 노트 묶음법이 좋다. 행맨즈 노트는 어두운 밤에 조명 없이 손감각만으로 루어를 묶을 수 있는 방법이다.

행맨즈 노트

행맨즈 노트(Hangman's knot)는 루어의 맬고리나 대형 도래를 묶는 기본적인 방법 중 하나다. 익혀두면 불빛이 없는 밤에도 묶을 수 있는 간편한 매듭법이며 고리바늘, 도래 등 고리에 낚싯줄을 연결하는 경우에 널리 활용된다.

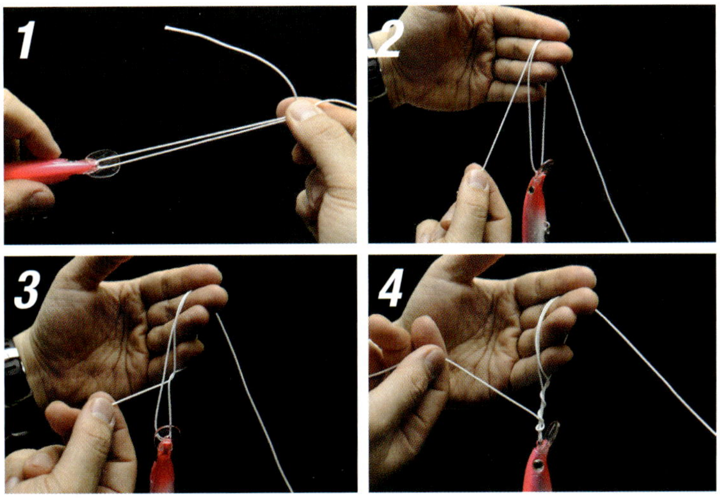

1 줄을 루어 맬고리에 통과시키고 넉넉하게 겹친다. 2 검지와 중지 사이에 사진과 같이 낚싯줄을 감는다. 3 끄트머리를 쥐고 고리 위로 돌려 감기 시작한다. 루어를 흔들흔들 빙빙 돌리며 감는다. 4 4~5회 돌려 감는다. 5 끄트머리를 중지와 약지 사이에 끼운다. 6 빠지지 않도록 단단히 쥔다. 7 처음에 쥔 검지와 중지 사이의 낚싯줄은 놓는다. 8 본줄을 잡고 손가락을 빼내되 9 중지와 약지 사이의 끄트머리는 놓치지 말아야 한다. 10 끄트머리를 당겨 조이기 시작한다. 11 매듭이 엉키지 않도록 서서히 당겨 조인다. 12 본줄을 당긴다. 13 자투리를 자른다.

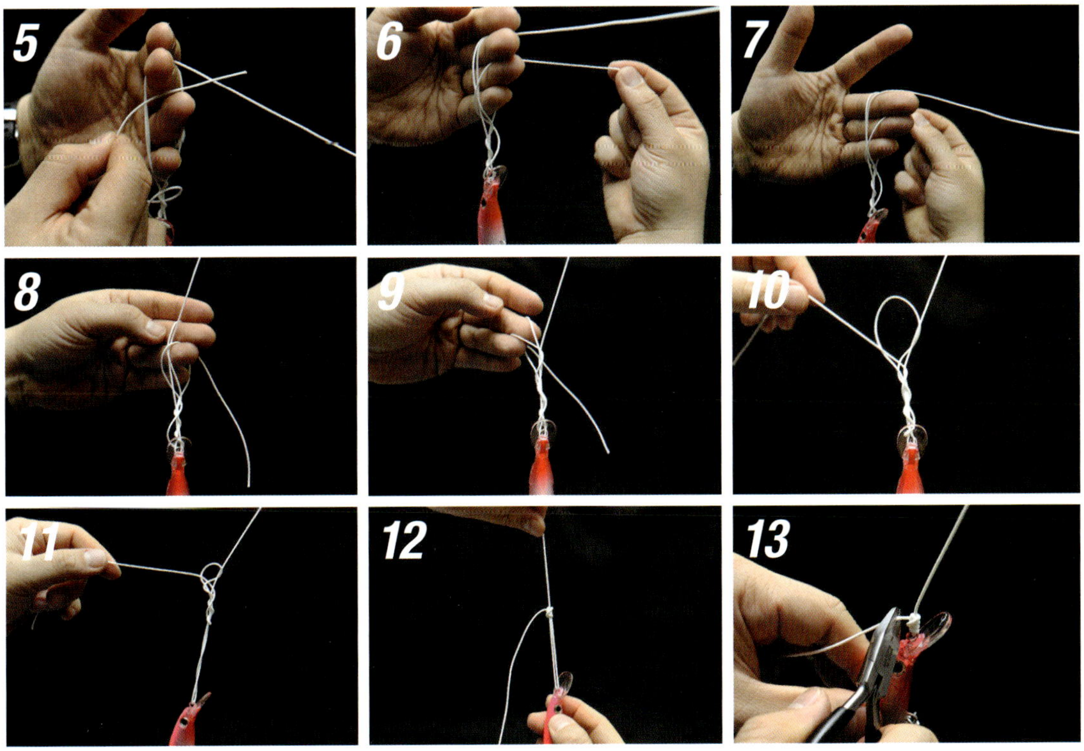

Casting mechanism | 105

04 낚싯바늘(구멍바늘) 묶음법

루어낚시용 바늘은 귀부분에 구멍이 나 있어 기존의 일반 귀바늘과는 묶는 법이 다르다.
그러나 이 구멍바늘 묶음법은 간단하고 강도도 좋아 초보자도 금방 익힐 수 있다.

팔로마 노트

바늘귀 대신 구멍이 달린 바늘을 묶을 때 가장 쉽고 간편한 매듭법이다. 도래나 루어의 맬고리에 직접 낚싯줄을 연결할 때도 간편하게 사용할 수 있다. 목줄의 소재를 가리지 않고 널리 사용할 수 있으며 다른 매듭에 비해 묶는 속도도 빠르고 간단하다.

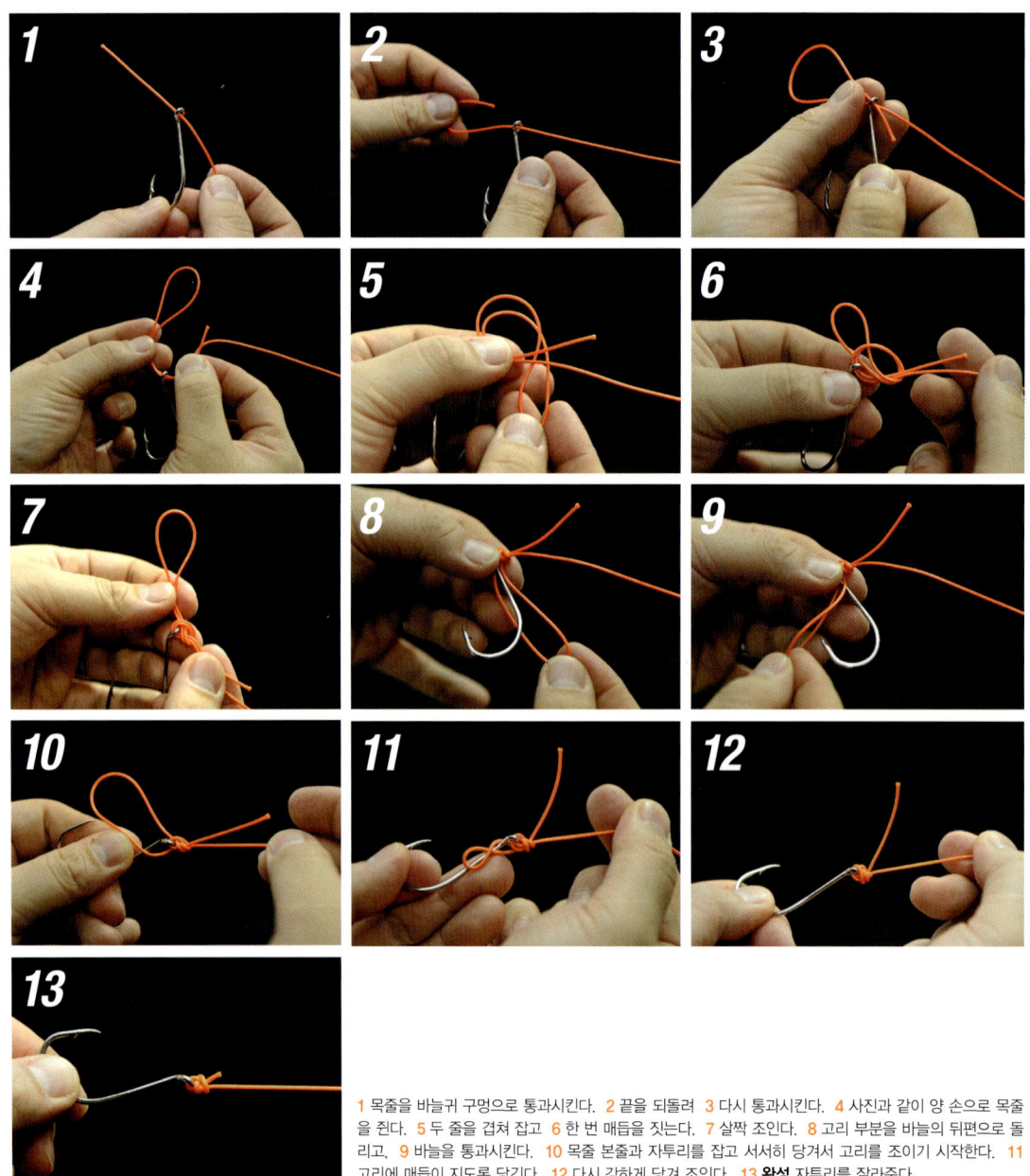

1 목줄을 바늘귀 구멍으로 통과시킨다. 2 끝을 되돌려 3 다시 통과시킨다. 4 사진과 같이 양 손으로 목줄을 쥔다. 5 두 줄을 겹쳐 잡고 6 한 번 매듭을 짓는다. 7 살짝 조인다. 8 고리 부분을 바늘의 뒤편으로 돌리고. 9 바늘을 통과시킨다. 10 목줄 본줄과 자투리를 잡고 서서히 당겨서 고리를 조이기 시작한다. 11 고리에 매듭이 지도록 당긴다. 12 다시 강하게 당겨 조인다. 13 **완성** 자투리를 잘라준다.

다운샷 리그 바늘묶음

팔로마 노트를 활용하여 광어낚시용 다운샷 채비를 만들 때 묶는 방법이다. 낚싯바늘을 묶으면서 바늘 아래에 부착할 봉돌과의 간격을 고려해 자투리 줄을 여유 있게 남겨 놓는 게 좋다.

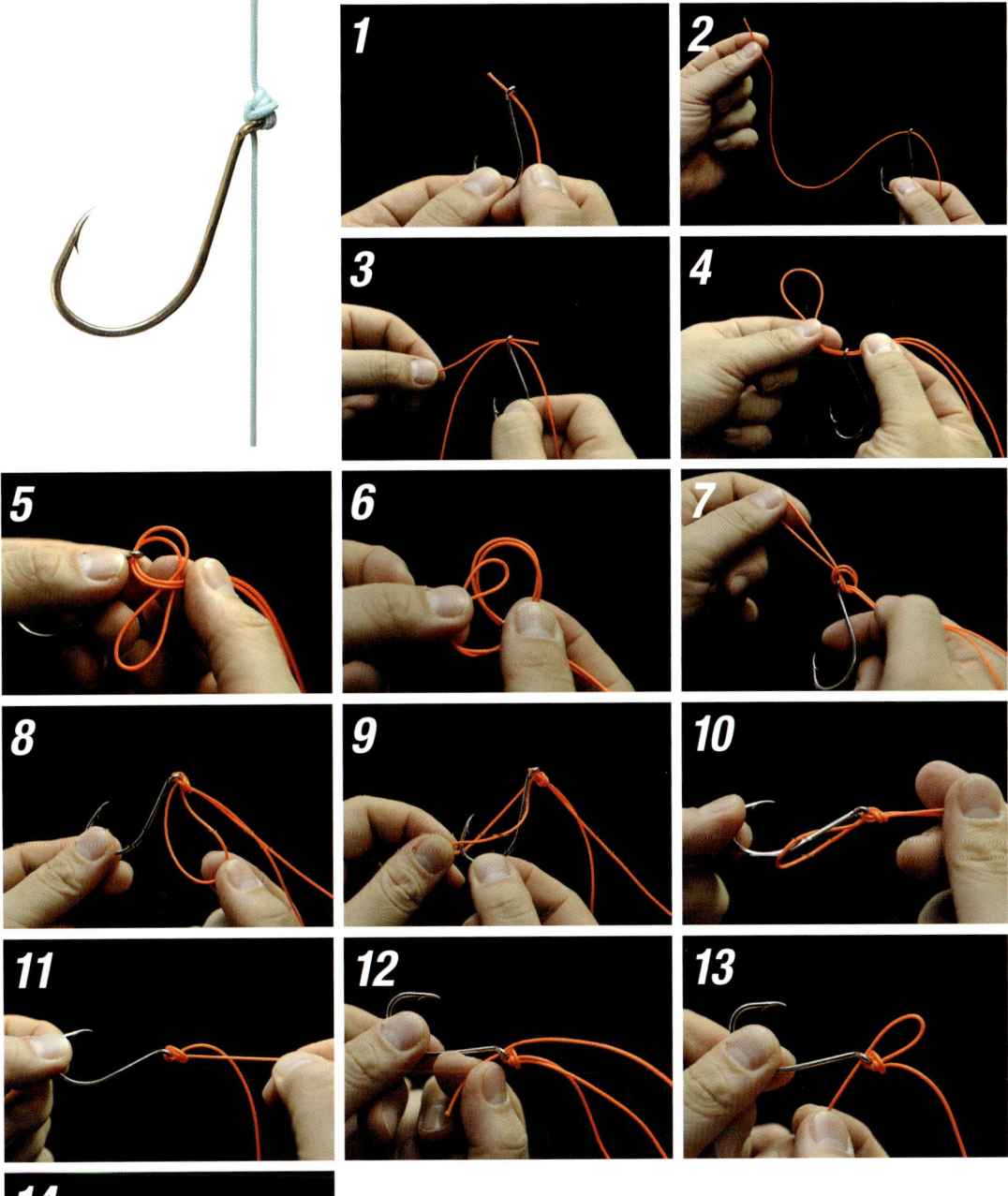

1 목줄을 바늘구멍에 통과시킨다. 2 필요한 길이만큼 길게 빼낸다. 3 끄트머리를 다시 바늘구멍에 통과시킨다. 4 두 손에 사진과 같이 쥔다. 5 팔로마 노트 방식으로 매듭을 짓기 시작한다. 6 감아 돌려 고리 속으로 넣는다. 7 살짝 당겨준다. 8 고리를 바늘 뒤로 돌린다. 9 바늘을 고리 속으로 통과시킨다. 10 목줄과 자투리를 잡아 당겨 조이기 시작한다. 11 단단히 조인 후, 봉돌을 달 줄 끄트머리를 쥔다. 12 바늘귀 구멍에 다시 통과시키되 방향에 주의한다. 필히 바늘구멍의 위에서 아래 방향으로 통과시킨다. 그래야 바늘 끝이 위로 향하게 돼 입걸림이 잘 된다. 13 잡아당겨 빼낸다. 14 **완성** 아래쪽 끄트머리 줄에 봉돌을 달면 완성. 바늘 끝은 반드시 하늘을 향해야 한다.

Special Guide ❷

연안루어낚시터

동해·서해·남해 록피시 핫스팟 10

록피시 루어낚시터가 가장 많은 곳은 서해지만 남해와 동해에도 록피시 낚시터는 많다. 바다루어낚시인들이 수도권에 가장 많기 때문에 가까운 서해부터 개발된 것이다. 물론 광어와 우럭 자원은 서해가 으뜸이지만 남해나 동해에도 록피시는 많고 오히려 개볼락, 볼락, 쏨뱅이, 양태 등 서해에서 보기 드문 고기들도 잘 낚인다. 최근엔 동해안에서도 우럭과 개볼락을 노리는 루어낚시가 유행하고 있으며, 남해안은 볼락루어가 일찌감치 확산돼 볼락 외에 다양한 록피시들이 낚이고 있다. 록피시낚시 전문가들이 엄선한 전국의 연안낚시 명당 10곳을 소개한다.

인천 소무의도·자월도

박경찬 인천 낚시인

◆소무의도 남쪽 갯바위

인천광역시 중구에 속해 있다. 영종도 잠진도선착장에서 무의도까지 배를 타고 건너간 뒤 차로 광명항까지 진입한다. 잠진도선착장에서 무의도까지는 배로 10분 정도 걸리며 무의도 선착장에서 남서쪽 끝에 있는 광명항까지는 차로 20분 거리, 광명항에서 소무의도의 포인트까지는 걸어서 10분이면 들어갈 수 있다. 소무의도는 차가 들어갈 수 없다. 소무의도 ①번 포인트는 여름~가을 포인트로 중썰물 때 진입한다. 우럭, 광어, 농어가 잘 낚인다. ②, ③번 포인트도 중썰물 때 진입하며 광어와 농어가 주 대상어다. ①, ②, ③번 포인트 모두 만조 때는 길이 끊기므로 주의해야 한다.

가는 길 영종도 남서쪽 잠진도선착장에서 여객선을 이용한다. 오전 7시부터 오후 8시까지 30분 간격으로 운항. 성인 왕복운임 3천원, 승용차는 별도로 왕복 2만원. 무의도해운 032-751-3354~6. 내비 입력-잠진도선착장.

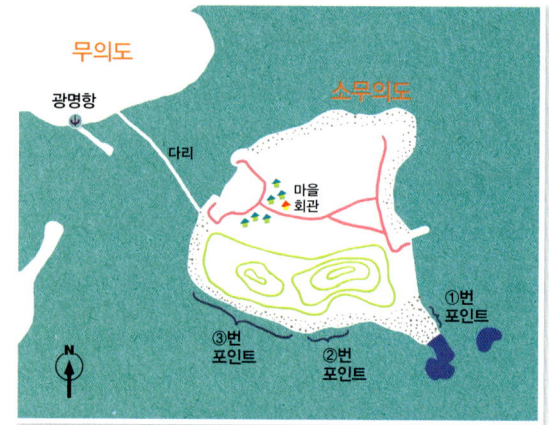

◆자월도 서쪽 진모래 포인트 외

자월도의 워킹 포인트로 유명한 곳은 진모래 포인트와 떡바위 포인트다. 그중 필자는 섬 북서쪽 끝의 진모래 포인트를 추천한다. 선착장에서 진모래까지 거리는 도보로 1시간 30분 거리지만 마을버스를 타고 접근할 수 있다. ①번 포인트가 진모래 포인트이며 바로 정면에 농어 포인트로 유명한 먹통도가 보인다. 우럭과 광어를 노리다 보면 종종 농어가 떼로 들어와 풍족한 손맛을 안겨준다. ②번 포인트가 진모래 좌측 포인트로 밤낚시 우럭 포인트다. 10물~12물이 밤낚시를 하기에 좋은 물때다. ①번 포인트에서 중썰물~끝썰물까지 워킹낚시를 즐긴 후 간조 시간에 휴식을 취하다가 초물들이 받히는 밤에 우럭을 노리는 게 좋다. ③번이 진모래 우측 포인트로 우럭과 광어가 잘 낚인다. 날카로운 굴껍데기가 많아 워킹낚시가 다소 힘든 곳이다. 광어는 중썰물에 잘 낚인다. 전 포인트에서 1/16~3/32온스의 가벼운 지그헤드면 충분하며 웜은 빨간색과 검은색에 펄이 들어간 2인치 크기가 적당하다. 표시한 ④번과 ⑤번(떡바위 포인트)도 록피시와 농어가 함께 낚이는 명당들이다.

가는 길 인천여객터미널과 대부도 방아머리선착장에서 매일 여객선이 운항한다. 평일에는 하루 1회, 공휴일에는 2회 운항하나 성수기와 비수기에 따라 운항횟수가 달라지니 미리 확인해야 한다. 대부도 방아머리선착장에서 차를 싣고 들어가는 페리로 자월도까지는 40~50분 소요된다. 요금은 편도 성인 6천원, 승용차 편도 3만6천원이다. 문의 방아머리선착장 032-886-7813. www.daebuhw.com

태안 만대 여섬 · 보령 녹도

이찬복 대전 바다로간쏘가리 낚시점 대표 · N · S 필드스탭

◆ 만대 여섬

충남 태안군 내리에 있는 만대 여섬은 태안 지역의 여러 육로 포인트 중 사리물때에 맞춰 찾아볼만한 곳이다. 중썰물 무렵 육지와 연결되므로 이때 들어갔다가 중들물 때 빠져나오는 낚시터다. 사리물때는 5~6시간 낚시가 가능하다. 이렇듯 평소엔 진입하기 어려운 곳이다보니 우럭과 광어 자원이 풍부하다. 육지에서 건너가 처음 만나는 연안은 모래밭이지만 뒤쪽으로 넘어가면 갯바위 지대다. 포인트는 여섬의 북서쪽 곶부리들이다. 유속이 빨라서 1/2온스의 지그헤드로 20~30m 전방을 노리는 게 좋다.

가는 길 태안에서 만대 방면 603번 지방도를 타고 원북면사무소-이원면사무소를 거쳐 12km가량 가면 좌측에 '내2리 버스정류장'이 나온다(우측은 양식장). 버스정류장 옆길로 좌회전해 포장길 끝까지 올라가 주차한 뒤 송림 사이의 올레길을 따라 여섬까지 10~15분 걸어간다. 내비 주소는 태안군 이원면 내리 산 39-3.

◆ 녹도 남쪽 여밭

보령 대천여객선터미널에서 외연도행 여객선을 타고 가면 1시간 만에 도착하는 녹도는 천혜의 우럭, 광어 포인트다. 하루 두 차례 운항하는 여객선을 타고 가면 저렴한 비용으로 섬 루어낚시를 즐길 수 있다. 포인트는 녹도 마을 남쪽의 여밭. 들물 때 화사도 방향에서 흘러드는 본류가 부딪치는 자리로 우럭, 광어, 농어까지 잘 낚이는 포인트다. 방파제가 있는 마을에서 10분만 걸어가면 포인트에 닿을 수 있고 길도 그다지 험하지 않다. 여객선에서 내려 마을 입구 쪽으로 오다 보면 우측으로 포장된 산길이 나온다. 30분 정도 걸으면 반대편 연안으로 갈 수 있는데 이곳에도 우럭과 광어 포인트가 펼쳐진다. 녹도에는 민박집이 몇 집 있어 이곳에서 숙박도 할 수 있다.

가는 길 대천여객선터미널에서 하루 2회, 오전 8시와 오후 2시에 여객선이 출항하며 오전 11시와 오후 5시에 녹도에서 보령으로 귀항한다. 요금은 성인 1인 편도 1만2100원. 필자 연락처 041-257-6779.

군산 신항만방파제 · 서천 홍원리 큰여와 작은여

문봉길 군산 낚시인

◆ 군산 신항만방파제

군산지역 방파제 중 우럭 조황이 가장 좋은 곳이다. 주요 포인트는 방파제 끝의 테트라포드이며 낚시는 서쪽에서 한다. 들물보다 썰물 때 조황이 좋은데 동쪽에서 서쪽으로 썰물이 흘러들기 때문에 동쪽은 조류를 맞받아 낚시가 힘들다. 이곳의 수심은 중썰물 때 3~4m밖에 되지 않는다. 그래서 지그헤드는 1/8온스 정도의 가벼운 것을 쓴다. 30m가량 던진 뒤 바닥에 닿지 않게 릴링하면 입질을 받을 수 있다.
바닥에는 폐그물과 방파제 축조 때 흘러내린 바위가 많아 밑걸림이 심한데 우럭들은 그곳을 은신처로 삼고 있다. 적합 물때는 5~6물이다. 수심이 얕다 보니 조류가 약해도, 너무 강해도 좋지 않다. 웜은 흰색이나 펄이 들어간 금색, 은색이 잘 먹힌다. 테트라포드에서 낚시할 때는 안전에 유의해야 하며 7피트 이상의 긴 대를 쓰는 게 좋다.

가는 길 서해안고속도로 동군산IC를 나와 새만금 방면으로 계속 달린다. 비응항 못미처 우측에 있는 GS칼텍스 주유소를 650m 지나 우회전, 약 1km 가다가 사거리에서 좌회전한다. 2km가량 계속 가면 군부대가 있는 일명 '풍차방파제' 앞이다. 여기서 2km를 더 가면 신항만방파제 초입에 닿을 수 있다. 주차 후 방파제까지는 800m가량 걸어가야 한다.

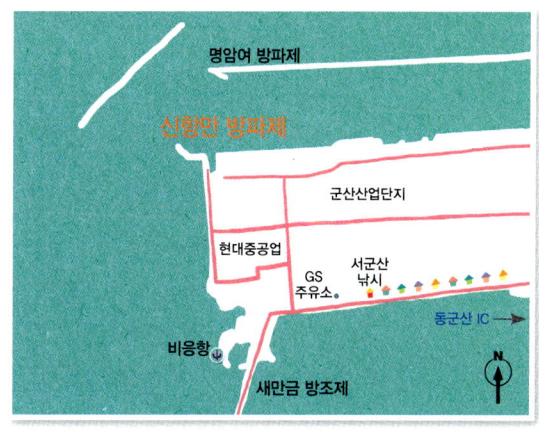

109

◆ 서천 홍원리 큰여와 작은여

충남 서천군 홍원항에서 배로 5분 거리인 큰여와 작은여는 감성돔낚시터로 유명하지만 우럭과 광어도 잘 낚인다. 주변에 수중여가 많고 조류가 빨라 늘 어자원이 풍족하게 채워진다. 큰여와 작은여 모두 우럭 입질이 잦은데 씨알은 손바닥부터 25cm까지 다양하다. 두 곳 모두 썰물 때 입질이 왕성하다. 큰여에서는 배대는 곳 반대편과 작은여 방향을 보고 낚시한다. 썰물 때 홍원항 방면의 큼지막한 여들에 올라가서 낚시하며 초들물이 시작되면 큰여로 옮겨와야 한다. 작은여는 만조 때는 큰 봉우리만 두 개 나오다가 중썰물이 시작되면 하나의 큰 여가 된다. 이때가 최고의 입질 타이밍이다. 대체로 큰여를 바라보는 방향에서 입질이 잦으며 우럭은 동구섬 쪽을 바라보고 낚시하는 게 유리하다. 중썰물 이하로 물이 빠졌을 때 입질이 활발하며 지그헤드는 1/8온스면 충분하다. 큰여와 작은여는 우럭 외에 광어와 농어 자원도 풍부하다.

가는 길 서해안고속도로 춘장대요금소를 나와 홍원항까지 간다. 홍원항에서 여치기 전용선을 타고 진입. 선비 2만5천원. 문의 홍원항바다낚시 041-952-0411.

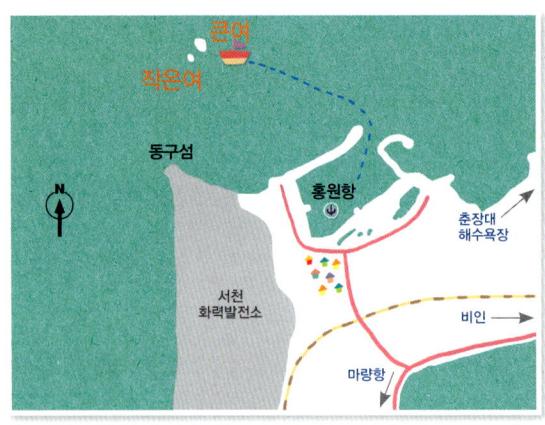

강진 마량항 중간방파제 · 고흥 녹동항 슬로프 포인트

최영교 광주 최프로와 루어이야기 대표, 퓨어피싱, 자유조구 프로스탭

◆ 마량항 중간방파제

전남 강진군 마량항에는 3개의 방파제가 있는데 모두 록피시낚시가 잘 된다. 그중 가장 조황이 좋은 곳을 꼽으라면 중간방파제다. 방파제 주변에 큰 돌들이 많이 잠겨 있고 방파제 밑이 기둥이라 이곳에 많은 록피시들이 은신하고 있다. 규모는 작지만 조황은 최고다.
주 어종은 우럭, 광어, 쥐노래미이며 5월부터는 쏨뱅이도 낚인다. 우럭은 10~40cm까지 씨알이 다양하며 평균 씨알은 20cm 내외다. 남해서부의 특성상 2~4물때에 가장 물색이 좋으며 입질은 초들물~중들물 사이에 집중된다. 지그헤드의 무게는 조류 세기에 따라 1/16~1/8온스를 쓰며 1.5~3인치 그럽을 주로 쓴다.

가는 길 강진에서 장흥·마량 방면 23번 지방도를 타고 마량까지 간다. 마량항에 진입하면 여객선터미널을 지나 계속 가면 방파제에 닿는다. 3개의 방파제가 연이어 있다. 문의 011-617-7177

◆ 녹동항 슬로프 포인트

전남 고흥군 녹동항 어판장 인근에는 보트를 내릴 수 있는 슬로프가 두 곳 있다. 배를 내리는 곳이어서 이곳이 루어 포인트라는 사실을 아는 낚시인은 적다. 그러나 우럭, 광어, 쏨뱅이가 잘 낚이는 루어낚시 명당이다. 우럭의 경우 큰 놈은 35cm까지 낚이며 광어도 30cm가 자주 올라온다. 수위가 내려간 끝썰물~초들물에는 슬로프 끝의 턱에서 낚시하며, 중들물과 중썰물 때는 슬로프 측면을 노린다. 간조와 만조를 제외한 들물과 썰물 때 모두 입질이 활발한 편이며, 밤과 낮에 모두 입질이 왕성하다. 지그헤드는 1/16~1/8온스를 조류 세기에 맞춰 쓰면 된다.

가는 길 고흥에서 녹동까지 뚫린 27번 국도를 타고 녹동까지 간다. 대로만 타고 계속 가면 바닷가의 막다른 길에 닿는다. 좌회전하면 신항, 우회전하면 소록대교·활선어위판장·금산도선장이다. 우회전해 약 650m 가면 첫 번째 슬로프, 약 800m 가면 두 번째 슬로프가 나온다.

강릉 심곡항 ~ 금진항 ~ 영진항

이명철 강릉 루어매니아 대표, JS컴퍼니 프로스탭

◆ 심곡항~금진항 해안도로

현지에서 헌화로 구간으로 알려진 구간이다. 헌화로는 강릉에서 정동진 방면 20km 지점에 위치해 있다. 강릉-안인-정동으로 이어지는 이 해안도로는 경치도 좋지만 다양한 낚시가 잘되는 곳으로 유명하다. 특히 갯바위와 수중여가 뒤섞인 곳에서는 어디서나 우럭, 개볼락 같은 록피시들이 서식하고 있다. 주요 록피시 포인트는 수중여와 몰밭 주변이 되며 간조 때는 깊은 수심에 박혀있는 수중여 지대를 노리는 게 좋다. 반대로 만조 때는 얕은 연안에서도 큰 대물을 만날 수 있는 곳이다. 지그헤드는 1/8~1/4온스 정도가 적합하고 웜은 스트레이트 2~3인치가 좋다. 군사지역이라 밤에는 출입이 금지되므로 어두워지면 인근 심곡이나 금진항 내항으로 옮겨야 된다.

가는 길 동해고속도로 강릉요금소를 나와 7번 국도로 갈아탄 뒤 정동진까지 간다. 정동진 해안가에서 심곡항 방면 도로(헌화로)를 타고 남쪽으로 3.5km가량 달리면 심곡항에 닿고 심곡항에서 다시 남쪽으로 1.5km 달리면 금진항에 닿는다. 심곡항-금진항 구간이 모두 포인트다.

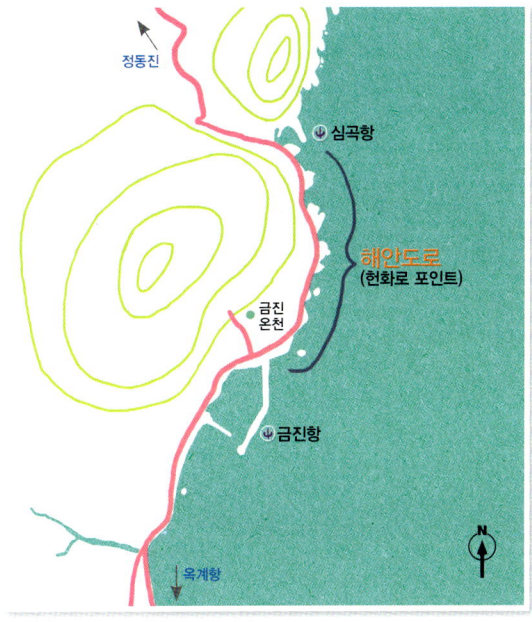

◆ 영진항방파제 초입

강릉시 연곡면 영진리에 있는 영진항은 방파제 초입과 갯바위가 나란히 뻗어있다. 그래서 방파제와 수중여 사이가 자연스럽게 홈통을 이루고 있다. 미역과 다시마가 많이 자라있어 다양한 어종이 서식하고 있는 곳이다. 농어도 곧잘 낚이는 포인트다.
이곳의 록피시낚시 요령은 해 질 무렵 도착해 방파제에서 갯바위 가장자리를 공략하는 것이다. 이 시간대만 맞추면 25cm 이상의 씨알 굵은 우럭을 만날 수 있다. 초입 외에도 영진항 외항에는 곳곳에 수중여가 있으므로 초입에서 재미를 못 본다면 천천히 포인트를 이동하며 낚시해볼 필요가 있다. 1/32~1/8온스 지그헤드에 2~3인치 그럽 또는 스트레이트웜이 잘 먹힌다.
영진항은 작은 항구지만 경치가 좋고 인근에 해수욕장도 있어 가족낚시터로 안성맞춤이다.

가는 길 동해고속도로 북강릉요금소를 나와 7번 국도와 합류한 뒤 양양·주문진 방면 7번 국도를 타고 1.5km 이상 가다가 연곡교교차로에서 '연곡해변관광지' 이정표를 보고 우회전한다. 1km가량 진입하다가 영진항 방면으로 좌회전, 약 1.5km 가면 영진항에 닿는다. 문의 강릉 루어매니아 033-644-1795

Special Guide ❸

쥐노래미 루어낚시

광어·우럭 낚시 도중에 빠지지 않고 낚이는 어종이 흔히 '노래미'라 부르는 쥐노래미다. 뱀처럼 유연한 몸에서 내뿜는 파워, 사납고 선명한 입질, 그러나 정확한 챔질타이밍을 맞추지 않으면 쉽게 걸려들지 않는 까칠함까지, 쥐노래미는 루어낚시 대상어가 갖춰야 할 매력을 모두 가지고 있다.

더운 물보다 차가운 물을 좋아하는 쥐노래미는 서해안과 남해서부에 많고 가을~겨울 동절기에 잘 낚인다. 서해바다에 봄이 오면 우럭보다 먼저 입질을 시작하는 것이 쥐노래미다.

록피시 루어낚시가 일찍 발달한 일본에서는 쥐노래미도 전용장비를 갖고 도전하는 훌륭한 낚시대상어로 분화되어 있다. 국내에서도 가능성이 전혀 없는 것은 아니다. 대형 쥐노래미가 많은 서해 먼바다로 나가면 40cm 이상급을 쉽게 만날 수 있기 때문이다.

▲충남 외연도 앞바다에서 광어 다운샷 낚시 도중 쥐노래미를 낚은 오산 낚시인 홍영선씨.

장비 및 채비 갖추기

일본의 경우 쥐노래미 장비와 채비는 두 가지로 구분한다. 먼저 내항이나 해안가 돌밭 주변의 얕은 장소에서 우럭이나 개볼락과 동시에 노리는 근거리 장비와 채비가 있고, 원도의 갯바위에서 대물을 노리는 원거리 장비와 채비가 있다. 그러나 아직 우리나라에선 쥐노래미 루어낚시가 보급단계에 있으므로, 일단 근거리용 장비와 채비부터 준비하여 낚시하다가 나중에 원도 갯바위로 가게 되면 그때 장비를 업그레이드 하면 되겠다. 일단 두 가지 장비와 채비를 모두 소개한다.

🐟 릴

근해 연안낚시에서는 우럭이나 개볼락을 낚을 때와 비슷한 2500번대 소형 스피닝릴이면 적합하다. 원도권에서 대형 쥐노래미를 본격적으로 노린다면 배스낚시에 자주 사용하는 소형 베이트캐스팅릴이 사용하기 편하다. 스피닝릴보다 베이트캐스팅릴이 적합한 이유는 주로 사용하는 채비가 웜을 사용하는 텍사스리그나 프리리그 형태이고 원도권에선 어느 정도 굵은 낚싯줄을 감아야 하기 때문이다.

🐟 낚싯대

근해 연안의 발판 좋은 내항이나 해안에서 잔 씨알을 낚는다면 길이 6.6피트 전후, 라이트(L) 강도의 민물용 루어낚싯대를 사용해도 좋다. 그러나 발판이 높은 연안 갯바위나 외해를 접한 방파제에서라면 7~8피트 길이의 록피시 전용대로 나와 있는 제품이 유리하다.

원도 갯바위에서 본격적으로 대물을 낚고자 한다면 대물 록피시 전용의 미디엄 클래스 낚싯대가 필요하다. 따로 하드 록피시(hard rockfish) 낚싯대라고 부르기도 하는데, 일본에서 대형 쥐노래미, 대형 우럭, 능성어류를 전문적으로 낚기 위한 낚싯대로 개발된 것이다. 길이는 7~8피트. 루어중량 50g 이하를 다루도록 되어 있다. 민물 배스낚시의 헤비급 웜 채비용 낚싯대를 사용해도 무난하다.

🐟 낚싯줄

방파제나 얕은 갯바위 주변에서 쥐노래미만 목적으로 하는 경우는 거의 없다고 할 수 있다. 다시 말해 우럭이나 개볼락 등과 함께 노리면서 쥐노래미도 노리게 된다. 따라서 낚싯줄은 우럭이나 개볼락 낚시를 기준으로 동일하게 사용

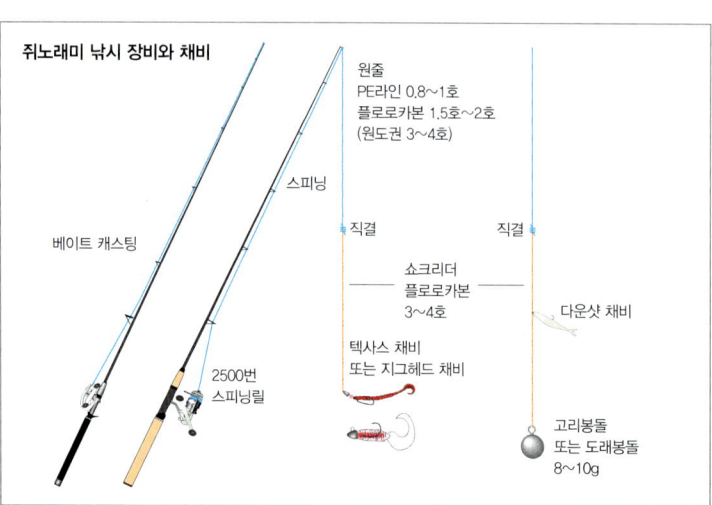

쥐노래미 낚시 장비와 채비

- 베이트 캐스팅
- 스피닝
- 2500번 스피닝릴
- 원줄 PE라인 0.8~1호 플로로카본 1.5호~2호 (원도권 3~4호)
- 직결
- 쇼크리더 플로로카본 3~4호
- 텍사스 채비 또는 지그헤드 채비
- 다운샷 채비
- 고리봉돌 또는 도래봉돌 8~10g

하면 된다. PE라인 0.8~1호나 나일론 또는 플로로카본 6~8파운드(1.5~2호)면 충분하다.

원도에서 본격적으로 대물 쥐노래미를 노릴 때는 16~20파운드의 플로로카본 줄을 사용한다. 굵은 줄이지만 베이트 캐스팅릴을 사용하므로 특별한 라인트러블은 생기지 않는다. 나일론줄을 사용해도 되지만 신축성이 적고 마찰에 강한 카본줄이 사용하기에는 좀 더 유리하다.

➡ 원줄로 PE라인을 사용할 때는 3~4호의 플로로카본 목줄(쇼크리더)을 30~50cm 정도 짧게 연결하면 원줄이 손상되어 끊기는 것을 막을 수 있다.

싱커는 납으로 만든 것보다는 텅스텐 재질로 만들어진 것이 좋다. 납 제품보다 부피가 작고 비중이 높아 더 빠르게 가라앉으므로 유리한 면이 많다.

🐟 루어

근해 연안에서는 우럭이나 광어, 개볼락낚시에 자주 사용하는 지그헤드 리그(지그헤드 4~8g+그럽 2~3인치)를 주로 사용한다. 그밖에 12g 이하의 소형 메탈지그나 5~13cm 크기의 미노우를 사용하기도 한다. 쥐노래미는 우럭이나 개볼락에 비해 입이 작아도 대형 미노우를 공격하는 경우가 많은데 이는 영역 텃세가 강한 성격을 갖고 있기 때문이다.

원도권에서 대물 쥐노래미를 노릴 때도 지그헤드 리그는 효과적이다. 다만 좀 더 무겁고 큰 지그헤드에 그럽 역시 더 큰 것을 사용하면 된다.

일본에서 가장 인기가 높은 대형 쥐노래미 채비는 배스낚시에서 많이 쓰는 텍사스 리그다. 1/2~1온스의 무거운 싱커를 사용한 헤비급 채비로, 바늘은 오프셋 2/0~4/0, 웜은 3~4인치의 볼륨 큰 가재 모양의 호그웜이 좋다.

▶ 인천 소청도 갯바위에서 3인치 그럽을 단 지그헤드 채비로 낚은 40cm 쥐노래미. 원도 갯바위에서는 쥐노래미도 굵게 낚인다.

▼ 다운샷 채비에 낚인 쥐노래미.

캐스팅 & 실전강의

🐟 통-통- 바닥 암초를 타고 넘는 액션

루어를 캐스팅한 후 완전히 가라앉을 때까지 기다린다. 쥐노래미는 중층까지 회유하는 광어나 우럭과 달리 거의 바닥층에서만 생활하므로 루어는 바닥에 바짝 붙여 끌어주는 것이 기본이다. 낚싯대를 튕겨주면서 릴을 감아 바닥의 암초나 돌 주변에서 스위밍, 리프트& 폴, 쉐이킹 등의 액션을 연출한다. 여기에 계속해서 장애물을 타고 넘는 액션을 구사한다.

쥐노래미는 서식처에서 튀어나와 공격하는 경우가 많아 입질이 순간적으로 아주 강하게 느껴진다. 덜컥하는 입질이 느껴지면 동시에 확실하게 챔질한다. 쥐노래미는 챔질 타이밍이 매우 중요한데 챔질이 늦으면 순식간에 암초 속에 처박아버리고 만다.

확실하게 훅킹이 되었다면 대를 들고 릴링한다. 늦춰주면 암초 틈으로 비집고 들어가므로 단번에 끌어내야 한다. 일단 암초로 들어간 쥐노래미는 지느러미를 암초에 붙이고 버티므로 끌어내기 어렵다.

쥐노래미는 순간적인 초기 저항이 강하다. 대형일수록 낚싯대를 눕히지 말고 45~60도 각도를 유지해 낚싯대의 반발력을 충분히 발휘시켜 제압한다. 다 끌어왔다고 해서 방심은 금물이다. 낚싯대를 높이 들되, 곧추세우지 말고 45도 각도를 유지해 준다. 이 동작만으로 주변 암초에 처박는 것을 어느 정도 예방할 수 있다. 씨알이 좋다면 뜰채 사용이 필수다.

쥐노래미의 생활환경상 여걸림은 자주 발생한다. 루어는 넉넉히 준비하는 게 좋다. 루어를 던질 때도 수중여에 최대한 가깝게 붙여 던지는 게 중요하다. 밑걸림은 심하지만 쥐노래미를 가장 쉽게 만날 수 있는 비결이다.

🐟 제자리에서 다운샷 놀려주기

바닥에 밑걸림이 너무 많아서 지그헤드로는 공략하기 어렵다면 다운샷 채비를 써보는 것도 좋다. 봉돌 위 30~50cm 지점에 15~20cm 길이의 가짓줄을 달고 그 끝에 감성돔바늘 4~5호 크기의 작은 바늘을 단다. 그리고 웜은 2인치 내외의 작은 그럽이나 섀드웜을 단다. 쥐노래미는 성격은 포악하지만 입이 작아 큰 루어낚싯바늘에는 잘 걸려들지 않는다. 그래서 약간 작은 바늘을 사용하는 게 유리하다.

다운샷 채비를 쓸 땐 바닥에 닿으면 무조건 끌어들이지 말고 한 자리에서 10~20초 놀려주기만 한다. 채비 전체를 이동시키지 않고 원줄만 휙- 휙- 당겨주며 루어만 흔들어주는 것이다. 입질은 후두두둑- 하는 식으로 들어오는데 이 순간에 맞춰 가볍게 챔질해 준다.

후킹에 실패했다고 채비를 바로 걷어들일 필요는 없다. 쥐노래미는 공격성이 강해서 한 번 공격한 상대를 계속 쫓아오기 때문이다. 루어를 감아 들일 때도 바닥을 질질 끌듯이 감지 말고 큰 폭으로 챔질해 채비 전체가 점프하듯이 이동시키는 게 좋다. 그래야 밑걸림도 방지할 수 있다.

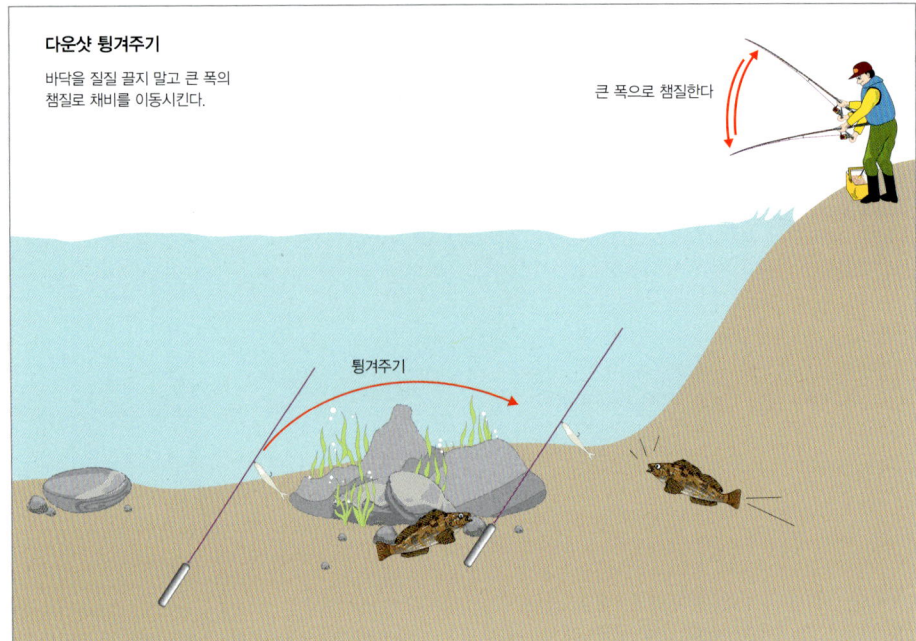

다운샷 튕겨주기
바닥을 질질 끌지 말고 큰 폭의 챔질로 채비를 이동시킨다.

큰 폭으로 챔질한다

튕겨주기

제자리에서 다운샷 놀려주기

뭐냐 넌!!!

흔들흔들

쫓아버리자!

▼온몸에서 힘이 느껴지는 쥐노래미. 육질이 단단하고 회맛이 좋은 고기다.

쥐노래미 많이 낚는 비결

쥐노래미는 우럭이나 광어에 비해 입이 작아서 작은 웜과 바늘을 사용하는 게 마릿수 획득의 비결이다. 다운샷 채비를 쓸 경우 웜훅 대신 감성돔바늘을 쓰면 좋다. 8~10g의 봉돌을 맨 아래에 달고 목줄 중간에 감성돔바늘 4~5호를 묶은 뒤 3인치 내외 그럽이나 섀드웜을 꿰는 것이다. 감성돔바늘 3~4호의 크기는 지그헤드 1/32온스와 비슷하다. 그러나 1/32온스 지그헤드는 원투력이 약해 불편하다. 그래서 작은 바늘을 쓰기 좋은 다운샷이 적합한 것이다.

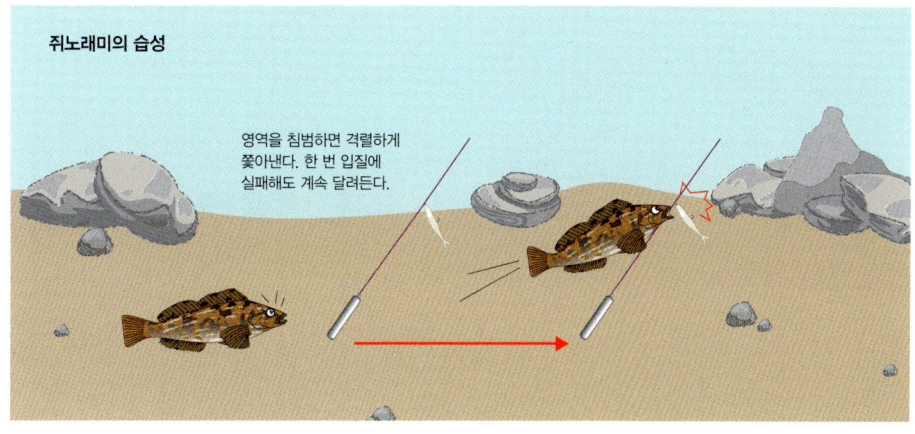

쥐노래미의 습성

영역을 침범하면 격렬하게 쫓아낸다. 한 번 입질에 실패해도 계속 달려든다.

◀군산 흑도 갯바위에서 쥐노래미를 올린 서울 낚시인 홍영표씨.

쥐노래미는 왜 우럭보다 갯지렁이에 잘 낚일까?

생미끼 우럭 배낚시를 하다 보면 미꾸라지와 오징어채에는 우럭이 잘 물어도 쥐노래미는 잘 낚이지 않는다. 쥐노래미는 미끼를 갯지렁이로 쓸 때 잘 낚인다. 이유는 우럭과 쥐노래미의 서식 습성이 다르기 때문이다.

우럭은 암초 위에 떠서 유영하며 작은 먹이고기 등을 사냥하는 습성을 지닌 반면 쥐노래미는 바닥에 딱 달라붙어 갯지렁이 같은 작은 생물을 주요 먹잇감으로 삼기 때문이다. 액션이 현란한 루어에 우럭은 잘 낚여도 쥐노래미는 덜 낚이는 것도 이런 이유 때문이다.

따라서 쥐노래미를 전문적으로 노린다면 루어도 물고기보다 지렁이와 유사한 것을 쓰는 것이 좋겠다. 웜은 길이가 짧고 가는 종류가 유리한데 2인치 이하의 작은 그럽류가 매우 효과적이다.

산란기인 11~12월에는 낚으면 안 돼요!

쥐노래미는 산란기인 11월 1일부터 12월 31일까지 법적 채포금지기간으로 지정되어 있다. 이 시기에 쥐노래미를 낚으면 300만원 이하의 벌금형에 처해진다. 산란기에 쥐노래미의 수컷은 암초 틈에 암컷을 끌어들여 산란을 시키는데 한 마리가 아니라 차례로 여러 마리의 암컷을 유혹해 산란시킨다. 부성애가 강한 물고기인 쥐노래미는 산란이 끝나도 산란장을 떠나지 않고 알 옆에 남아 지킨다. 이때 수컷은 몸통 체색이 노란색으로 변한다. 금어기간이 아니더라도 우럭이나 광어를 노리다가 만일 노란색의 쥐노래미를 낚았다면 알을 지키는 수컷임에 틀림없으니 어족자원 보호를 위해 놓아주는 게 좋겠다.

쥐노래미 한국 기록은?

지금까지 우리나라에서 낚인 가장 큰 쥐노래미는 전남 신안군 흑산면 가거도에서 99년 7월에 낚인 59cm다. 흑산면에는 가거도 외에 대흑산도, 홍도, 태도, 만재도 같은 원도들이 있는데 모두 50cm 넘는 대형 쥐노래미가 다량 서식하고 있다.

◀1999년 7월 가거도에서 낚인 59cm 쥐노래미 어탁.

Chapter 3
선상루어낚시

"왔구나!" 전북 부안 변산반도 앞바다에서 연안카약피싱클럽의 김성진(좌)씨가 살찐 광어를 낚아 올리자 동승한 홍덕씨가 더 반가워하고 있다.

선상루어낚시 현장

Rockfish Boat Fishing
푸른 바다 위에서 만끽하는 자유

더 큰 물고기를 만나기 위해 선상루어낚시에 도전한다. 연안에서는 닿을 수 없는 깊은 물속을 유영하는, 50cm가 넘는 개우럭과 80cm가 넘는 대광어를 낚아보자.

2000년대 중반부터 서해안을 중심으로 광어 다운샷 열풍이 일면서 루어낚시를 가이드하는 낚싯배들이 부쩍 늘었다. 서해가 바다루어낚시의 메카가 된 이유는 광어·우럭·쥐노래미 자원이 남해나 동해보다 많기 때문이다. 인천항, 영흥도 진두항, 화성 전곡항, 평택항, 태안 안흥 신진항, 보령 오천항, 서천 홍원항, 군산 비응항, 부안 격포항 등 유명 출항지에는 뛰어난 루어낚시 가이드 능력을 갖춘 낚싯배들이 많아졌다. 5월부터 11월까지 바다만 잔잔하면 상시출조하는 이 낚싯배들은 1인 8만~10만원의 뱃삯을 받는다. 록피시들이 모여 사는 어초나 여밭을 찾아가기 때문에 연안낚시보다 훨씬 풍족한 조과를 누릴 수 있다.

서해 다음으로 선상루어낚시가 성행하는 지역은 제주도다. 제주도에선 우럭과 광어 대신 방어, 다금바리, 쏨뱅이를 루어로 낚을 수 있다. 아직 선상루어낚시 미개척 지역인 남해와 동해에도 곧 다운샷과 라이트지깅의 열풍이 일 것으로 보인다.

카약을 타고 즐기는 바다루어낚시. '카약피싱' 인구가 빠르게 늘고 있다.

안면도 해변에서 낚시보트를 띄우고 있는 네이버 팀피코 카페의 씨호크보트 동호회 회원들.

바다루어 전문가 홍두식씨가 인천 영흥도 앞바다에서 타이라바로 낚은 대형 광어.

선상루어낚시용 태클박스와 타이라바를 세팅한 베이트 로드와 릴.

"노래미 씨알 쫌시요?" 인천 자월도 근해에서 다운샷 채비에 올라온 쥐노래미.

낚싯배가 다가오자 갯바위에서 일제히 날아오른 갈매기들이 낚시인들 머리 위를 선회하고 있다. 태안 격렬비열도에서.

자가용 레저보트 사용 인구 증가

국민소득 2만불 시대에 접어들면서 자신의 낚싯배로 바다낚시를 즐기는 '마이보트족'들이 늘고 있다. 수천만원짜리 낚시보트 소유자가 늘고 있는 것이다. 그러나 값비싼 보트를 사지 않아도 인터넷 레저보트 모임인 한국보트클럽(www.koboclub.com)에 가입하면 보트를 가진 회원들과 동승하여 바다낚시를 즐길 수 있다. 한국보트클럽의 2000명 회원 중 레저보트를 소유한 회원은 1/3에 불과하다. 나머지 회원은 보트를 가진 회원들과 동승하여 즐기고 있다. 오히려 선주(?) 회원들은 "혼자 낚시하려면 심심하기도 하고 슬로프에서 배를 내리고 올리는 과정을 도와줄 사람도 필요하기에 배가 없는 회원들이 동승해주면 여러모로 편하다. 또 여러 명이 나눠 내면 기름값 부담을 덜 수 있다"고 보트가 없는 회원들의 적극적인 동참을 바라고 있다.

보트낚시 동호인들이 즐겨 찾는 바다 역시 서해다. 인천 영흥도 진두포구나 보령 오천항, 서천 홍원항 등에서 출항해 외연도, 어청도 등 뱃길 1시간 거리의 먼 바다까지도 나간다. 한바다에서 낚시를 즐기다가 아담한 무인도에 상륙, 깨끗한 모래사장에 모여 낚은 바닷고기로 맛있는 음식을 장만해 먹는 것도 보트낚시의 즐거움이다.

피싱카약에 돛을 달고 항해하는 모습.

선상루어낚시의 망중한.
포인트 이동 중 수박을 먹으며 갈증을 달래고 있다.

무동력 수상레저 '카약피싱' 인기

레저보트 구입이 부담스럽다면 카약피싱도 훌륭한 대안이다. 카약은 선체가 가벼워 바퀴를 달면 손으로 끌고 갈 수 있다. 보기보다 안전하며 무동력이라 운행비용이 발생치 않는다. 그러나 높은 파도와 센 조류에선 위험하므로 파도가 높지 않은 내해에서만 즐겨야 한다. 안전에 대비해 구명조끼 착용은 필수.

카약은 노를 젓거나 페달을 밟아서 나아가는데 페달을 밟아서 전진해도 최대속력 5노트(시속 10km)까지 낼 수 있다. 좁아 보이는 카약 안에서 식사도 할 수 있고 뒤쪽 행거에 두세 대의 낚싯대를 세워둘 수 있다.

카약피싱 장소로 좋은 곳은 충남 태안군 어은돌, 구름포, 백리포, 마검포와 당진 왜목마을 주변 국화도 등이다. 이런 곳에서는 우럭과 광어, 농어 등이 잘 낚이고, 가을에는 갑오징어, 주꾸미도 잘 낚인다.

카약은 70만원대도 있지만 100만원에서 800만원 사이가 주종이다. 미국의 프리덤호크, 오션카약, 네이티브카약, 호주의 호비카약, 한국의 엑트로스가 이름난 카약 메이커들이다. 우리나라의 카약피싱 동호인은 1천명 남짓 된다. 카약피싱 카페에 가입하면 무료로 강습을 해주고 카약도 빌려 탈 수 있다.

■ 한국보트클럽 http://www.koboclub.com
■ 카약피싱클럽 http://www.kfclub.net ■ 연안카약피싱클럽 http://cafe.daum.net/kayakcamping

선상 다운샷 낚시로 올린 광어와 우럭.
우럭들은 깊은 곳에서 갑자기 잡혀 올라오는 바람에 부레에 공기가 차서 둥둥 떠 있다.

한국보트클럽 회원들이 보령 장은리항에 모여 출항할 준비를 하고 있다.
클럽 회원 중 1/3이 레저보트를 소유하고 있으며 나머지 회원들은 '선주 회원'들의 보드에 동승하여 낚시를 즐긴다.

다운샷 낚시 기법 ❶

광어낚시의 최강 채비
Down Shot

다운샷 리그(Down Shot Rig)는 우리말로는 '아랫봉돌채비'로 해석할 수 있는데, 원래 배스낚시용 채비였으나 2000년대 중반부터 서해의 배낚시에서 활용되기 시작하면서 특히 광어낚시에 발군의 효과를 보여 아예 '광어 다운샷'이란 명칭으로 불리고 있다.

다운샷 리그의 장점은 봉돌과 바늘이 분리되어 있어 무거운 봉돌을 써도 바늘(웜과 결합된)이 자연스레 움직이며, 웜채비가 바닥의 봉돌보다 30~50cm 위에 매달려 있어서 물고기의 눈에 쉽게 뜨인다는 것이다.

다운샷 리그의 국내최초 사용자들은 배스낚시인들이며 가장 먼저 사용된 곳은 경북 안동호였다. 보트를 타고 깊은 수심을 노리는 딥피싱에서 다운샷 리그는 위력을 보였다. 이처럼 다운샷 리그는 연안낚시보다 채비를 수직으로 내리는 배낚시에서 효과적이다.

다운샷 리그를 세팅한 선상낚시용 베이트로드.

원줄은 PE합사 1~1.5호, 쇼크리더는 단사 4~5호

다운샷 리그용 원줄은 합사가 좋다. 굵기가 가늘면서도 강도가 높아 조류의 영향을 덜 받고 큰 광어를 걸어도 터뜨릴 위험이 없다. 단, 여쓸림에 취약하므로 4~5호 카본사 혹은 나일론사를 쇼크리더(목줄)로 이어서 사용하는 게 좋다. 쇼크리더의 길이는 1m 전후가 알맞고, 원줄과 직결하거나 도래(특히 스냅도래)로 연결해서 사용한다. 스냅도래를 사용하면 채비를 감아올리다가 톱가이드에 걸리는 일이 많아 불편하긴 하지만, 밑걸림에 채비가 끊어졌을 때 교체하기에 빠른 장점이 있다. 그러나 연안루어낚시에서 다운샷 리그를 캐스팅할 때는 쇼크리더 부분까지 톱가이드 속으로 통과해야 하기 때문에 꼭 직결매듭을 해야 한다.

바늘 위치는 봉돌 위 30cm

바늘 위치는 봉돌 위 한 뼘, 30cm가 기본이다. 그보다 짧게 띄우면 바닥걸림이 심해지고, 그보다 높이 띄우면 광어의 활성도가 낮을 경우엔 입질빈도가 뜸해진다.

광어는 왜 유독 다운샷에 잘 낚일까?

광어는 모래 속에 몸을 파묻고 있어도 두 눈은 모두 위를 보고 있다. 바닥에 웅크리고 있다가 머리 위로 지나가는 물고기를 보면 뛰어올라서 공격한다. 그래서 루어가 바닥에서 움직이는 것보다 약간 위에서 움직여야 광어 눈에 잘 뜨인다. 다운샷 리그는 봉돌이 바닥에 닿아도 루어는 목줄에 달린 바늘의 위치에 따라 30~70cm 정도 떠있는 상태가 된다. 루어가 약간 떠 있기 때문에 위를 보고 있는 광어의 눈에 쉽게 띄고 루어의 액션이 무거운 봉돌의 영향을 받지 않기 때문에 생생한 움직임으로 입질을 유도하는 것이다.

2/0~3/0 스트레이트 훅 혹은 와이드갭 훅

바늘은 2/0~3/0 사이즈의 스트레이트 훅 혹은 와이드갭 훅을 쓴다. 특히 바늘이 많이 노출되는 스트레이트 훅이 와이드갭 훅보다 입걸림이 잘 된다. 하지만 밑걸림이 많은 곳에선 바늘 끝을 웜에 살짝 찔러 넣어 숨길 수 있는 와이드갭 훅이 알맞다. 즉 밑걸림이 적은 선상 다운샷에는 스트레이트 훅이 낫고, 밑걸림이 많은 연안 다운샷에는 와이드갭 훅이 낫다.

봉돌 크기는 30~50호

다운샷 채비 하단에 다는 봉돌은 15m 이내로 얕은 곳에선 30호, 20m 안팎의 평균 수심에선 40호, 30m 이상 깊은 곳에선 50호를 사용한다. 그리고 같은 수심에서도 유속이 빠를 경우엔 더 무거운 봉돌을 사용해야 바닥까지 가라앉힐 수 있다. 봉돌의 형태는 일반적으로 배낚시에 주로 쓰는 종형보다 더 길쭉한 탄환형 봉돌을 사용한다. 탄환형 봉돌이 종형이나 원형 봉돌보다 낙하속도가 빠르다.

다운샷 리그용 봉돌. 30~50호를 많이 쓴다.

다운샷 리그 만들기

1. 쇼크리더(목줄)로 사용할 줄을 두 겹으로 60cm가량 접는다(총 길이 120cm).
2. 접은 부분을 바늘귀 안으로 15cm가량 집어넣는다.
3. 집어넣은 줄을 원래의 줄과 한 번 묶는다.
4. 약하게 당겨 조인다.
5. 웜과 바늘 채비를 만들어진 고리에 통과시킨다.
6. 통과시킨 후 원줄(PE라인)과 연결할 줄을 서서히 당긴다.
7·8 이번에는 봉돌을 달 줄의 끝을 바늘귀로 통과시킨다. 통과시킬 때는 웜의 등에서 안쪽(바늘 끝) 방향이어야 바늘끝이 위쪽을 향하게 된다.
9. 봉돌을 연결한다.
10. 완성한 다운샷 리그.

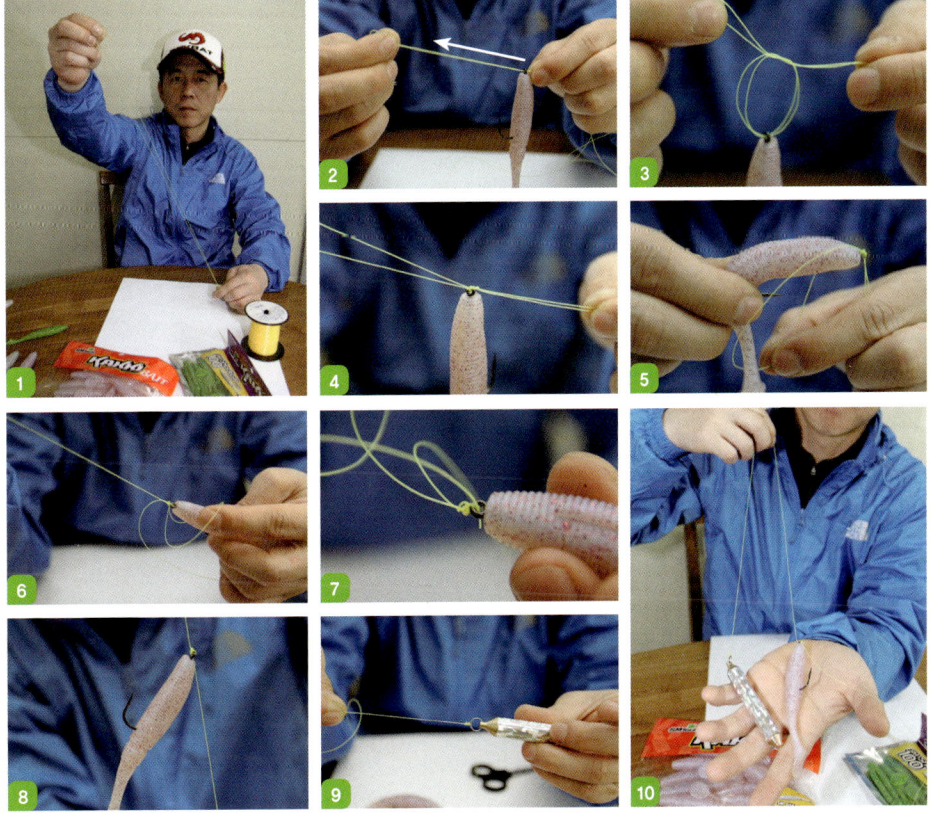

시연 최석민 에스엠텍 대표

다운샷 낚시 기법 ❷

다운샷 채비와 소품 사용법

합사 원줄과 다운샷 채비(목줄=쇼크리더)는 도래로 연결해 쓴다. 다운샷 채비 사용 초기에는 합사 원줄과 목줄을 직결해 썼으나 요즘은 채비 교체가 손쉬운 스냅도래를 사용해 연결하고 있다.
직결과 도래묶음의 차이는, 직결은 강도가 높지만 묶는 시간이 많이 걸리고, 도래묶음은 강도는 낮지만 묶음법이 간편하다는 것이다. 루어낚시의 원줄로 쓰는 PE라인 합사는 인장강도는 대단히 높지만 결절강도(매듭강도)가 약한 것이 특징이다. 그래서 최대한 매듭의 꼬임을 적게 주기 위해 개발된 것이 개량 피셔맨즈노트, FG노트 등의 합사 전용 직결법이다. 문제는 이 직결법이 묶는 시간이 많이 걸려서 밑걸림에 의한 목줄 교체가 잦은 다운샷 채비엔 불편하다는 것이다. 육중한 파워를 자랑하는 참돔이나 부시리가 아닌 광어 정도는 도래를 사용해도 충분히 끌어낼 수 있기 때문에 쉽고 간편한 도래묶음법을 많이 쓰고 있다.
하지만 전문낚시인들 중에는 '도래 채비는 직결 채비에 비해 감도에서 떨어져서 고기의 활성도가 약할 때 예민한 입질을 파악하기 위해 직결 채비를 쓴다'고도 하며, 연안에서 다운샷 채비로 캐스팅을 할 때도 도래와 달리 릴대 가이드에 걸리지 않는 직결을 많이 사용하고 있다.

스냅도래 사용해 채비 교체 손쉽게 하라

다운샷 채비에서 스냅도래는 원줄과 목줄을 연결할 때도 쓰지만 목줄과 봉돌을 연결할 때도 사용한다. 스냅도래의 크기는 합사 원줄과 다운샷 채비를 연결할 때 쓰는 것은 약간 큰 10~12호가 알맞고 봉돌과 연결하는 스냅도래는 약간 작은 14~16호를 쓴다. 도래는 크기가 작을수록 숫자가 크다. 스냅도래에 차이를 두는 이유는 밑걸림이 발생했을 때 봉돌과 연결한 스냅이 먼저 벌어져서 봉돌만 떨어지게 하기 위함이다.
즉 채비 손실을 줄이기 위해 봉돌을 다는 스냅도래를 일부러 약한 것을 쓰는데, 스냅이 봉돌 고리와 비교해 너무 작아도 곤란하다. 너무 작은 스냅도래는 봉돌 고리에 꽉 끼어서 봉돌이 기우뚱하게 서는 경우가 발생한다.

섀드웜은 흰색 또는 펄 섞인 빨간색이 대세다

광어 다운샷 낚시에서 주로 사용하는 웜은 4~5인치 섀드웜이다. 섀드(Shad)는 물고기란 뜻으로서 물고기와 비슷한 유선형의 몸통에 꼬리 형태가 조금씩 다른 제품들이 출시되고 있다. 광어 다운샷 낚시에서 많이 쓰는 타입은 꼬리 형태에 따라 일자형, 제비꼬리형, 동전형이다. 이 중 가장 많이 쓰는 타입은 일자형과 제비꼬리형이고 동전형(패들형)은 물색이 탁하거나 입질이 약할 때 쓴다. 동전형은 꼬리 부분이 두툼하면서도 둥그렇게 만들어져 있는데 이게 물속에서 움직일 때 다른 꼬리 형태보다 큰 파동을 일으킨다. 물색이 탁해서 시인성이 떨어지거나 먹고자 하는 욕구가 없는 광어에게 파동을 일으켜 입질을 유도하는 것이다.

다운샷에 사용하는 섀드웜들. 왼쪽부터 일자형, 제비꼬리형, 동전형 웜이다.

웜의 색상은 흰색과 펄이 들어간 빨간색, 그리고 머리 쪽이 빨갛고 꼬리 쪽이 흰색인 '레드헤드(빨강머리)'가 많이 쓰이고 있다. 특히 반짝이 펄이 들어간 빨간색은 우럭이나 쥐노래미에 효과가 있다.
그 밖의 색상은 딱히 어떤 게 좋다고 설명하기 어렵다. 선상 다운샷 출조를 할 땐 출항지 낚시점에서 '최근 잘 먹히는 웜'을 물어보는 게 좋다. 뚜렷한 이유 없이 특정 메이커의 특정한 색상의 웜이 유독 잘 먹히는 경우가 많기 때문이다.
웜의 크기는 입질이 약하다고 느껴질 땐 한 단계 낮춰주는 게 좋다. 광어가 웜의 꼬리만 물다가 포기하거나 잘라 먹는 경우다. 5인치 쓰던 걸 4인치로, 4인치 쓰던 것을 3인치로 크기를 줄여준다.
광어는 별로 없고 우럭이나 쥐노래미 위주로 낚일 땐 테일이 큰 4인치 크기의 그럽으로 바꿔 쓰기도 한다.

바늘은 숨기지 말고 노출시켜라

광어 다운샷 낚시에서 주로 사용하는 바늘은 2/0~4/0 스트레이트 훅 또는 와이드 갭 훅이다. 바늘이 많이 노출되는 스트레이트훅이 입걸림 확률이 높아서 많이 쓰인다. 광어는 입질 도중 바늘이 느껴진다고 해서 뱉지는 않으므로(아마도 날카로운 바늘을 감지하지 못하는 듯하다) 아무튼 많이 노출될 수 있도록 하는 게 좋다. 한편 와이드갭 훅은 바늘 품이 크고 끝이 안으로 오그라들어서 웜에 바늘 끝을 찔러 숨길 수 있다는 게 특징이다. 그래서 여밭이나 양식장 주변 등 밑걸림이 있는 곳에서 밑걸림을 줄이기 위해 활용한다.

바늘의 색상은 어떤 것을 써도 상관없으나 '우럭이나 쥐노래미를 노릴 때는 빨간색이 효과가 있다'는 낚시인도 있다.

봉돌은 총알형이 좋다

광어 다운샷 낚시가 이뤄지는 수심은 20~40m다. 그리 깊지 않은 수심이라서 봉돌의 형태에 따라 내려가는 속도나 움직임 등은 큰 차이가 없다. 다만 형태상 길고 끝이 뾰족한 총알형이 바닥을 확인하는 데 더 좋아 많이 애용하고 있다. '콩'하고 암반을 찍는 느낌이 타원형이나 종형 봉돌보다 총알형 봉돌이 더 선명하다. 광어는 반짝이는 물체에 반응을 잘 보이기 때문에 봉돌에 야광 테이프나 형형색색의 테이프를 붙이는 것도 입질을 유도하는 데 많은 도움이 된다.

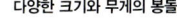

다양한 크기와 무게의 봉돌.

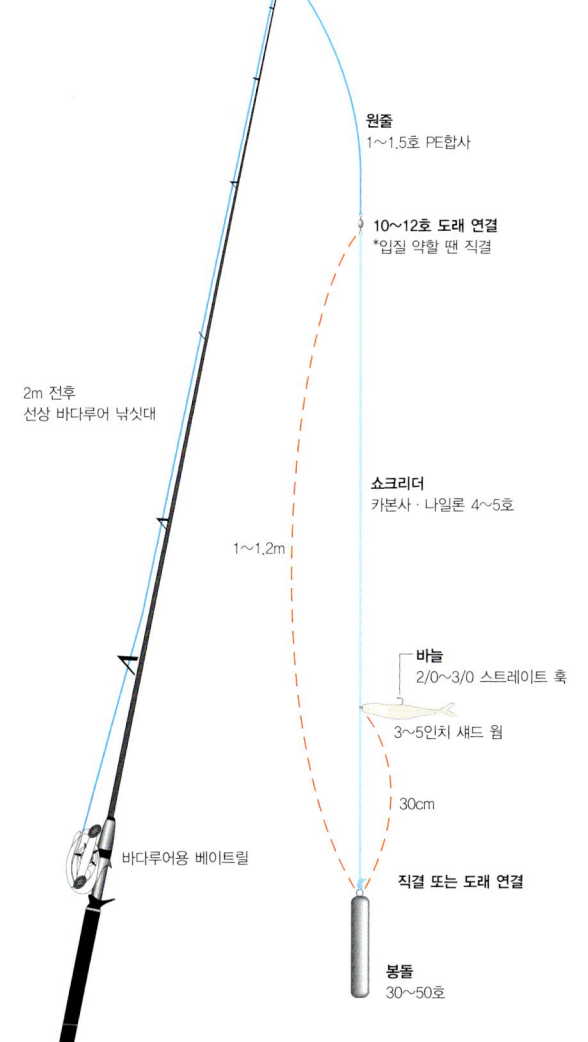

◀ 다운샷 장비와 채비

원줄 1~1.5호 PE합사

10~12호 도래 연결
*입질 약할 땐 직결

2m 전후 선상 바다루어 낚싯대

쇼크리더 카본사·나일론 4~5호

1~1.2m

바늘 2/0~3/0 스트레이트 훅

3~5인치 섀드 웜

30cm

직결 또는 도래 연결

바다루어용 베이트릴

봉돌 30~50호

전문가 어드바이스
봉돌과 바늘의 간격 조절 노하우

박영환
충남 오천 낚시광호 선장

기본은 30cm! 조류 세면 50~60cm

광어 다운샷 낚시에서 봉돌과 바늘의 간격은 30cm가 기본이다. 광어는 바닥층에 있다가 위로 지나가는 먹잇감을 덮치는데 루어가 너무 높이 있으면 눈에 띄지 않기 때문이다. 하지만 조류가 센 경우엔 봉돌과 바늘의 간격을 50~60cm로 늘려주는 게 좋다. 조류가 세면 낚싯줄이 휘어져서 웜이 사선으로 바닥층에 내려가게 되는데 자칫 웜이 바닥에 깔려서 광어 눈에 안 뜨일 수 있기 때문이다. 그래서 나는 손님들을 태우고 바다로 나갈 경우 "처음엔 한 뼘 정도로 봉돌과 바늘의 간격을 유지하라"고 했다가 조류가 세고 입질이 없으면 "봉돌과 바늘 간격을 더 벌리라"고 얘기하곤 한다. 하지만 60cm 이상 벌려주면 안 된다. 간혹 릴링하는 채비를 따라 광어가 따라 올라오는 경우도 있지만 이것은 매우 드문 일이다.

♥ 요즘 인기 있는 채비 상품

다양한 기성 채비들. 왼쪽부터 썬베이트의 블레이드 다운샷 채비, 다이와의 루키나 바늘 유동형 다운샷 채비, 백경조구의 다운샷 채비다.

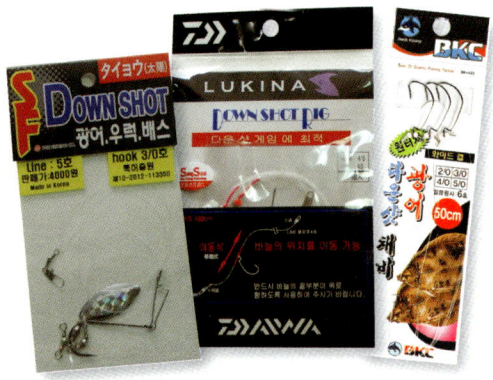

'바늘 유동 다운샷', '블레이드 다운샷' 제품도 등장

아직 다운샷 채비를 직접 묶지 못하는 초보자들은 낚시점에서 파는 채비 완성품을 쓸 수밖에 없다. 물론 채비의 완성도는 직접 만든 수작업 채비보다 떨어진다. 하지만 최근 출시된 다운샷 채비들은 꽤 평이 좋다.

다이와에서 출시한 루키나 브랜드의 '바늘 유동 다운샷 채비'는 바늘을 아래위로 이동시켜서 봉돌 간 간격을 조절할 수 있어서 편리하다. 썬베이트의 '블레이드 다운샷' 채비는 기존 다운샷 채비에 블레이드를 달아 유인력을 높인 점이 특징이다.

다운샷 낚시 기법 ❸

다운샷
실전 강의

최선의 고패질은
'하는 듯 마는 듯'

다운샷이란 채비의 한 형태를 가리키는 말이지만,
특히 광어낚시에 효력을 보이면서 '다운샷=광어낚시'로 통한다.
그러나 우럭, 쥐노래미도 잘 낚여 현재 '광어 다운샷'이라면
광어·우럭·쥐노래미 선상낚시의 최강수로 통하고 있다.

다운샷 채비로 광어를 끌어내고 있다.

기초 테크닉

▶ 봉돌의 선택

로드에 릴을 세팅하고 원줄에 다운샷 채비까지 연결했으면 웜을 바늘에 꿰고 최종적으로 봉돌을 단다. 가장 많이 사용되는 봉돌의 호수는 40호다. 40호는 20~30m 수심에서 적합하며 만약 수심이 이보다 얕다면 30호, 깊다면 50호를 쓴다. 같은 배에 탄 낚시인들이 모두 동일한 무게의 봉돌을 써야 채비가 똑같이 흘러가 서로 엉키지 않으므로 주변 낚시인들이 몇 호 봉돌을 쓰는지 주의해서 봐야 한다.

▶ 격한 고패질은 삼가라

봉돌이 바닥에 닿으면 줄을 약간 감아 팽팽하게 만든 상태에서 약간 들었다 놨다 하는 '고패질'을 반복한다. 만약 들었다 놨는데도 봉돌이 바닥에 닿지 않으면 배가 깊은 곳으로 흘러간 것이므로 이때는 원줄을 그만큼 풀어준다. 반대로 손에 '드르르' 하며 봉돌이 암초를 긁는 느낌이 계속 나면 수심이 얕아진 것이므로 이때는 줄을 더 감아올려 적정 수심을 맞춘다.

그러나 다운샷의 고패질은 최대한 적게 해야 한다. 봉돌이 바닥 근처에 있는지를 확인하는 정도로만 해주는 게 좋다. 정상적인 활성 상태의 광어는 바닥에서 1m 범위 안의 먹잇감을 어렵지 않게 발견하는데, 고패질 없이 봉돌을 살짝 띄운 상태로 잡고만 있어도 웜이 조류를 받아 하늘거리므로 충분히 광어를 유혹할 수 있다.

오히려 채비를 격하게 들었다 놓았다 반복하는 동작은 광어에게 경계심을 줄 수 있다. 어부들의 말에 의하면 침선이나 암초를 노릴 때 봉돌이 부닥칠 때 발생하는 소음이나 채비 끊김 소리에 물고기들이 급격히 움츠러든다고 한다.

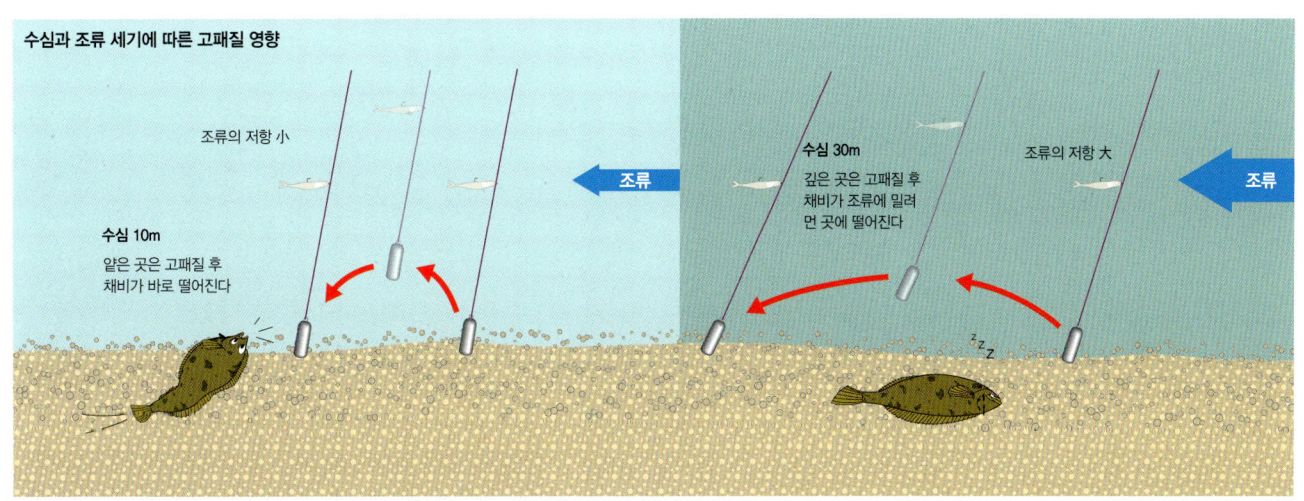

▶ 수심 깊고 조류 빠를수록 고패질 폭은 좁게

같은 유속에서도 수심이 깊으면 낚싯줄이 옆으로 많이 밀리면서 고패질한 채비를 들었다 놓았을 때 채비가 바닥에 떨어지는 착지 거리가 늘어나게 된다. 위의 그림에서 보듯 얕은 수심에서 봉돌을 50cm 들었다 놨을 때 채비 이동 폭이 1m였다면 깊은 수심에서는 1.5~2m 이동하는 것이다. 이 경우 바닥을 꼼꼼히 탐색할 수 없어서 그만큼 고기의 입질을 받을 수 있는 확률이 떨어질 수밖에 없다. 따라서 수심이 깊고 조류가 빠를수록 고패질 폭을 좁게 해야 한다.

▶ 광어낚시에선 바늘은 한 개만 다는 게 유리

광어만 노린다면 다운샷 채비의 바늘은 한 개만 다는 게 좋다. 욕심을 부려서 바늘을 두 개씩 달아 쓰는 사람도 있는데 그렇다고 두 마리가 동시에 낚일 확률은 거의 없고 밑걸림 위험만 높아진다. 광어는 떼로 몰려있지 않고 자기만의 영역을 구축하고 있는 고기이기 때문에 한 번 입수에 한 마리 이상 낚기 어렵다. 단 어필 효과를 높이기 위해 단차를 두어 두 개씩 다는 경우도 있으나 조류 저항이 심해지는 게 단점이다.

우럭은 군집성이라 두 바늘이 유리할 수도

광어는 외바늘이 낫지만 평택항이나 당진 앞바다에서 유행하는 '우럭 다운샷' 낚시에선 바늘을 두 개 또는 세 개씩 달아 쓰는 '다단채비'가 유리할 수도 있다. 우럭은 광어와 달리 군집성 어종이기 때문이다. 우럭 전용 다운샷은 주로 25~30cm의 잔 씨알을 노리므로 바늘도 웜 훅 대신 감성돔바늘 7호 정도로 작게 쓴다.

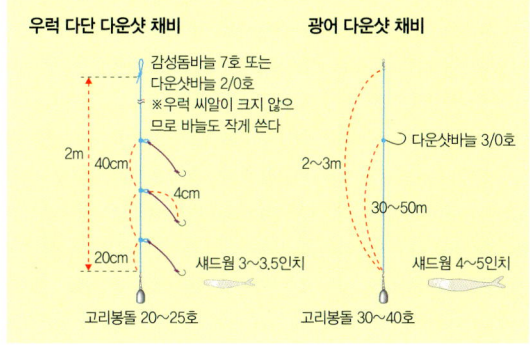

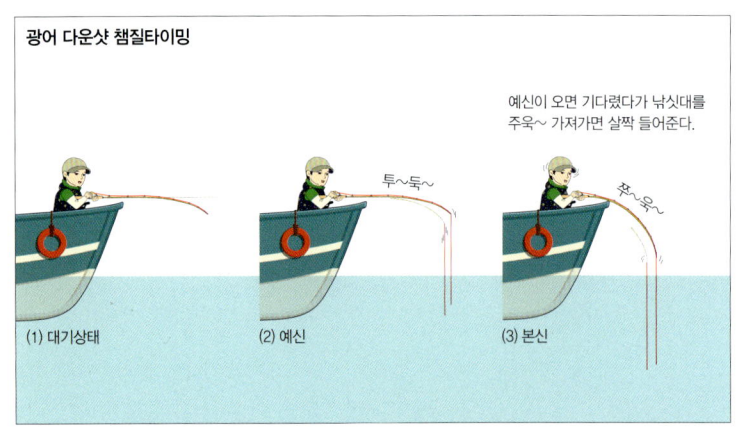

다운샷 채비로 80cm급 대광어를 낚아낸 낚시인. 80cm 이상의 큰 광어를 대광어라고 부른다.

▶ 강한 챔질은 금물! 낚싯대를 살포시 들어주기만

다운샷은 바늘 끝이 웜 외부로 노출돼 있어 광어가 웜을 덮침과 동시에 걸림이 되는 구조다. 후두둑-하고 입질이 왔다면 이미 바늘은 정확히 박혔다고 보면 된다. 따라서 낚싯대를 세게 채지 말고 살포시 들어준 뒤 감아올리면 된다.

▶ 큰 광어는 반드시 뜰채를 사용하라

광어가 먹이를 삼킬 때 자바라처럼 쭉 뻗어 나오는 입 언저리 살은 매우 얇은 막으로 되어 있는데, 바늘이 이 언저리 살에 박히면 잘 찢어지므로 파이팅 때 주의가 요구된다. 너무 강하게 릴링하면 바늘이 박힌 막이 점차 벌어지면서 바늘이 빠지기 때문이다. 따라서 릴링은 처음부터 끝까지 일정한 속도로 해주는 게 좋으며, 광어 씨알이 큰 경우라면 뜰채를 대는 게 안전하다.

바늘이 광어의 입 언저리 살에 걸리면 곧잘 찢어진다. 그래서 큰 광어를 걸면 뜰채를 대는 게 안전하다.

다운샷 채비를 물고 나온 우럭. 다운샷은 우럭과 노래미에게도 특효다.

유인효과 높이는 시도

메탈지그를 봉돌 대신 써보라

다운샷 채비에서 봉돌 대신 메탈지그를 쓰기도 한다. 메탈지그는 봉돌에는 없는, 광어를 유인하는 효과가 있다. 봉돌은 일직선으로 내려가지만 메탈지그는 좌우로 사선을 그리며 펄럭이며 내려가는데 이때 발생하는 번쩍거림, 펄럭임이 광어를 유혹하게 된다. 다운샷용 메탈지그는 75g, 85g, 105g짜리가 3개에 8천원 정도에 팔리고 있다. 30호 봉돌은 5개에 3천원이다. 가격은 일반 봉돌보다 2천원가량 더 비싸지만 봉돌보다 걸림 확률이 적어 전문가 중에서는 메탈지그를 선호하는 사람도 있다.

단점도 있다!

메탈지그는 입수속도가 봉돌보다 느려서 수심이 깊은 곳에서는 불리하다. 메탈지그는 형태적인 특성상 입수 때 지그재그로 떨어지기 때문에 깊고 조류가 빠른 곳에서는 그만큼 바닥에 닿는 속도가 느린 것이다. 따라서 조류가 완만하거나 수심이 15m 이하로 얕은 곳에서 메탈지그를 쓰고 20m 이상으로 깊다면 일반 봉돌을 쓰는 게 유리하다.

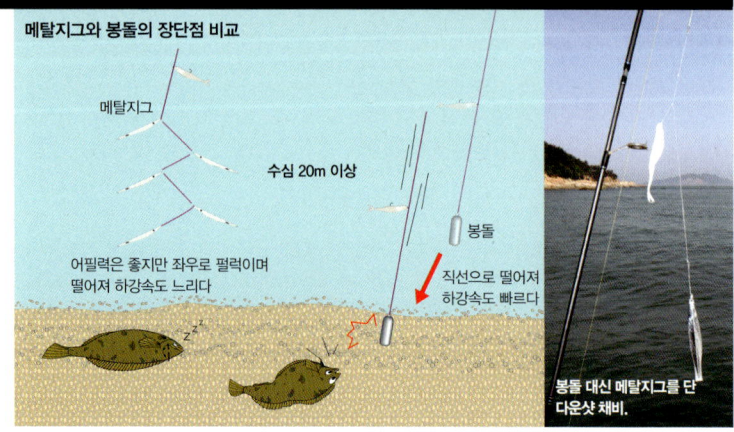

봉돌 대신 메탈지그를 단 다운샷 채비.

포지션의 중요성

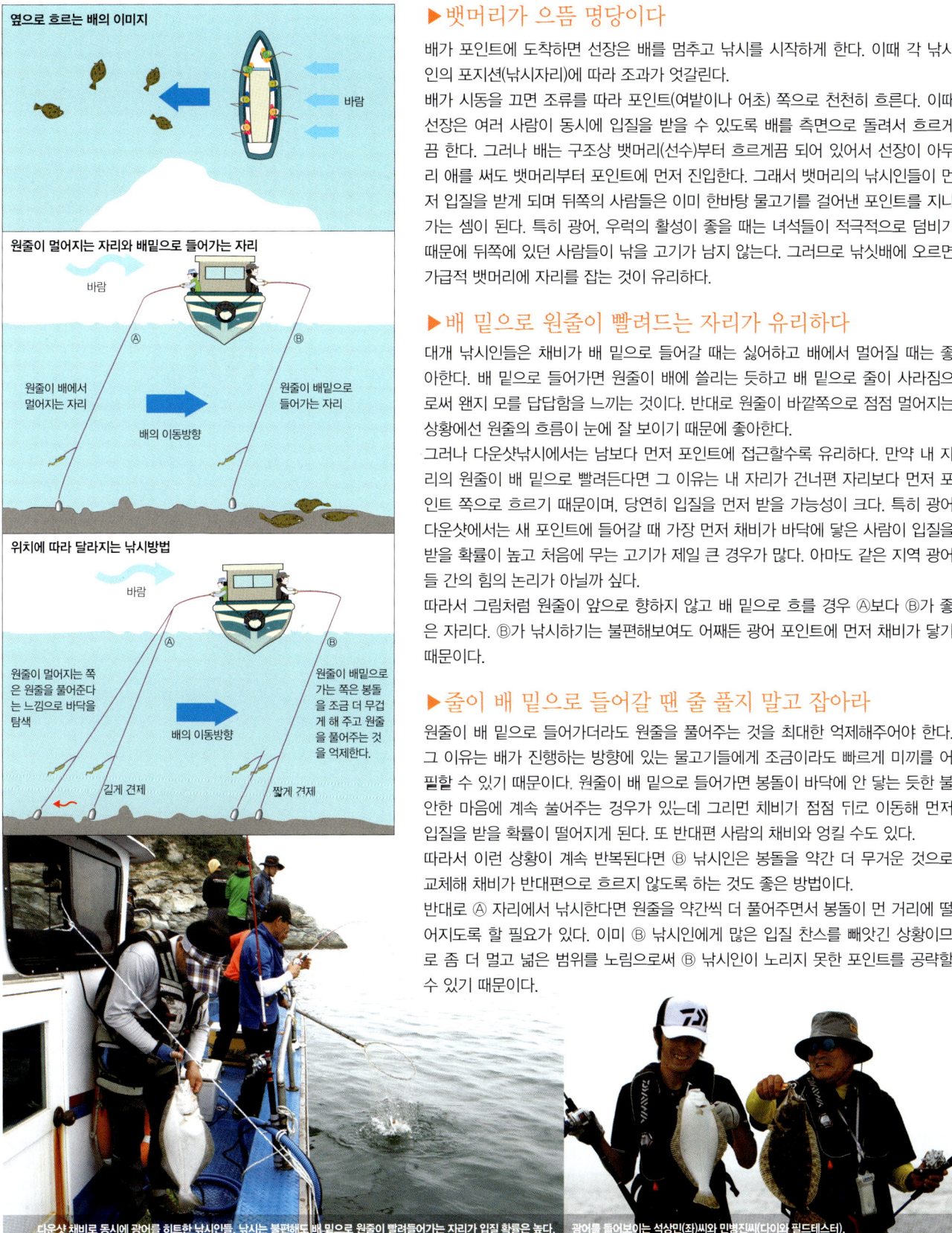

▶뱃머리가 으뜸 명당이다

배가 포인트에 도착하면 선장은 배를 멈추고 낚시를 시작하게 한다. 이때 각 낚시인의 포지션(낚시자리)에 따라 조과가 엇갈린다.

배가 시동을 끄면 조류를 따라 포인트(여밭이나 어초) 쪽으로 천천히 흐른다. 이때 선장은 여러 사람이 동시에 입질을 받을 수 있도록 배를 측면으로 돌려서 흐르게끔 한다. 그러나 배는 구조상 뱃머리(선수)부터 흐르게끔 되어 있어서 선장이 아무리 애를 써도 뱃머리부터 포인트에 먼저 진입한다. 그래서 뱃머리의 낚시인들이 먼저 입질을 받게 되며 뒤쪽의 사람들은 이미 한바탕 물고기를 걸어낸 포인트를 지나가는 셈이 된다. 특히 광어, 우럭의 활성이 좋을 때는 녀석들이 적극적으로 덤비기 때문에 뒤쪽에 있던 사람들이 낚을 고기가 남지 않는다. 그러므로 낚싯배에 오르면 가급적 뱃머리에 자리를 잡는 것이 유리하다.

▶배 밑으로 원줄이 빨려드는 자리가 유리하다

대개 낚시인들은 채비가 배 밑으로 들어갈 때는 싫어하고 배에서 멀어질 때는 좋아한다. 배 밑으로 들어가면 원줄이 배에 쓸리는 듯하고 배 밑으로 줄이 사라짐으로써 왠지 모를 답답함을 느끼는 것이다. 반대로 원줄이 바깥쪽으로 점점 멀어지는 상황에선 원줄의 흐름이 눈에 잘 보이기 때문에 좋아한다.

그러나 다운샷낚시에서는 남보다 먼저 포인트에 접근할수록 유리하다. 만약 내 자리의 원줄이 배 밑으로 빨려든다면 그 이유는 내 자리가 건너편 자리보다 먼저 포인트 쪽으로 흐르기 때문이며, 당연히 입질을 먼저 받을 가능성이 크다. 특히 광어 다운샷에서는 새 포인트에 들어갈 때 가장 먼저 채비가 바닥에 닿은 사람이 입질을 받을 확률이 높고 처음에 무는 고기가 제일 큰 경우가 많다. 아마도 같은 지역 광어들 간의 힘의 논리가 아닐까 싶다.

따라서 그림처럼 원줄이 앞으로 향하지 않고 배 밑으로 흐를 경우 Ⓐ보다 Ⓑ가 좋은 자리다. Ⓑ가 낚시하기는 불편해보여도 어쨌든 광어 포인트에 먼저 채비가 닿기 때문이다.

▶줄이 배 밑으로 들어갈 땐 줄 풀지 말고 잡아라

원줄이 배 밑으로 들어가더라도 원줄을 풀어주는 것을 최대한 억제해주어야 한다. 그 이유는 배가 진행하는 방향에 있는 물고기들에게 조금이라도 빠르게 미끼를 어필할 수 있기 때문이다. 원줄이 배 밑으로 들어가면 봉돌이 바닥에 안 닿는 듯한 불안한 마음에 계속 풀어주는 경우가 있는데 그러면 채비가 점점 뒤로 이동해 먼저 입질을 받을 확률이 떨어지게 된다. 또 반대편 사람의 채비와 엉킬 수도 있다.

따라서 이런 상황이 계속 반복된다면 Ⓑ 낚시인은 봉돌을 약간 더 무거운 것으로 교체해 채비가 반대편으로 흐르지 않도록 하는 것도 좋은 방법이다.

반대로 Ⓐ 자리에서 낚시한다면 원줄을 약간씩 더 풀어주면서 봉돌이 먼 거리에 떨어지도록 할 필요가 있다. 이미 Ⓑ 낚시인에게 많은 입질 찬스를 빼앗긴 상황이므로 좀 더 멀고 넓은 범위를 노림으로써 Ⓑ 낚시인이 노리지 못한 포인트를 공략할 수 있기 때문이다.

다운샷 채비로 동시에 광어를 히트한 낚시인들. 낚시는 불편해도 배 밑으로 원줄이 빨려들어가는 자리가 입질 확률은 높다.

광어를 들어보이는 석상민(좌)씨와 민병진씨(다이와 필드테스터).

다운샷 낚시 기법 ❹

일본 바다루어 고수의
다운샷 비책

최근 다이와사는 한국전용 다운샷 루어와 제품들을 생산하고 있다.
일본에서 베이지깅은 이미 10년 전부터 존재해왔고, 다이와에서도 10년 전부터 전용 상품이 있었다.
하지만 왜 한국 전용을 만들었는지 그 이유와 함께 '한걸음 앞서가는 다운샷 조법'을 소개한다.

오구라 토모카즈
한국다이와주식회사의 상품·판촉 기획자. 2013년 한국다이와에서 발매된 다운샷, 타이라바용 브랜드 LUKINA 개발. 다이와 일본 본사에서 루어로드 기획 경력. 대표 상품으로 배스로드 STEEZ, 농어로드 morethan, 볼락로드 月下美人, 송어로드 PRESSO, 지깅로드 SALTIGA 등을 만들어낸 주역이다.

CHECK!

아래 사항 중 한 가지라도 맞다면 이 글을 유심히 읽어보시길!

☐ 루어는 어느 정도 자신 있지만 조과가 안정되지 않는다.
☐ 열심히 하고 있지만 가끔 초보자에게 조과에서 밀릴 때가 있다.
☐ 현재 슬럼프에 빠져있다.
☐ 자신의 테크닉이 현시대에 맞는지 걱정된다.
☐ 낚이지 않으면 자신의 실력보다 다른 것을 탓한다.

1 컬러 로테이션의 중요성

광어와 우럭은 루어를 어떻게 보고 있을까? 현재까지 나온 학설에서 95%는 바닷물고기는 색상을 식별할 수 없다(기수역 물고기는 제외)는 내용이다. 즉 우리들이 보고 있는 것과 똑같이 보이지 않는다는 것이다.

그렇다면 왜 색상에 따라 조과의 차이가 나는 것일까? 그것은 색상 식별은 할 수 없지만 색의 농도(농담) 식별은 가능하기 때문이다. 실루엣, 즉 제대로 보이는지, 흐릿하게 보이는지의 농도가 물고기에겐 먹이를 찾기 위한 기준이 되는 것이다.

확실히 한국에서는 하얀색 웜의 조과가 탁월한 것으로 인식되고 있지만 하얀색만 100% 낚인다는 보장도 없다. 그래서 자신이 좋아하는 색상을 기본으로 하여, 비슷한 색이 아니라 극단적으로 다른 색상으로 변경하는 것이 중요하다.

한편 낚이지 않을 때는 당연히 색상을 변경하지만 잘 낚이고 있을 때도 더 나은 입질 확률을 위해 색상을 바꾸면 더 좋은 조과를 만들어 낼 수 있음도 잊지 말자.

마이와시 컬러	화이트 컬러	히라메핑크 컬러
실루엣을 흐릿하게 하여 자연스럽게 보인다 (물이 맑을 때 최적)	실루엣은 나오지만 비교적 얌전하다	실루엣을 강렬하게 내보내 어필 (물이 탁할 때 최적)

전략을 잘 세우면 이런 대물을 만날 수도 있다. 다이와 필드테스터가 일본바다에서 다운샷으로 낚은 미터급 광어를 들어 보이고 있다.

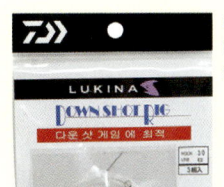
다이와에서 출시한 바늘 유동형 다운샷 채비.

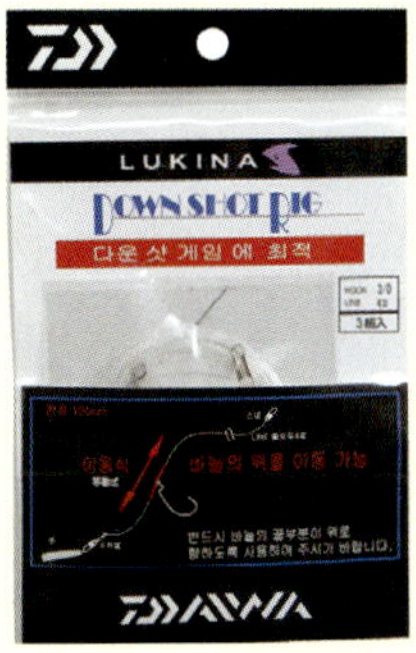

3/0와 4/0의 크기는 불과 5mm이지만 조과에 큰 영향을 미칠 수 있다.

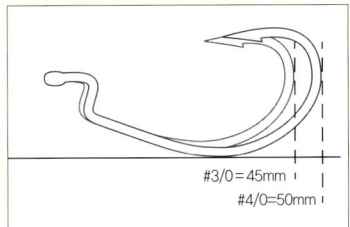

2 바늘의 다운사이징

다이와에서 만든 루키나 다운샷 리그의 바늘은 2종류 사이즈가 있다. 하나는 #3/0, 또 하나는 #4/0이다. 어느 쪽이 더 인기가 많을 것 같은가? 아마도 #4/0가 더 인기가 많으리라 생각했을 것이다. 실제로 #4/0가 더 인기가 많다. 그런데 고기가 잘 낚일 때는 평소대로 #4/0를 사용하지만, 빠른 승부를 하고 싶거나 또는 대상어의 활성도가 낮을 때는 #3/0을 사용하는 게 유리하다.

이유는 민물의 배스낚시와 동일하다. 배스낚시에서도 송어에 사용하는 작은 바늘을 웜 머리에 살짝 걸어서 사용하는데 이것은 웜의 움직임을 최대한으로 이끌어내기 위한 것이다. 똑같은 원리로 소형 바늘을 쓰면 웜의 액션 폭을 넓히는 데 유리하다.

#3/0와 #4/0의 크기 차이는 5mm. 솔직히 물고기 입장에서 보면 큰 차이가 아니다. 하지만 바늘에 장착되어 있는 웜의 크기는 7~8cm이므로 5mm 차이는 크다고 볼 수 있다. '5mm의 차이가 움직임을 크게 변화시킨다=조과에 변화가 생긴다'는 뜻. 소형 바늘을 이용한 조법, 꼭 한번 시도해보기 바란다.

3 불소코팅 바늘의 위력

바늘의 중요성을 알고 있는 낚시인은 적다. 하지만 바늘은 가장 중요한 낚시도구인 것은 틀림없는 사실이다. 고급차를 구입해도 타이어가 마모되어 있으면 달리는 것도, 멈추는 것도 제대로 할 수 없듯이, 아무리 비싼 낚싯대를 사용하더라도 바늘이 물고기에 걸리지 않으면 낚아낼 수 없다.

바늘은 원 소재인 철에 블랙니켈을 도금해 제작한다. 이 도금이 녹스는 것을 방지하지만 도금 자체의 두께로 인해 바늘 끝이 동그랗게 변한다. 도금의 성질상 그렇게 되기 때문에 메이커가 달라도 이 현상은 동일하다. 만약 도금코팅을 하지 않으면 바늘이 바로 녹슬어버린다.

여기서 등장한 것이 혁명적인 불소코팅이다. 불소코팅의 첫째 특징은 표면이 매끈매끈하게 가공된다는 점이며, 둘째 특징은 두께에 있다. 블랙니켈 도금보다 훨씬 얇게 가공할 수 있다.

그 결과물은 오른쪽 사진과 같다. 사진에서 보듯 기존 블랙니켈 도금보다 압도적인 날카로움을 실현하고 있다. 다이와는 불소코팅 가공 바늘에 사쿠사스라는 로고를 붙여 따로 표시하고 있다.

다운샷에서 광어나 우럭은 먹이를 향해 빠른 속도로 돌진하기 때문에 바늘 끝의 예리함은 관계없다고 생각할 수 있지만 사실은 정반대다. '빠른 속도로 돌진한다'라는 것은 그만큼 바늘 걸림의 부정확성이 높아진다고 볼 수 있다. 바늘이 입이 아닌 주변에 걸릴 때가 많은 장르가 다운샷이다. 당연히 올리는 도중 떨굴 확률이 커진다. 그럴 때 확실하게 걸리도록 하는 것이 불소코팅을 한 바늘, 사쿠사스(SAQSAS)이다.

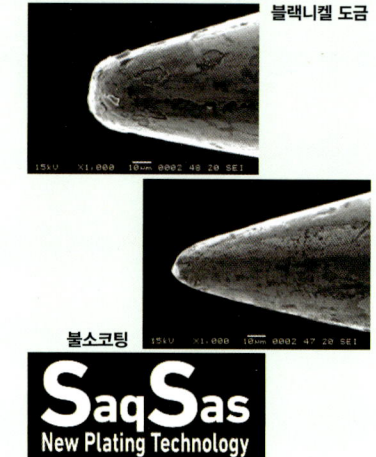

이 마크가 붙어 있는 제품이 40%나 걸림이 좋아진 사쿠사스 바늘이다.

4 대형 사이즈 웜의 가능성

광어의 포식 패턴은 물고기를 뒤쫓아가는 스타일이 아니다. 먹이를 발견하면 사정권 범위인지 확인하고 총알 같은 속도로 상대에게 뛰어드는 스타일이다. 즉 중요한 것은 광어가 알 수 있게 루어의 존재를 알리는 것이다.

탑승한 배에서 옆 사람과 거리가 가까울수록 그 의미는 커진다. 여기서 추천하고 싶은 것이 대형 웜이다. 처음 보는 사람은 그 크기에 위화감을 느끼겠지만 보통 육식어종은 자기 몸집의 1/3~1/2 사이즈까지 포식하는 경우가 많다. 그러므로 웜이 커지더라도 문제는 되지 않는다.

저활성 때는 일반적으로 피네스(섬세화)를 하지만 실제로는 역으로 어필력을 중시하는 것도 유효한 테크닉의 하나다. 하지만 바다 속 일정하지 않은 조류가 흐르고 있어 너무 큰 웜을 사용하게 되면 액션이 어려워지는 단점도 갖고 있다. 필자가 추천하는 웜은 적당한 크기와 어필력을 갖고 있는 텐스이 웜이다.

텐스이 5인치 웜

5 로드 액션에 대하여

중요한 테크닉에서 로드 액션이 빠질 수 없다. 하지만 다운샷은 봉돌이 웜 채비의 바로 밑에 있어 로드 액션은 상하 움직임으로 제한된다. 결국 이 제한되는 범위 내에서 로드의 움직임 폭을 컨트롤하는 것이 조과를 크게 좌우하게 된다. 움직임 폭을 컨트롤할 때 의식해야 할 중요한 요소들이 있다.

① **봉돌**—봉돌이 바닥에 닿아 있을 때 루어는 더 자연스러운 움직임을 보일 수 있고, 바닥에서 봉돌이 떨어져 있으면 로드가 움직인 만큼 루어도 움직여 불규칙한 움직임을 만들어낼 수 있다.

② **라인**—PE라인의 전달력은 매우 높고, 바늘 끝의 움직임을 그대로 루어에 전달하는 것이 가능하다. 라인을 팽팽하게 하면 움직임이 불규칙하지만 광어가 달려들 수 있는 시간을 만드는 것이 어렵다. 반대로 라인을 느슨하게 하면(봉돌은 바닥에 있을 때) 빈사 상태의 물고기를 연출하는 게 가능해진다. 고급 테크닉이지만, 봉돌이 바닥에 있는 상태에서 라인만 당기거나 느슨하게 하면 물고기가 경련하는 모습을 연출할 수 있다.

③ **초릿대**—봉돌이 바닥에 닿은 상태에서 라인을 팽팽하게 한 후, 초릿대만 구부러지게 하면 작은 폭으로 루어의 머리를 상하로 움직이게 만드는 것이 가능해진다.

이와 같은 ①, ②, ③의 항목을 조합시키고 이 간격의 강약을 조절하면 단조로운 다운샷도 무한대의 로드 액션이 가능해진다.

필자가 2012년 11월에 인천 앞바다에서 낚은 65cm 광어를 보여주고 있다.

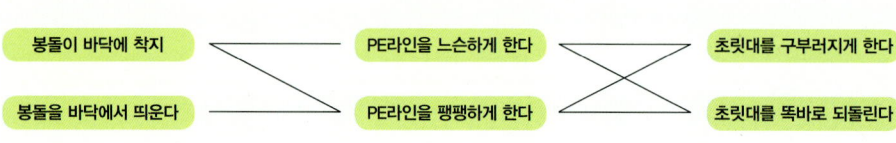

6 스피닝 태클의 가능성

다운샷이나 베이지깅에 적합한 태클은? 거의 모든 낚시인들이 "베이트캐스팅 타입"이라고 대답할 것이다. 사실 필자도 베이트 장비를 추천하고 있다. 베이트 장비는 스피닝에 비해 감도도 좋고 클러치 조작도 쉬워 사용하기 편하기 때문이다.

그런데 나는 특별히 스피닝 태클을 소개하고 싶다. 다이와의 새 바다루어 브랜드 루키나 시리즈에는 3개의 낚싯대가 있는데, 그 중 1개가 스피닝 모델이다. 2013년 한국피싱쇼(KOFHISH)를 찾았던 낚시인들로부터 "베이지깅에 왜 스피닝이 있는 겁니까"라는 질문을 받기도 했다. 그만큼 스피닝 장비는 다운샷 낚시에 생소하지만, 필자는 기획 중의 스피닝 샘플 낚싯대로 가장 많은 조과를 올린 적 있다.

단순히 '베이트가 있으니까 옵션으로 스피닝도 만들어보자'는 가벼운 마음으로 제작한 것은 아니다. 스피닝에는 베이트에 없는 매력이 있고, 상급 클래스가 되면 그 매력을 가지고 싶어 안달나기 때문이다. 그 매력을 한마디로 표현하면 '공격력'이다.

루어낚시의 매력은 무엇보다 자신이 루어를 조작하여 물고기를 유혹하는 것이다. 그러므로 테크닉이 많으면 많을수록 낚을 확률도 높아진다. 그럼 스피닝은 베이트에 비해 어떤 공격력이 있는지 이야기해본다.

광어를 뜰채에 담고 있다. 설걸림이 많은 광어는 뜰채를 쓰는 게 안전하다.

LUKINA의 스피닝 모델 BJ 672XHS

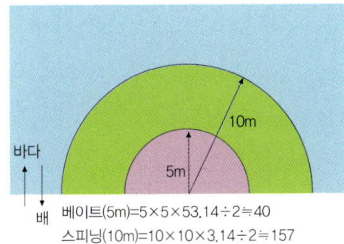

베이트 장비를 이용해 다운샷 낚시를 즐기는 낚시인들.

① 빠른 회수 능력

스피닝은 베이트에 비해 감기 속도가 빠르다. 보통 한국의 배낚시는 포인트에 도착하면 배를 바람과 조류에 맡긴다. 다운샷은 바닥을 공략하는 낚시이므로 배가 움직이게 되면 번거로워진다. 때로는 라인이 앞으로 가고, 때로는 배 밑으로 들어가기도 한다. 그렇게 되면 루어 액션 전달력은 낮아진다. 낚기도 힘들어진다. 그럴 때는 얼른 채비를 감아 올려 다시 넣는 것이 상책이다. 그때 중요한 것이 감기 속도다. 재빨리 감아서 다음 단계로 대응하는 것이 가능해진다. 이것이 스피닝의 첫 번째 장점이다.

② 넓은 탐색 범위

주말이 되면 각 항구는 배낚시 손님으로 가득 차게 된다. 이렇게 되면 조과를 올리는 것이 어려워진다. 루어의 종류나 색상을 변경해도 바로 아래에 있는 물고기의 흥미도를 바꾸는 것밖에 되지 않는다. 따라서 이런 경우는 루어를 바꾸는 것보다 아무도 노리지 않는 곳을 먼저 노리는 편이 입질 받을 가능성이 높다. 사람이 촘촘히 탄 배에서는 언더핸드 캐스트로 채비를 던지므로 베이트릴로는 백래시의 가능성도 높고 비거리를 낼 수도 없다. 그것에 비해 스피닝은 백래시의 걱정 없이 캐스팅 비거리를 내는 것이 가능하다. 익숙해지면 10m 이상은 가볍게 날아간다. 주변에 사람이 없다는 가정 하에 베이트로는 5m, 스피닝으로는 10m 캐스팅이 가능하다.

이 차이는 학창 시절에 배운 원의 면적으로 계산하는 것이 가능하다. 원주율을 3.14라고 하면 베이트=5×5×3.14÷2(자신의 전방), 스피닝=10×10×3.14÷2이다. 베이트=40에 대해 스피닝=157이다. 즉 4배나 넓게 탐색하는 것이 가능하다. 이 차이의 의미를 알 것으로 믿는다.

③ 액션 폭의 증가

이 대목에서 약간의 의문을 갖는 사람도 있을 것이다. 왜 베이트라면 비거리가 나오지 않을까? 조금 어려운 이야기지만, 이것은 손목 움직임의 차이다. 스피닝을 잡을 때와 베이트를 잡을 때의 손목이 움직이는 범위, 사람의 관절 관계상 다소의 차이는 있지만 스피닝이 자유도가 높다. 자유도로 인해 액션의 폭을 넓힐 수 있으며, 리프트 앤 폴이나 해저의 기복에 맞추어 봉돌을 이동할 때, 액션을 줄 때 모든 면에서 스피닝의 움직임의 자유도가 높다.

이 세 개의 장점은 솔직히 베이트로도 가능하지만 어렵다. 이 설명을 읽고 공감하여 스피닝릴을 사용하는 사람은 틀림없이 조과를 올릴 수 있을 거라 믿는다. 스피닝은 베일을 젖히는 등 베이트보다 불편한 점은 있지만 그것을 극복하여 얻을 수 있는 수 있는 장점이 크다. 효과가 큰 스피닝 타입, 최고를 목표로 하는 사람은 꼭 체험해보길 바란다.

2013년 한국다이와에서 다운샷 전용 홈페이지 콘텐츠가 개설되었다. 제품의 상세설명뿐 아니라 다운샷에 필요한 도구와 낚시방법 소개, 스탭의 블로그 등 도움이 될 만한 정보가 많다. 한국다이와 홈페이지에서 접속 가능. http://lukina.daiwakorea.com/index.php

다운샷 낚시 기법 ❺

일본식 다운샷 채비

Downshot
Japan Style

박범수 한조무역 대표

다운샷 채비는 원래 미국에서 개발되어 일본을 거쳐 우리나라로 건너온 것이다. 따라서 미국, 일본에서도 선상루어낚시에 다운샷 채비를 많이 쓰고 있다. 여기 소개하는 두 종류의 일본식 다운샷 채비는 필자가 일본에서 써보고 익힌 것인데, 최근 우리나라 서해에서 실험해본 결과 한국식 다운샷보다 뛰어난 점이 많아서 소개해본다

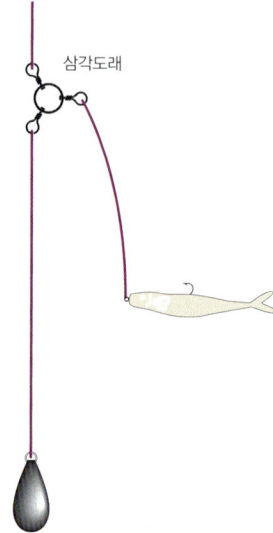

삼각도래 다운샷 채비

삼각도래

1 삼각도래 다운샷

기둥줄에 바늘을 바로 연결하는 오리지널 방식(미국과 한국에서 사용)과 달리 일본식 다운샷 채비는 삼각도래를 사용해 가짓줄을 연결하고 있다. 그림에서 보듯 원줄과 목줄 사이에 삼각도래를 묶은 뒤 나머지 한쪽에 가짓줄을 연결하는 방식이다. 이 채비는 일반 다운샷에 비해 다음과 같은 장점들을 가지고 있다.

- 웜의 자연스러운 움직임-일반 다운샷은 바늘과 웜이 기둥줄에 고정돼 있어서 움직임이 적지만 일본식 삼각도래 다운샷은 가짓줄 길이만큼 웜이 폭넓고 활발하게 움직이며 광어를 유혹한다.
- 숏바이트가 적다-광어낚시를 하다 보면 유난히 숏바이트(웜만 물었다 놓는 현상 또는 물고기가 바늘에 걸렸다가 빠지는 현상)가 많다. 그러나 삼각도래 채비는 웜이 더 활발하게 움직여서 그런지 광어가 덥석 물게 돼 확실하게 걸림이 된다.

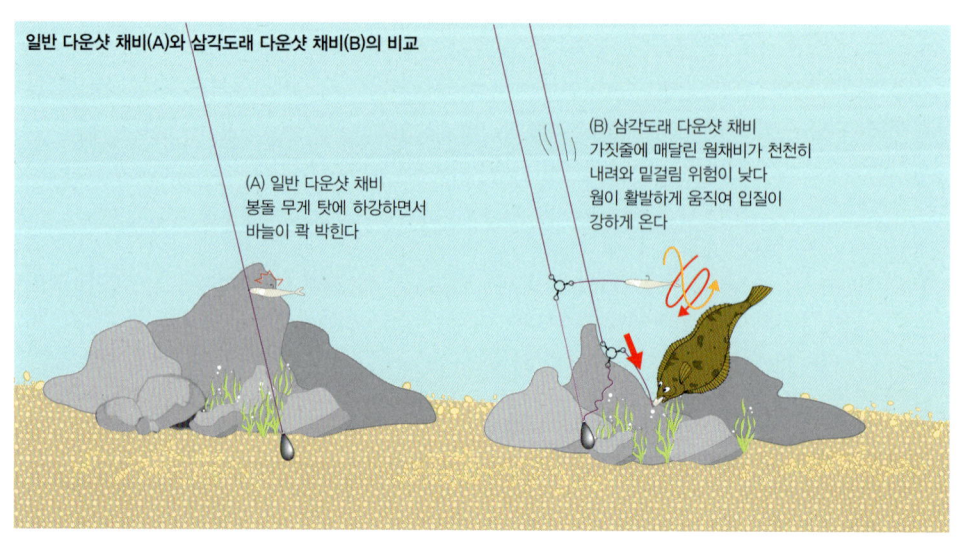

일반 다운샷 채비(A)와 삼각도래 다운샷 채비(B)의 비교

(A) 일반 다운샷 채비
봉돌 무게 탓에 하강하면서 바늘이 콱 박힌다

(B) 삼각도래 다운샷 채비
가짓줄에 매달린 웜채비가 천천히 내려와 밑걸림 위험이 낮다
웜이 활발하게 움직여 입질이 강하게 온다

- 밑걸림이 적다-일반 다운샷 채비의 바늘 부위는 전적으로 봉돌의 움직임과 동일하게 움직인다. 따라서 봉돌이 수중여에 바짝 붙어 하강하면서 바늘이 그대로 걸릴 수 있다. 또 봉돌 무게로 인해 콱 박히는 수도 있다. 그러나 삼각도래 다운샷 채비는 가짓줄이 길기 때문에 봉돌이 바닥에 닿은 후에도 바늘은 훨씬 위쪽에서부터 천천히 내려오므로 하강 도중 암초에 걸릴 위험이 적다.
- 채비 교체가 쉽다-일반 다운샷 채비는 기둥줄에 바늘과 봉돌이 모두 연결돼 있어 채비가 끊어질 때 전체가 떨어져나가는 경우가 잦지만 삼각도래를 쓰면 봉돌, 바늘 중 일부만 떨어져 나갈 때가 많다. 따라서 떨어져 나간 부위만 연결하면 돼 채비 교체가 편하다.

2 더블 훅 다운샷

광어 루어낚시에는 유난히 숏바이트가 많다. 그 이유는 광어가 바닥에 몸을 붙이고 숨어 있다가 먹잇감이 지나가면 펄쩍 뛰어올라 순간적으로 공격하기 때문이다. 이런 광어의 습성상 먹이를 정확하게 물지 못하는 것으로 추측된다.
이때 써볼만한 게 일본식 다운샷 채비인 '더블 훅' 채비다. 말 그대로 바늘을 두 개 다는 것인데 평소대로 스트레이트훅이나 옵셋훅을 꿰고, 꼬리 쪽에 예비 훅을 하나 더 달아주는 방식이다. 예비 훅은 감성돔바늘 8~10호가 적당하며 바늘품이 넓은 형태면 어떤 바늘이든 상관없다.
주의할 점은 아무래도 바늘이 하나 더 달리다 보니 과격한 고패질을 하면 채비가 종종 엉킨다는 점이다. 따라서 일단 봉돌로 바닥을 느낀 후 채비를 살짝 들어 속조류에 웜을 스위밍 시켜야 한다.

▶ 더블 훅을 웜에 세팅한 모습. 바늘 간의 간격에 따라 웜에 세팅하면 된다. 혹시 자바늘과 모바늘의 간격이 넓어 라인의 여유분이 남더라도 낚시에는 큰 지장이 없다

다운샷용 웜. 왼쪽이 광어 새끼 웜, 오른쪽이 섀드웜이다.

더블 훅 만드는 순서

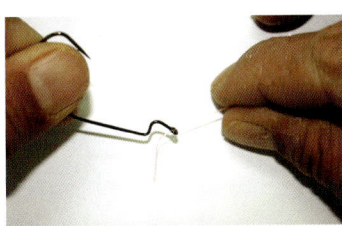

❶ 라인을 훅 아이에 통과시킨다. 원줄을 앞에서 돌려 고리를 하나 만들어준다.

❷ 고리와 훅을 한꺼번에 쥐고 원줄 끝으로 훅 구멍 밑부분을 5~6회 감아준다.

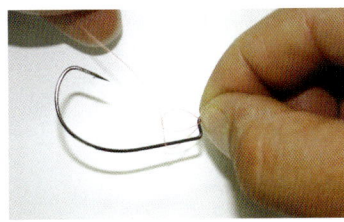

❸ 감아주고 난 라인의 끝을 좀 전에 만들었던 고리로 통과시킨다.

❹ 훅 아이 쪽의 라인을 당겨주면 결속이 된다. 이러면 메인 훅(모바늘) 완성!

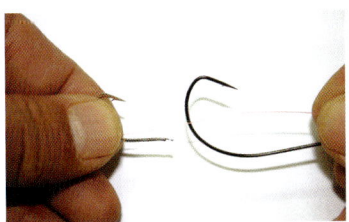

❺ 메인 훅(모바늘)의 끝쯤의 라인과 평행하게 어시스트 훅(자바늘)을 위치시킨다.

❻ 자바늘에도 고리를 만들어두고 자바늘의 축을 중심으로 5~6회 돌려준다. 이때 고리의 크기는 모바늘과 자바늘의 거리를 결정하게 된다. 몇 번 만드는 연습을 하면서 바늘 간 거리를 여러 가지 만들어보자.

❼ 자바늘의 고리로 라인을 통과시킨다. 그리고 당겨주면 두 바늘이 고정된다. 이때 바늘 간의 간격을 가늠해본다.

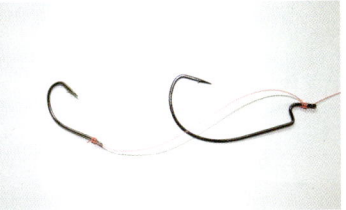

❽ 완성된 모습.

Tip

밑걸림 많은 곳에선
버림줄보다 가짓줄을 더 길게 써보라

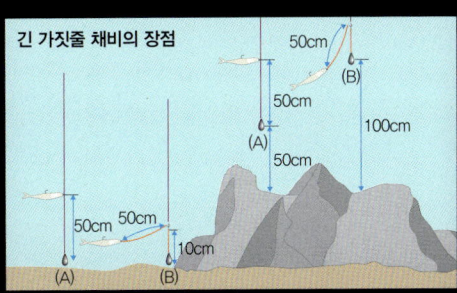

긴 가짓줄 채비의 장점

광어낚시에서 조과가 좋은 지역은 바닥이 암반지형이거나 어초가 군집해 있는 곳으로 이런 곳에는 광어의 먹이가 되는 작은 물고기들이 많다. 그러나 이런 곳은 필연적으로 밑걸림이 많이 발생한다. 밑걸림을 줄이려면 봉돌을 바닥에서 어느 정도 들어준 상태를 유지하는 것이 요령이지만, 광어는 바닥에서 1m 이내 수심에서 입질하는 어종이라 밑걸림을 두려워해서 마냥 채비를 바닥에서 들고만 있을 수도 없는 노릇이다.
따라서 밑걸림이 많은 지역에서는 도래에서 봉돌까지의 줄(버림줄)은 짧게 줄여주고, 반대로 도래에서 루어를 다는 바늘까지의 줄(가짓줄)은 길게 주는 방식을 써보는 것도 좋은 방법이다. 그림의 B채비와 같은 형태다.
어초지역이 아니라면 그 지점의 수심이 갑자기 2~3m씩 차이가 나는 지역은 드물다. 뾰쪽뾰쪽한 암반 지형이라도 크게 보면 배가 흘러가면서 천천히 깊어지든지 얕아지든지 하는 경우가 대부분이다. 거의 평탄한 암반층이나 사질층을 지나기도 한다.
해저 지형이 그렇다면 채비를 바닥까지 내린 후 반복적으로 고패질을 하면서 바닥을 확인할 필요가 있을까? 그림의 A채비는 봉돌이 바닥에서 조금만 떨어져도 웜 채비가 바닥에서 1m 수심층을 쉽게 벗어난다. 따라서 봉돌이 바닥에 닿는 걸 확인하기 위해 수시로 고패질하다 보니 바닥 걸림이 잦을 수밖에 없는 것이다.
그러나 B채비는 한 번 바닥을 확인한 후 봉돌을 바닥에서 70~80cm 이상 들어줘도 웜 채비는 광어의 사정권인 1m를 크게 벗어나지 않는다. 바닥 걸림도 적으면서 광어 입질을 받을 확률은 높은 것이다.
실제로 전문 낚시인 중에는 봉돌과 웜채비의 간격은 20~30cm가 더 실전적이고 조과도 뛰어나다고 말하는 사람도 많다. B채비만큼 버림줄 길이를 짧게 하지 않더라도 반드시 봉돌과 웜 사이 간격이 50cm 이상이어야 한다는 식의 고정관념은 버릴 필요가 있다.

다운샷 낚시 기법 ❻

미국식 최신 광어낚시법

Bucktail Jigging

다운샷보다 더 위력적이다!

이재우 뉴욕 오션헌터 선장

2013년 현재 뉴욕에서는 광어낚시에 드롭샷(다운샷) 채비는 한물 간 상태이며 벅테일 지그(bucktail jig)가 인기를 얻고 있다. 벅테일 지깅은 광어뿐만 아니라 농어낚시 등에 폭넓게 사용하고 있으며 웜을 사용한 다운샷과는 비교가 되지 않는 확실한 조과를 보여줘 이곳에서 폭발적인 인기를 얻고 있는 신기법이다.

벅테일 지그란 꼬리 부분에 사슴꼬리털(bucktail)을 장식한 지그다. 사슴꼬리털 속에 바늘을 감추어 물고기의 입질을 유도하는데, 다양하고 화려한 색깔과 반짝이 등으로 웜을 달지 않고도 물고기의 호기심을 유발시켜 낚을 수 있도록 개발된 제품이다. 벅테일 지그는 물고기 실물에 가까운 헤드 모양과 색상으로 자체 유인효과가 있다. 더 확실한 액션을 위해서 벅테일 뒷부분에 그럽 등의 웜을 달아서 쓰기도 한다. 필자는 미국과 한국에서 다운샷과 벅테일 지깅을 함께 경험해 보았는데 확실히 벅테일 지깅이 우수한 조과를 보장해준다는 걸 느꼈다. 특히 벅테일은 광어 한 어종에 국한되지 않고, 농어나 우럭 등 다양한 어종도 함께 낚을 수 있었다.

미국식 광어 벅테일 지깅 채비. 위에는 1/2온스짜리 벅테일 지그를, 밑에는 추 대용으로 3온스짜리 벅테일 지그를 달았다.

기둥줄에 가짓줄 달아서 루어 묶는 것이 특징

벅테일 지깅은 바늘 연결방법도 다르다. 다운샷 채비는 기둥줄에 바늘을 직결하는 게 특징으로, 팔을 쭉 편 상태에서 팔목의 스냅을 위아래로 흔들어 주는 것과 흡사해 손 자체가 다운샷 바늘이 되는 형태인데, 이럴 경우 위 아래로 약 45도에서 90도까지 바늘이 움직이기 때문에 바늘에 고정된 웜은 자연스러운 액션이 연출되지 못하는 단점이 있다. 그에 반해 벅테일 지깅은 가지채비를 사용하므로 훅이 360도로 자유자재로 움직이는 게 장점이며, 손목의 스냅을 이용하여 튕기는 방법의 고패질로 입질을 유도하는 게 가장 큰 특징이다. 상황에 따라 빠르게 또는 느리게 두세 번 끊어주는 방법과 흔들어 주는 방법 등 다양한 패턴으로 연출할 수가 있다.

◀ 벅테일 지깅으로 낚아 올린 대서양 광어. 미국에선 다운샷 채비는 한물갔고 벅테일 지그가 인기를 얻고 있다.

벅테일, 직접 만들어 쓰기도

현재 미국에서는 다양한 색상과 무게를 가진 벅테일 지그가 판매되고 있으며 한국에서도 인터넷으로 구입 가능하다. 단 일반 지그보다 비싸다는 게 단점인데, 벅테일 지그는 개인이 만들기 쉬워 직접 제작해 쓰는 사람들도 많다.

벅테일 지깅 채비는 기둥줄에 상하 두 개의 벅테일 지그를 가지채비로 매다는데 봉돌 대신 무거운 벅테일을 사용하기도 한다. 채비의 안정성을 위해 대개 윗부분에는 가벼운 루어를, 아래쪽에는 무거운 루어를 달아준다. 1/4온스부터 1온스까지 다양한 무게의 벅테일을 가지채비 형식으로 매단다.

가지채비는 가장 흔한 드로퍼 루프(dropper loop)의 방법으로 연결하며 가지채비의 목줄 길이는 10cm 정도가 알맞다. 채비별 사용법과 특징은 아래 상자 기사 참조.

※유튜브를 통해 bucktail jigging을 검색해보면 물속에서 광어가 벅테일의 액션에 따라 유영하며 입질하는 장면과 바닥에서 높이 솟구치며 먹잇감을 공격하는 동영상을 볼 수 있다.

▲ 벅테일 지그로 광어를 낚은 미국인.

▼ 필자 이재우씨가 개발한 가지채비 묶음법.

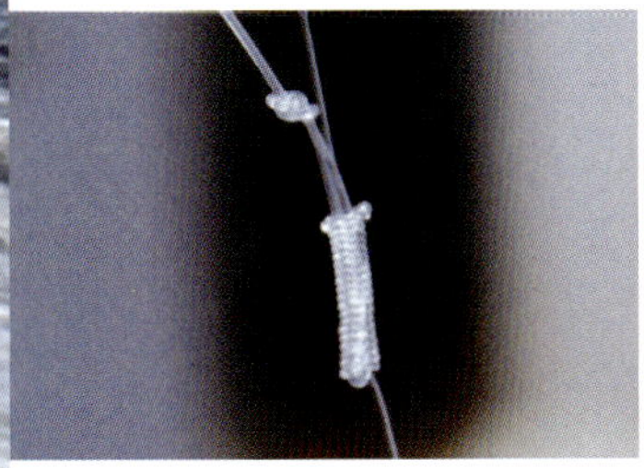

여러 가지 벅테일 지그 채비법

①두 개의 가짓줄에 루어 달고 기둥줄 아래에 봉돌 다는 경우
이 방법은 매우 다양한 어종이 넓게 분포된 낚시지역에서 사용하는 방법으로 특히 광어의 활성도가 매우 좋을 때 사용하는 채비다.

②봉돌 대신 벅테일을 사용하는 경우
이 채비는 가짓줄에 벅테일을 한 개만 달고 봉돌 대신 무거운 대형 벅테일을 다는 방법이다. 이 방법은 주로 암초가 발달된 지역에서 또는 대물을 대상으로 할 때 사용하는 방법으로 고패질 시 생기는 밑걸림을 다소 줄일 수 있으며 험한 바닥에서 터줏대감처럼 서식하는 대물의 입질을 유도하는 데 매우 효과적인 채비다.

③응용채비
물이 혼탁하고 조류가 빠르거나 수온의 변화로 입질이 저조할 때 사용하는 방법이다. 기둥줄에는 한 개의 가짓줄만 달고, 봉돌과의 간격을 약 12인치(약 30cm)에서 14인치(약 35cm)로 길게 한다. 그리고 봉돌을 연결하는 도래에 10인치(약 25cm) 내외의 가짓줄을 묶어서(봉돌보다 짧아 바닥걸림이 적다) 벅테일 지그를 묶는다. 이렇게 하면 맨 밑의 벅테일 지그가 봉돌과 함께 바닥 지형을 따라 천천히 흐르면서 입질을 유도한다. 이 방법은 물고기들의 활성도가 낮아 움직임이 둔할 때 미끼를 대상어 코앞에까지 도달하게 하여 입질을 유인하는 방식인데, 이때는 벅테일에 생미끼를 같이 꿰어 사용하면 매우 효과적이다. 미국에선 꼴뚜기를 통째로 사용하거나 큰 멸치를 소금에 절여 사용한다.

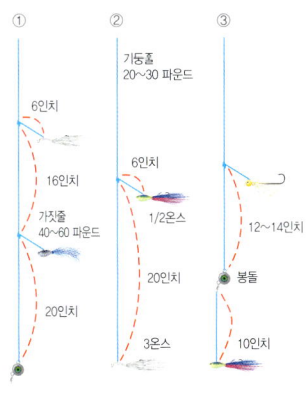

타이라바 낚시 기법 ❶

어종 불문 만능루어
타이라바 & 인치쿠

서해 참돔 붐 일으키고
제주 다금바리 낚시까지 진출

2008년 서해 군산 앞바다에서 시작된 타이라바(참돔지깅) 열풍은 이제 전국으로 확산됐다. 특히 제주도에서 타이라바는 제주바다낚시의 판도를 뒤바꿀 정도로 인기가 높아졌다. 타이라바는 일본 어부들이 개발한 '카브라'라는 어구(漁具)를 낚시인들이 개량해 오늘날의 형태로 발전한 루어다. 타이라바는 도미를 일컫는 일본어 다이(타이)와 고무를 일컫는 영어 러버(rubber)의 일본식 발음인 라바를 합성해 만든 용어다.

▶ 타이라바로 낚은 우럭.

참돔 외에도
모든 바닷고기 잘 낚여

타이라바는 둥근 모양(주꾸미 대가리 또는 물고기 눈을 크게 확대한 모양이다)의 금속 헤드에 화려한 색상의 고무 술(타이)과 천 조각들을 붙인 형태다. 금속 헤드는 싱커 역할을 하고 술과 천 조각들이 하늘거리며 물고기를 유혹한다.

타이라바 낚시는 2008년에 국내에 처음 소개돼 고군산군도 말도 근해에서 마릿수 참돔 조과를 일구면서 유명해졌다. 일본에서도 타이라바는 참돔 배낚시에 주로 쓰인다. 그래서 처음에는 타이라바를 참돔지그로 번역했고, 타이라바 낚시를 참돔지깅이라 불렀다.

그러나 실제로 낚시를 해보니 참돔 외에 우럭, 광어, 쥐노래미 같은 고기들은 물론 농어, 부시리, 쏨뱅이, 잿방어, 방어 등 바다 속에 살고 있는 온갖 어종이 낚이는 만능루어인 것으로 확인했다. 특히 록피시인 우럭, 광어, 쥐노래미에게 강력한 위력을 발휘하고 있어 타이라바는 선상루어낚시에서는 빼놓을 수 없는 루어가 됐다.

▲ 요상하게 생긴 타이라바. 위력은 메가톤급 루어다.

타이라바낚시는 위력은 대단하지만 낚시법은 극히 단순하다. 타이라바로 바닥을 찍은 뒤 느리게 감아주기만 하면 모든 고기가 달려들기 때문이다. 단순한 낚시방법 때문에 다소 지루한 낚시라는 평가도 있지만 초보자가 쉽게 익힐 수 있고 어종과 지역을 가리지 않는 조과 덕분에 날로 인기가 높아가고 있다.

낚시장비와 채비 간단하고 낚시법도 쉬워

타이라바낚시는 장비가 간단해 누구나 쉽게 즐길 수 있다. 다운샷 낚시 때 사용하던 장비를 그대로 사용하면 된다. 쇼크리더에 다운샷 채비 대신 타이라바만 연결하면 끝이다. 액션도 타이라바로 바닥을 찍은 뒤 천천히 5m가량 끌어올리기만 하면 고기가 쫓아와서 입질하므로 배낚시 중 가장 쉬운 장르에 속한다. 다운샷보다 더 쉽다고 할 수 있다. 다만 참돔을 낚으려면 릴링속도를 조절하는 기술이 필요하고 때론 입질도 까탈스러워 초보자들은 낚기 어렵지만 우럭, 광어, 쥐노래미 같은 록피시들은 입질이 격렬해 타이라바로 쉽게 낚을 수 있다.

타이라바는 릴링 도중 입질이 와도 그냥 감기만 하면 저절로 바늘이 박히므로 굳이 챔질할 필요 없다. 아마도 이것은 위쪽으로 도망치듯 움직이는 타이라바를 향해 격렬하게 달려든 물고기가 은신처로 돌아가려고 처박다보니 저절로 바늘이 박히기 때문인 것으로 추측된다.

타이라바에 낚이는 다양한 물고기들

1. 혹돔
2. 참돔
3. 광어
4. 삼세기
5. 양태

헷갈리는 타이라바 낚시장르 용어

참돔지깅‥러버지깅‥베이지깅‥라이트지깅

일본에서도 2000년대 중반까지 타이라바와 인치쿠는 어부들을 위한 어구였고 요즘처럼 낚시용으로 왕성하게 출시된 것은 2005년도 이후다.

일본에서도 타이라바나 인치쿠를 사용한 낚시는 장르 구분이 모호하다. 고난도 테크닉이 필요한 장르는 아니고, 이것저것 마구잡이로 잘 잡히다보니 어부들의 어업 같다는 우스개 표현까지 한다고 한다.

명칭도 베이지깅, 러버지깅, 라이트지깅 등으로 다양해 통일된 표현도 없는 상황. 우리나라에선 참돔지깅, 타이라바낚시가 혼용되고 있다.

인치쿠가 진짜 록피시 킬러다!

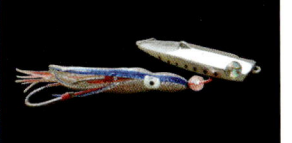

타이라바 사촌?

인치쿠는 타이라바와 거의 같은 시기에 역시 일본 어부들이 개발한 루어다. 배스낚시용 스피너베이트처럼 고기를 유혹하는 부분과 실제 먹히는 부분으로 분리된 루어다. 밝고 번쩍이는 봉돌 부분은 빛이나 파동으로 고기를 유혹하고, 바늘이 달린 꼴뚜기베이트는 먹잇감이 된다.

인치쿠는 하나의 먹이고기가 아니라 쫓고 쫓기는 무리를 형상화 했다고 보면 된다. 인치쿠를 가라앉힌 뒤 고패질하면 봉돌과 꼴뚜기 베이트가 따로 움직이는데 이때 꼴뚜기베이트가 봉돌을 쫓는 모습이 연출된다. 그 광경에 육식어종들이 앞 다퉈 달려든다. 초원에서 작은 육식동물이 초식동물을 사냥하면 큰 육식동물이 달려들어 먹잇감을 빼앗는 것과 동일한 원리다.

광어, 우럭만 노린다면 타이라바보다 인치쿠를!

인치쿠는 대상어를 가리지 않는 게 장점이다. 메탈지그나 생미끼에 입질이 뜸할 때도 인치쿠로는 입질을 받을 수 있다. 특히 우럭, 광어, 쥐노래미 같은 록피시들은 타이라바보다 인치쿠에 더 잘 낚인다. 그밖에도 부시리, 방어, 대구, 광어, 우럭은 물론 참돔, 능성어, 연어병치, 심지어 횟대, 옥돔까지 물고 올라온다.

어자원의 보고로 알려진 제주도에서는 타이라바보다 인치쿠의 인기가 높다. 그동안 생미끼 배낚시에는 잘 낚이지 않던 고급 어종들이 인치쿠에는 줄줄이 낚이고 있기 때문이다.

타이라바보다 빠르고 큰 액션이 효과

인치쿠는 타이라바와 액션 동작에도 차이가 있다. 타이라바는 느리고 일률적인 감기 동작이 주가 된다면 인치쿠는 빠르고 큰 폭의 활발한 액션을 줄 때 입질이 잦다. 인치쿠 액션의 기본은 지그헤드처럼 바닥에서 활발하게 놀리는 것이다. 타이라바에서는 타이의 펄럭거림이 참돔을 유혹한다면 인치쿠는 번쩍거리는 금속헤드가 유인 역할을 한다. 그리고 진짜 입질은 헤드에 연결된 꼴뚜기형 루어에 들어오게 된다.

한편 타이라바처럼 바닥에 닿은 인치쿠를 3~4m 띄웠다 다시 가라앉히는 동작을 반복하면 참돔, 농어, 부시리, 우럭, 광어, 쥐노래미 등을 모두 노릴 수 있다. 우럭, 광어, 쥐노래미 같은 록피시만 집중적으로 노린다면 인치쿠가 바닥에서만 움직이도록 하면 된다.

타이라바 낚시 기법 ❷

타이라바 & 인치쿠
히트 아이템

[HIT ITEM]

일본 어부들의 어구를 현대식 루어로 개량한 것이 타이라바와 인치쿠다. 타이라바는 참돔용으로, 인치쿠는 광어와 우럭, 쥐노래미 같은 록피시용으로 인기 있다. 요즘 인기 있는 타이라바와 인치쿠를 소개한다. 〈업체명 가나다순〉

선상 루어낚시의 만능 루어로 등장한 타이라바.

에스엠텍

카끼 에스엠러버 VR

바디에 홀로그램 블랙 레드 아이를 채용한 타이라바다. 에스엠텍에서 독자개발한 3가닥 타이와 미국산 라운드 러버 스커트(일부 색상 실리콘 스커트)를 사용해 대상어의 먹이욕구를 자극한다. 조류 저항을 최소화한 스커트 조합을 이뤄 속조류가 강한 상황에서도 타이라바가 크게 밀리지 않아 원하는 지점과 수심을 공략할 수 있다. 참돔, 우럭, 광어, 쥐노래미, 부시리, 농어 등 거의 모든 어종에게 잘 먹힌다. 각 6가지 색상 출시.
■ 가격 50g 7000원, 70g 8000원, 90g 9000원, 110g 1만원.

카끼 러버 VS

홀로그램 레드아이를 채용했으며 역시 에스엠텍이 독자개발한 3가닥 타이가 달려있다. 미국산 라운드 러버 스커트를 사용했으며 본체를 도금처리 후 여러 번 코팅해 헤드 색상이 쉽게 변하거나 벗겨지지 않는다. 금도금 4색, 니켈도금 4색 출시.
■ 가격 55g 6000원, 65g 7000원, 80g 8000원, 100g 9000원.

엔에스

타이푼 V 러버지그

인치쿠를 개선한 버티컬 타입의 메탈지그다. 부시리, 방어, 우럭, 광어 등 국내 토착 어종을 타깃으로 개발됐다. 제주도 근해의 줄삼치, 만새기, 갈치, 지깅낚시에도 잘 먹힌다. 기존의 중형급 메탈지그가 보여주는 중압감과 심리적 부담감을 감소시키고 지깅낚시를 처음 접하는 초보자의 눈높이에 맞춰 개발한 러버지그다. 라이트한 낚싯대를 활용할 수 있다는 장점과 더불어 미디엄 헤비 액션의 배스낚싯대급으로도 활용할 수 있다. 50g, 100g, 150g, 200g 출시. 색상은 블루, 핑크, 실버 세 가지. ■ 가격 1만3500원~1만8000원.

바이터 러버지그

엔에스 바다스탭인 신동만씨가 8개월에 걸쳐 개발한 러버지그다. 강력한 훅셋을 보장하는 일본 오너사 바늘을 채용했고 바늘매듭도 견고하다. 헤드의 모양은 참돔이 좋아하는 바지락, 모시조개에서 착안했는데 깊은 수심에서는 빠른 침강속도로 속공이 가능하고 얕은 수심이나 느린 조류에서는 살아있는 조개류의 움직임을 연출한다. 60g, 90g, 120g 출시. ■ 가격 1만2000원~1만3000원.

한국다이와주식회사

베이러버

타이라바용 긴 타이의 원조격인 롱넥타이와 흔들거리는 궤도 액션이 대상어를 유혹한다. 독자적인 헤드 디자인에 의해 모든 리트리브 속도에서 헤드부를 흐느적거리게 만드는 댄싱 능력이 돋보인다. 복부의 물살틈을 거쳐 물살 뒷부분으로 흐르게 해 넥타이를 요염하게 흔들며 대상어를 유혹한다. 참돔을 메인으로 하지만 전면 하부의 어시스트 아이에 트레블훅을 장착하면 헤드를 공격해오는 갈치 및 록피시도 대응 가능하다. 롱넥타이는 짧은 길이로 튜닝도 가능하며 실리콘 고무관을 벗겨내면 넥타이, 스커트훅 교환도 가능하다. PE 6호 목줄+이세아마 11호 바늘(2X)을 사용했다.

■ 가격 60g 1050엔, 80g 1050엔, 100g 1100엔. 색상은 핑크/크롬, 핑크/글로우, 홀로 오렌지/골드, 홀로 핑크/골드, 홀로/레드, 홀로 그린/골드, 홀로 블랙/골드

베이러버 TG

원조 롱넥타이 타이러버의 텅스텐 버전이다. 작고 무거운 텅스텐 헤드로 재빠르게 침강하여 조류가 빠르더라도 확실히 바닥에 닿을 수 있다. 러버&넥타이는 실리콘제를 사용. 강도와 내구성을 대폭 향상했다. 훅과 스커트, 러버는 분리 타입이므로 상황에 맞춰 각각 탈착 가능하다. 30~45g은 타이라바훅 단차M을 표준장비(PE 8호+목줄+이세아마 11호, 돔바늘 12호)로, 60~120g은 대형 참돔에 대응하여 타이라바훅 단차L을 표준장비(PE 10호+목줄+이소마루바늘 13호, 감성돔바늘 13호 사용)로 채택했다.

■ 가격 30g 1450엔, 45g 1750엔, 60g 2100엔, 80g 2450엔, 100g 2850엔, 120g 3150엔. 각 5가지 색상.

네오러버

주석을 소재로 한 캐스팅용 스위밍 러버지그다. 광어 서프낚시, 양태낚시에 최적. 슬로우 리트리브에서는 매우 타이트하게 감기며 도는 액션을, 물살을 맞으면 롤 폭이 넓어지는 스푼계 어필 액션이 특징이다. 넥타이, 스커트, 훅이 별도 조립 가능하고 교환도 용이하다. 부드럽고 강도가 높은 실리콘 러버 스커트와 넥타이를 채용했다.

■ 가격 21g 900엔, 30g 1000엔. 각 7가지 색상.

파이어레이츠 IISB

패스트 리트리브에 대응하는 스테이 베이트 콘셉트의 인치쿠다. 바디는 S자 액션을 연출하지만 베이트는 크게 움직이지 않아 고기가 입질할 때 확실히 걸린다. 제트스키가 운전자를 중심으로 변하는 것에서 힌트를 얻어 가장 흔들리지 않는 미드쉽(중심) 부분에 베이트를 달았다.

■ 가격 90g(72mm) 1400엔, 110g(76mm) 1500엔, 130g(80mm) 1600엔, 160g(86mm) 1700엔, 190g(91mm) 1900엔. 각 5가지 색상.

파이어레이츠 IIMB

고활성 하이 어필의 무빙 베이트 콘셉트의 인치쿠다. 에지(edge)가 있는 다면 설계와 선저형의 저중심 설계로 스트레이트 리트리브에서 날카로운 워블 롤 액션을 발생시킨다. 지그 본체의 납작한 면, 아발론 아이의 플래싱 롤, 격하게 움직이는 타코 베이트가 뒤섞여 움직이는 상승효과로 대상어를 유혹한다. 또 슬로우 저크 리트리브에는 헤드를 좌우로 크게 휘두르는 퀵다트 액션을 발생시켜 어필력을 향상시켰다.

■ 가격 80g(81mm) 1300엔, 100g(88mm) 1400엔, 120g(93mm), 1500엔 150g(100mm) 1600엔, 170g(105mm) 1750엔. 각 5가지 색상.

타이라바 낚시 기법 ❸

인치쿠로 굵은 우럭을 낚은 낚시인. 우럭, 광어 같은 록피시만 노린다면 타이라바보다 인치쿠가 위력적이다.

타이라바 실전 강의

바닥 찍은 후 1m 안쪽에서 놀려라

◀ 다양한 형태와 색상의 타이라바.

타이라바 낚시는 슬로우 템포다. 참돔을 낚을 때는 타이라바로 바닥을 찍은 후 5~6m 가량 천천히 감아올렸다가 다시 떨어뜨린 후 천천히 감아올리는 동작을 반복한다. 감을 때의 속도가 매우 중요해 1초에 두세 바퀴 또는 서너 바퀴씩 상황에 맞춰 릴링 속도를 조절한다. 그래서 조금 지루하고 답답한 면도 있다.

그러나 록피시들은 참돔보다 반응이 빠르다. 타이라바가 바닥에 닿음과 동시에 달려들므로 누구나 쉽게 낚을 수 있다. 입질도 주로 바닥권에서 집중되므로 굳이 정교한 릴링이 필요 없다. 타이라바는 바늘이 외부로 완전히 노출돼 있는 특성상 입질과 동시에 후킹이 돼 별도의 챔질도 불필요하다.

타이라바 무게의 선택 기준은?

첫째 수심, 둘째 조류 세기

타이라바의 무게는 수심에 맞춰 선택한다. (PE라인 1호를 사용해) 수심 50m를 노릴 경우 타이라바의 무게는 60~80g이 적합하며, 수심이 얕거나 깊어지면 그때그때 무게를 가감한다. 그 기준은 '타이라바가 수월하게 바닥에 닿는지'의 여부다. 즉 50g짜리 타이라바를 써보고 좀처럼 바닥에 닿지 않거나 최초에 닿은 뒤 그 뒤로는 바닥을 찍기 어렵다면 60g이나 80g짜리로 교체해준다.

원줄 굵기에 따라서 적정무게는 달라진다. 만약 원줄을 PE라인 1.5호로 썼을 때 80g짜리 타이라바가 바닥에 잘 닿지 않는다면, 원줄을 1호로 내려주면 훨씬 쉽게 바닥에 닿을 수 있다. 조류의 세기도 변수다. 조류가 빠를수록 무거운 타이라바를 써야 한다. 초들물 때는 50g짜리 타이라바가 바닥까지 잘 닿았지만 조류가 세진 중들물 때는 잘 닿지 않을 수 있다. 이때는 더 무거운 타이라바로 교체해야 한다.

☞ 타이라바낚시에서도 쇼크리더는 필수다. 타이라바는 일단 바닥에 닿은 후 액션을 주므로 PE라인에 직결하면 수중여에 긁혀 손상 받기 쉽다. 쇼크리더는 카본줄 3~4호(12~16파운드)를 3m 길이로 묶어 쓴다.

기본 테크닉은?

바닥 찍고 천천히 감아올리기

타이라바의 기본 액션은 바닥을 찍은 후 다른 액션은 일절 없이 그냥 천천히 감아올리는 것이다. 원래 이 액션은 참돔을 낚을 때 사용하는 패턴인데 이 단순 동작에 록피시들도 잘 달려든다.

배낚시에서 타이라바를 떨어뜨릴 땐 라인을 팽팽하게 유지한 채 떨어뜨리는 커버폴, 라인을 자유롭게 늘어뜨려 똑바로 가라앉히는 프리폴이 있는데, 참돔이나 록피시 낚시에선 프리폴이 기본이다. 그 이유는 타이라바가 가급적 빨리 바닥에 닿게 만들기 위해서다.

타이라바가 바닥에 닿으면 곧바로 릴을 감거나 액션을 준다. 바닥에 닿은 타이바라를 그냥 두면 금세 수중암초에 걸린다. 바닥에 타이라바가 닿은 후 천천히 감아올리는 과정에서 록피시들이 입질한다. 입질이 주로 바닥에서만 온다면 바닥에서 50cm~1m 띄운 상태에서 가볍게 고패질 하거나, 바닥을 찍었다 올렸다 하는 빠르고 격한 액션을 주는 것도 효과적이다.

▼ 타이라바로 굵은 우럭을 낚은 이승욱씨. 타이라바에는 우럭도 굵은 씨알이 잘 낚인다.

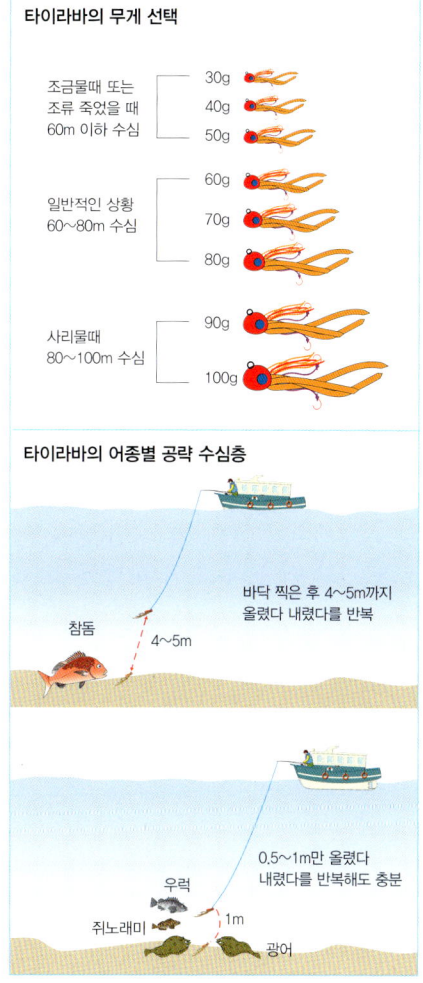

갯지렁이 사용에 대한 논란

타이라바에 갯지렁이를 꿰어 쓰는 패턴에 대해 논란이 많다. 처음엔 일부 낚시인들만 조과를 향상시키기 위해 썼지만 그 효과가 워낙 탁월하다보니 이제는 갯지렁이 사용이 일반화됐다. 타이라바에 갯지렁이를 꿴 뒤 바닥층을 끌기만 하면 참돔, 광어, 우럭, 쥐노래미 등이 입질한다. 전문가들은 "갯지렁이를 쓴 뒤로는 25에서 30센티미터급 참돔도 많이 낚이고 있다. 참돔 자원의 급감을 초래하고 낚시의 루어낚시의 재미를 반감시킨다"고 지적하고 있다.

'풍'의 역할

'풍'이란 바다에 펼치는 낙하산 형태의 물받이용 닻을 말하는데, 풍이 펴지면 낚싯배가 바람에 밀리지 않고 조류에 맞춰 자연스럽게 흘러가게 된다. 풍의 사용 여부에 따라 타이라바의 무게 선택 기준은 크게 달라진다. 바람에 배가 밀리지 않다 보니 가벼운 타이라바로도 쉽게 바닥을 찍을 수 있기 때문이다. 풍을 사용하면 50~80g짜리 타이라바로도 100m 수심을 쉽게 노릴 수 있다. 그러나 현재 풍은 일본과 제주도에서만 보편화돼 있고 서해는 풍을 사용하지 않는다. 그래서 서해에선 60g 이상의 무거운 타이라바를 많이 쓴다.

▼ 낚싯배 위에서 물닻으로 불리는 풍을 설치하고 있다. 풍은 일종의 수중 낙하산이다.

풍을 쓸 때의 장점

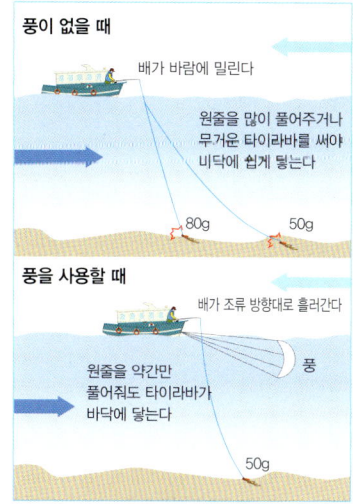

타이라바 채비도

- PE라인 0.8~1.5호
- 직결
- 쇼크리더 카본 3~4호 3m 이상
- 타이라바
- 인치쿠
- 6~6.5피트 선상 루어대
- 바다용 베이트릴

응용 테크닉-징검다리 탐색법

부드러운 고패질 통해 넓은 범위 탐색이 가능

단순히 릴을 감았다 풀어주는 방식에 입질이 없다면 먼 거리를 노려보는 징검다리식 탐색법도 효과적이다. 요령은 타이라바가 바닥에 닿으면 그 상태에서 릴 스풀을 엄지로 눌러 팽팽해진 원줄이 조류에 밀리면서 부웅- 떠오르게 한다. 그에 맞춰 대 끝을 천천히 들어 90도 높이로 세우면 타이라바는 바닥에서 높이 떠오를 것이다. 그 다음엔 다시 대 끝을 천천히 수면으로 눕혀주면서 스풀을 누르고 있던 엄지를 살짝 떼어 원줄을 풀어준다. 술술 풀려나가던 원줄에 긴장감이 사라지며 '툭' 하는 느낌이 나면 타이라바가 다시 바닥에 닿은 것이다.

▲ 타이라바로 낚은 우럭과 광어. 타이라바는 다양한 어종이 낚이는 만능 루어다.

그러면 다시 엄지로 스풀을 누른 뒤 앞서 한 방법으로 대 끝을 올리며 타이라바를 바닥에서 띄운다. 같은 방법을 몇 번 더 반복하면 더 이상 원줄을 풀어주지 않아도 타이라바가 바닥에 잘 닿게 된다. 이 방식이 잘 먹히는 이유는 좀 더 넓은 범위를 탐색할 수 있고 타이라바가 붕- 하고 떠오르는 동작이 고기들에게 강하게 어필하기 때문이다.

팁

헛챔질 잦다면 타이를 짧게 잘라라

타이라바 낚시를 하다 보면 유난히 헛챔질이 잦은 날이 있다. 후두두둑- 하는 느낌만 오거나 릴링 도중 고기가 떨어져 나가는 것이다. 이때는 타이의 길이를 짧게 잘라주면 효과가 있다. 타이 끝이 바늘과 가까울수록 걸림 확률이 높기 때문이다. 시중에 판매되고 있는 타이라바 중 유난히 타이가 긴 제품들이 있는데 그런 제품은 반드시 튜닝을 해야 한다. 바늘에서 타이 끝과의 거리는 3cm 안쪽이 좋다.

바늘 끝~타이 끝 간격 좁혀주기

※끄트머리만 무는 입질이 지속되면 타이를 약간 잘라준다

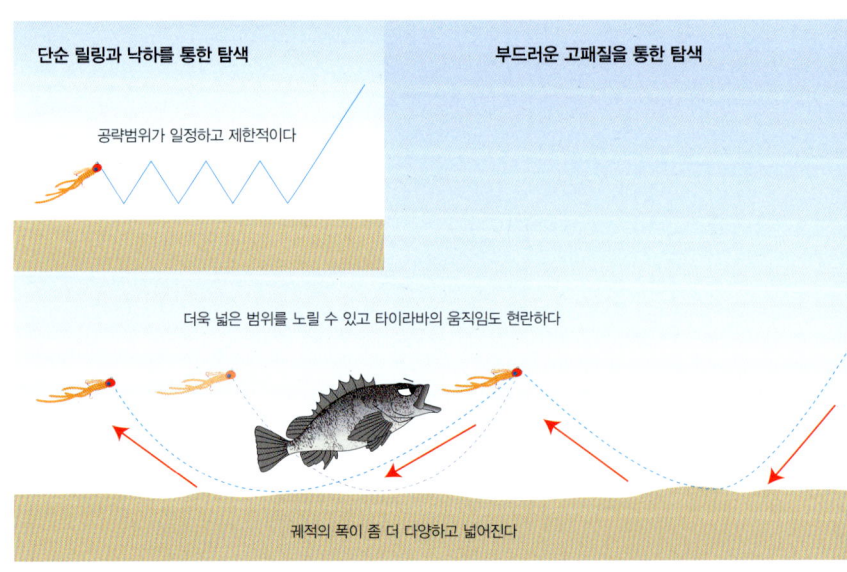

단순 릴링과 낙하를 통한 탐색 — 공략범위가 일정하고 제한적이다

부드러운 고패질을 통한 탐색 — 더욱 넓은 범위를 노릴 수 있고 타이라바의 움직임도 현란하다 / 궤적의 폭이 좀 더 다양하고 넓어진다

타이라바 Q&A

최석민 루어낚시 전문가,
에스엠텍 대표

"스커트는 풍성한 것보다 빈약한 게 낫다"

Q. 타이라바는 몇 그램짜리를 많이 쓰나?

풍(물닻)을 쓰지 않는 서해를 기준해 80g, 100g이 가장 사용 빈도가 높다. 서해는 깊어야 40~50m밖에 안 되지만 조류가 세기 때문에 무거운 타이라바를 써야 한다. 또 조류와 바람이 역방향일 경우 타이라바가 끌려오는 형국이 돼 가벼운 타이라바는 불리하다. 풍을 쓰는 제주도에서는 40g, 50g, 60g대를 많이 쓴다.

Q. 타이라바 색상은 어떤 게 잘 먹히나?

레드와 오렌지 두 가지 컬러가 가장 무난하다. 골드나 홀로그램이 추가되더라도 이 두 가지 색상이 어종에 관계없이 가장 잘 먹혔다. 타이와 스커트 색상도 비슷했다. 나의 경험으로는 헤드는 다크레드, 타이와 스커트는 레드나 오렌지 계열이 잘 먹혔다.

Q. 타이라바 헤드의 형태는 어떤 게 좋은가?

원형에서 약간 변형된 타원형이 잘 먹히는 편이다. 조류를 받았을 때 참돔지그가 약간 몸을 비틀면서 움직일 수 있도록 표면이 가공된 초승달 형태의 것들도 무난하다. 너무 납작하거나 굽은 각도가 커 움직임이 현란하면 오히려 좋지 않았다.

Q. 스커트는 풍성할수록 좋은가?

풍성한 것보다 다소 빈약해 보이는 게 낫다. 타이는 기본적으로 2~3가닥, 스커트는 10~15가닥이면 충분하다. 스커트가 풍부하면 조류를 너무 많이 타므로 좋지 않다.

낚싯배를 타고 타이라바낚시를 즐기는 낚시인들.

라이트 지깅 낚시 기법 ❶

Light Jigging

첨단 루어낚시

거제도 안경섬 해상에서 거제도 낚시인 정희문씨가
슬로우 지그로 쥐노래미를 낚아 올리고 있다.

록피시를 겨냥한 경량급 지깅
메탈지그의 튀는 액션에 육식어 올킬!

지깅은 메탈지그라는 무겁고 하드한 금속 루어를 사용해 깊은 수심의 포식어를 낚는, 대단히 호쾌한 낚시방법이다. 원래는 방어, 부시리, 참치 등 회유성 대형어를 낚는 루어로 개발됐지만, 최근에는 이 메탈지그를 소형화, 경량화하여 우럭, 광어, 쥐노래미, 볼락 같은 중소형 정착성 록피시를 겨냥하는 라이트 지깅이 유행하고 있다.

록피시용으로도 강력하다

메탈지그가 부시리나 대구 같은 크고 힘센 고기에게만 잘 먹히는 것으로 오해하는 사람들이 많지만 사실 록피시에게도 특효다. 타이라바나 다운샷에 입질이 뜸할 때 메탈지그를 내리면 순식간에 광어나 우럭이 달려들어 깜짝 놀랄 때가 많다.
이 루어가 거의 모든 고기들에게 잘 먹히는 이유는 형태가 포식어들의 먹잇감인 작은 물고기를 닮았기 때문이다. 더구나 병든 물고기의 비틀거리는 동작을 가장 잘 연출할 수 있는 게 메탈지그다. 전문가들은 메탈지그 특유의 현란한 빛 반사와 독특한 액션을 강력한 유인효과의 이유로 꼽는다.
그러나 메탈지그를 사용한 라이트 지깅이 아직 우리나라에서는 보편화되지 못했다. 이유는 메탈지그의 가격이 비싼데다 밑걸림까지 심해 루어의 손실비용이 상당하기 때문이다. 그래도 효과는 탁월하므로 다른 루어에 입질이 없을 때 메탈지그를 꼭 써보기 바란다.

메탈지그로 광어를 낚은 루어낚시 전문가 석상민씨. 수심이 깊고 조류가 빠른 곳에선 다운샷보다 지깅에 광어가 더 잘 낚일 수 있다.

약하거나 병든 고기 상태를 연출

메탈지그의 액션은 독특하다. 미노우류는 대개 수평 방향으로 움직이지만 메탈지그는 수직 방향 액션이 주가 된다. 특히 순간적이고 빠르게 튀면서 지그재그로 움직이는 동작은 마치 먹이고기가 상처를 입었거나 무리에서 이탈한 모습을 연출한다. 포식어들은 무리 중 가장 약하거나 병든 상태의 고기를 덮치므로 메탈지그의 독특한 액션이 먹혀드는 것이다. 지깅은 무거운 지그를 빠르게 쳐올리는 격한 액션을 필요로 하는 고된 낚시장르지만 라이트 지깅은 가벼운 지그를 사용하기 때문에 체력적으로 힘들지 않고 중소형 어종을 다양하게 낚을 수 있다.

타이라바 장비를 그대로 사용

라이트 지깅 장비는 부시리나 대구를 노리는 본격 지깅 장비보다 경량급이다. 주로 농어루어낚시 장비나 타이라바(참돔지깅) 장비를 사용하고 있다. 가지고 있는 록피시용 대와 릴에 루어만 메탈지그로 교체해 사용할 수 있는 것이다.
한편 갯바위에선 메탈지그를 멀리 캐스팅해서 감는 액션으로 물고기를 낚는다. 이때는 주로 캐스팅 능력이 좋고 대형어의 제압력도 뛰어난 농어낚시용 로드를 사용한다. 선상에서도 부시리, 농어 같은 고기들이 떼 지어 나타나 수면을 튀는 '보일링' 현상이 보이면 얼른 캐스팅으로 낚을 수 있는, 활용도가 매우 높은 루어가 메탈지그다.

슬로우 지그.
일반 메탈지그보다 짧고 넓은 나뭇잎 모양을 하고 있다. 느릿느릿 지그재그로 하강하면서 방어, 부시리는 물론 바닥층의 록피시까지 유혹하는 위력적인 루어다.

어시스트 훅을 연결한 메탈지그.
소형 지그에 속하는 라이트 지깅용 60g짜리다.

라이트 지깅이란?

라이트 지깅은 100g 이하의 작고 가벼운 메탈지그로 수심 50m 이하 얕은 수심을 노리는 지깅 장르를 뜻한다. 우럭, 광어, 쥐노래미 등은 주로 근해에서 낚이므로 딥 지깅보다 라이트 지깅에 잘 낚인다. 수심 60m 이상을 노리는 딥 지깅에서는 100~300g의 무거운 메탈지그를 쓰는데 먼바다에서 부시리, 방어, 대구 같은 고기들을 주로 노린다.

라이트 지깅 낚시 기법 ❷

메탈지그
베스트 라인업

대칭 지그 VS 비대칭 지그

대칭 지그는 앞면과 뒷면의 형태가 동일하여 폴링시키면 거의 수직으로 빠르게 가라앉는 메탈지그를 말한다. 그래서 깊은 수심을 노리기에 적합하다.

비대칭 지그는 앞면과 뒷면의 형태는 동일하나 양쪽 모서리를 비대칭으로(서로 다른 각도나 모양으로) 가공한 것을 말한다. 그래서 폴링 시키면 좌우로 왔다 갔다 하며 대칭 지그보다 느리게 가라앉는다. 비교적 얕은 수심을 노리기에 적합하다.

슬로우 지그는 비대칭 지그의 일종으로서 아예 앞면과 뒷면의 형태 자체가 다르다. 예를 들어 앞면은 평면, 뒷면은 움푹 파인 형태로 설계했다. 그래서 폴링 때 좌우로 왔다 갔다 하는 폭이 크다. 슬로우 지그도 범주는 비대칭 지그에 속하며 과거 제품보다 길이는 짧고 면적은 넓어진 게 특징이다. 얕은 수심과 느린 조류에서 현란한 액션을 보이지만 급심이나 급류에선 부적합하다.

방어·부시리용 메탈지그는 25~30cm로 큰 것을 쓰지만 록피시용 메탈지그의 길이는 10~15cm가 적당하다. 우럭, 광어, 쥐노래미 같은 록피시들은 대형어가 아니기 때문에 메탈지그가 너무 길면 제대로 물지 못해 숏바이트가 잦아진다. 또 부시리 같은 회유어보다 민첩성이 떨어지므로 녀석들이 쉽게 입에 넣을 수 있는 작고 짧은 메탈지그가 유리하다. 무게는 10m 이내의 수심에서는 20~30g, 15~20m 수심에서는 40~50g, 30~40m 수심에서는 60~80g이 적당하다. (제조업체명은 가나다순)

제츠 슬로블랫 S

제츠 슬로블랫 R

앵글러스 리퍼블릭

제츠 슬로블랫 S

매우 짧은 이동거리에서도 안정적으로 수평자세를 만들어낸다. 대상어에게 가로 방향으로 몸을 보여주는 시간을 최대한 길게 취할 수 있도록 설계했다. 무게 중심이 중앙에 맞춰져 폴링 때는 수평이 되며 낙하 속도가 늦어지는 슬로우 메탈지그다. 표면의 앞뒤 비대칭 디자인 덕분에 폴링 때 빛 반사가 매우 현란하다. 눈은 실제와 비슷하게 설계해 어필력을 높였다. 총 10가지 한정 컬러.
■가격 100g 1만3000원, 130g 1만4300원 150g 1만6900원.

제츠 슬로블랫 R

저킹 때는 바디가 수평 방향으로 향하지만 폴링 때는 약간 꼬리 쪽으로 떨어지며 불규칙한 움직임을 나타낸다. 롱 폴 동작에서는 메탈지그 위쪽의 R 형태가 물과 많이 접촉하면서 저속의 저킹 동작에도 움직임에 영향을 준다. 다시 폴링 시켰을 때는 바디 아래쪽 면의 슬라이드 에지가 민첩하게 물을 가르며 메탈지그를 하강시킨다. 전방과 후방을 좌우 비대칭으로 도려낸 설계를 했다. 총 10가지 한정 컬러.
■가격 100g 1만3000원, 130g 1만4300원, 150g 1만6900원, 180g 1만8200원.

에스엠텍

에스엠 지그 FX

비대칭 지그. 선상루어낚시에서 라이트게임을 위해 개발한 메탈지그다. 무게 중심을 가운데 두어 폴링 때 스스로 꺾이게 디자인한 독특한 바디 구조다. 한쪽 면은 칼로 자른 듯 평면을 이루고 다면체 바디에 붙인 홀로그램 전사 코팅이 깊은 바다 속에서 시시각각 난반사를 일으켜 시인성을 극대화시킨다. 넓은 바디가 만들어내는 워블링 액션이 특징이다. 총 5가지 색상.
■가격 28g 4000원. 40g 5000원. 60g 6000원.

에스엠 지그 DA

대칭 지그. 저킹, 폴링, 버티컬 지깅을 위해 개발한 메탈지그다. 머리 부분이 얇고 가벼우며 꼬리 부분은 두껍고 무거운 좌우 대칭 설계다. 얇은 머리 부위 덕분에 회수 때 저항이 적으며 측면 홀로그램의 번쩍거림은 대상어종으로 하여금 활발한 공격을 유발한다. 폴링 때 다양한 액션을 연출해 고기를 유인한다. 총 4가지 색상.
■가격 300g(160mm) 1만원, 350g(167mm) 1만1000원, 400g(175mm) 1만2000원.

에스엠 지그 FX

에스엠 지그 DA

엔에스

타이푼 롱저커

슬림형 롱지그로 낙하 때는 S자 형태의 슬라이딩 액션을 스스로 연출한다. 저킹 때는 빠른 액션보다 느리고 유연한 동작을 길고 강하게, 또는 2m 이상의 리드미컬한 동작 후 약 30초간 멈추는 동작을 취해주면 된다. 바닥층의 대형급을 공략할 때는 저킹을 길고 유연하게, 중층의 중소형급을 공략할 때는 짧은 저킹 후 정지동작을 연결시켜주면 효과가 뛰어나다. 블루 핑크 실버 3가지 색상.

- 가격 100g 1만6500원, 150g 1만7500원, 200g 1만8500원, 250g 2만1000원.

피싱코리아

씨호크 조커 메탈지그

3D 야광 아이를 채택한 메탈지그로 최고급 야광 소재로 코팅했다. 몸 전체를 홀로그램 처리해 현란한 빛을 반사하므로 대상어에게 강하게 어필한다. 해외와 국내 필드스탭들이 충분한 필드테스트를 거쳐 생산한 제품이다. 날렵한 몸체 덕분에 깊은 수심층도 빠르게 파고든다. 블루와 레드 2가지 색상.

- 가격 400g(26cm) 1만2000원.

씨호크 네온 메탈지그

최고급 야광 도료를 코팅해 깊은 수심에서도 시인성이 뛰어나다. 홀로그램 아이를 채용해 대상어종에게 강력하게 어필하며 현란한 빛 반사로 먼 거리에서 회유하는 대상어도 쉽게 유인한다. 몸체는 단순하게 생겼지만 저킹 때 다양한 액션이 연출되는 게 특징이다. 블랙, 블루, 레드 3가지 컬러.

- 가격 400g(20cm) 1만2000원

한국다이와주식회사

플랫 정키 히라메탈

비대칭 지그. 다면 디자인으로 어필하는 플랫피시 공략용 메탈지그다. 수중 언덕을 노리는 지깅에도 효과적이다. 뒷면 1면, 앞면 5면의 고반사 설계로 리프트&폴 외에 계산된 비대칭, 세미 리어 밸런스로 인한 리트리브로 스푼과 같은 액션을 연출. 광어가 바닥을 떠나지 않을 때, 바닥에 정위치하는 양태를 공략할 때, 베이지깅에서도 위력을 발휘한다. 수심과 조류에 맞춰 쓰도록 30, 40g 2가지 사이즈가 출시. 총 6가지 색상.

- 가격 30g(53mm) 830엔, 40g(63mm) 900엔.

솔티가 새크리파이스II 베이트

베이트 태클을 사용하는 슬로우-미디엄 스피드 저크 특화형 모델이다. 초슬로우라도 샤프한 에지가 수중에서 퀵&다트 액션을 발생시키는 와이드&빅형 바디 디자인으로 대상어에게 장시간 미끼를 먹일 시간을 연출한다. 슬로우 저크 피치 방식으로도 다루기 쉽고 훅 설정에 따라 비거리도 마음대로 조정 가능하다. 총 6가지 색상.

- 가격 45g(85mm) 1000엔, 100g(110mm) 1600엔, 140g(130mm) 1900엔. 무게는 총 6가지.

TG베이트

베이트피시와 아주 비슷하게 보이는 슈퍼 터프 컨디션 대응의 메탈지그다. 텅스텐제 고비중 콤팩트 캐스팅 지그로 납보다 비중이 약 1.7배 무겁다. 작아도 무게가 있어 스트레스 없는 롱캐스팅이 가능하다. 정어리를 모방한 리얼한 형태를 유지하면서 고비중 바디에 액션을 주기 위한 좌우 비대칭 디자인이 특징이다. 총 6가지 색상.

- 가격 30g(55mm) 1400엔, 80g(78mm) 2300엔, 150g(98mm) 3400엔. 무게는 총 7가지.

라이트 지깅 낚시 기법 ❸

라이트 지깅 실전강의

강한 저킹 NO!
부드러운 저킹
YES!

태안 격렬비열도에서 메탈지그로 개우럭을 낚은 권정제씨.

메탈지그의 기본 액션은 '휙~' 솟았다가 '비틀비틀~' 가라앉는 것이다. 그것을 연출하기 위해 일단 바닥을 찍은 뒤 곧바로 낚싯대를 치켜올려 위, 아래로 흔드는 저킹(jerking)을 해준다. 부시리 같은 회유어를 노릴 때는 계속 저킹하면서 중층까지도 올리지만 록피시들은 주로 바닥에서 입질하므로 바닥에서부터 2m층까지만 저킹으로 올려주면 된다. 부시리를 노릴 때 사용하는 강하고 빠른 하드 저킹은 불필요하고, 느리고 부드러운 소프트 저킹이 알맞다. 저킹이랄 것도 없이 메탈지그를 천천히 올렸다 내렸다 반복하는 액션에도 매우 잘 반응한다.

낚싯대는 다운샷 로드나 타이라바 로드보다 빳빳한 게 유리

다운샷 때 사용했던 낚싯대를 써도 큰 무리는 없으나 기왕이면 지깅에 맞는 루어대를 써주는 게 유리하다. 다운샷이나 타이라바는 약간의 고패질 동작만 취해주면 되지만 지깅은 낚싯대를 끊어 치듯 고패질 해야 메탈지그에 액션이 나타나기 때문에 낚싯대가 연질이면 안 된다. 다소 빳빳한 루어대가 지깅에는 유리하다.
길이는 6~6.5피트가 표준이며 7피트를 쓰는 것도 좋다. 조류가 흐르지 않는 상황에서는 캐스팅을 해먼 거리부터 바닥을 더듬어 오는 방법을 써야 할 때도 있고 부시리, 삼치, 농어 같은 고기를 노려 캐스팅을 할 때도 멀리 던지기 위해선 짧은 대보다 긴 대가 유리하기 때문이다.
베이트캐스팅릴은 광어 다운샷 때 사용했던 릴을 그대로 사용하면 되며 PE라인, 쇼크리더, 매듭법 등도 다운샷 낚시 때와 동일하다.

여름~가을에는 스피닝 장비도 필요

수온이 높은 여름~가을 시즌에는 중상층을 회유하는 부시리, 삼치, 농어 같은 고기 떼를 자주 만나므로 수직 지깅을 하더라도 캐스팅용으로 스피닝 장비를 여벌로 세팅해 놓으면 유리하다. 수면에 삼치나 부시리 떼가 보이면 얼른 베이트 장비를 놓고 스피닝 장비로 메탈지그를 던져서 신속하게 낚을 수 있다.
라이트지깅용 스피닝릴은 2500~3000번 크기면 적당한데 3000번이 더 낫다. 릴이 클수록 채비를 회수하는 속도가 빠르고, 스풀 폭이 넓어 캐스팅 때 멀리 날아가기 때문이다. 기왕이면 샬로우 스풀형 스피닝릴을 구입하면 캐스팅 때 채비가 더 멀리 날아간다.

베이트 지깅 | 스피닝 지깅
원줄: PE 1.5~2호
5~7ft 지깅 전용
쇼크리더: 20~40lb
메탈지그

Jerking Technic

테크닉 1 ▶ 저킹 속도는 완만하게

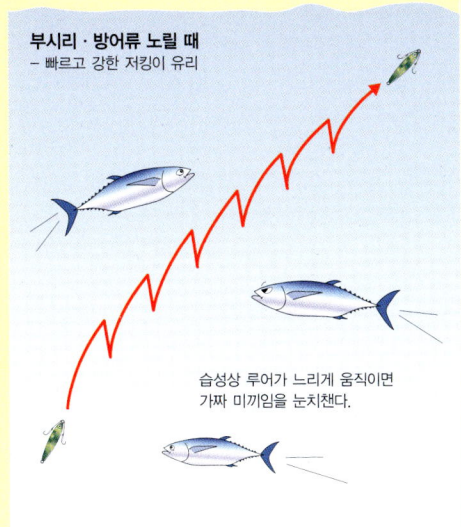
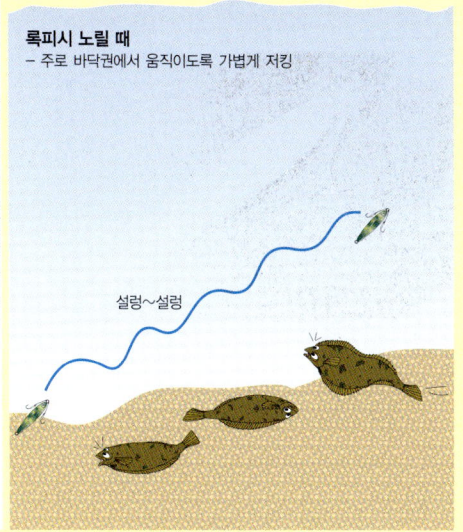

로드는 적합 루어 무게에 맞춰서 구입

구식 모델의 루어낚싯대는 손잡이 위쪽에 라이트, 미디엄라이트, 미디엄, 헤비 등으로 저마다 액션이 적혀 있다. 그러나 이 액션기준은 낚싯대 제조업체마다 달라서 사용자의 입장에선 큰 의미가 없다. 그래서 최근의 루어대들은 낚싯대에 적합 루어 무게(Lure weight 10~30g), 적합 라인(Line 8~14lb)을 구체적으로 표기하고 있다. 이 낚싯대에는 이 정도 루어와 낚싯줄이 알맞으므로 더 무거운 루어를 쓰고 싶거나 더 강한 낚싯줄을 써야 한다면 그에 맞는 낚싯대를 사용하라는 뜻이다.

메탈지그가 바닥에 닿으면 곧바로 낚싯대를 위로 쳐올린다. 이 동작이 저킹이다. 간격은 0.5초에 한 번씩, 낚싯대를 쳐올리는 폭은 50cm가 적당하다. 가볍게 톡톡 쳐주는 식이면 충분하다. 너무 격한 저킹은 불리한데, 그 이유는 록피시들은 부시리, 방어처럼 민첩하지 못하기 때문이다. 한 번씩 툭툭 쳐올리는 동작을 연속으로 하다가 2단, 3단으로 연속해서 쳐올리는 동작을 가미하면 효과적이다.

테크닉 2 ▶ 스윽 들었다 스윽 내려주기

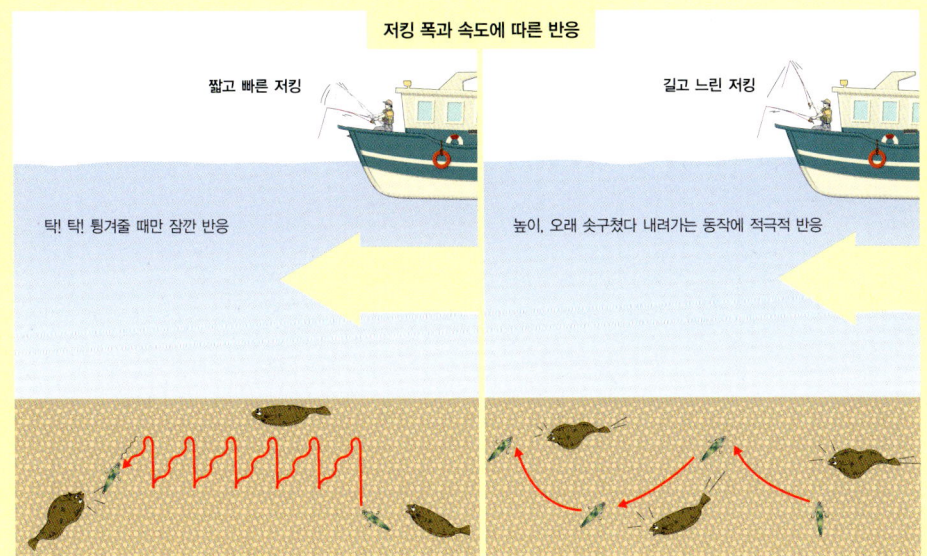

메탈지그로 바닥을 찍은 후 대 끝을 천천히 치켜 올린다. 20도 높이에 있었던 대 끝을 약 80도 높이까지 올리는 데 걸리는 시간이 3초가 적당하다. 그리고 다시 20도 각도까지 같은 속도로 내린다. 이 동작을 거치는 동안 원줄은 계속 팽팽한 텐션을 유지하게 한다. 입질은 주로 메탈지그가 올라갈 때보다 내려갈 때 들어온다.

메탈지그가 위로 솟구칠 때보다 아래로 떨어질 때 입질이 왕성한 이유가 뭘까? 그것은 지그가 떨어질 때의 액션이 먹잇감이 부상을 입었거나 병들었을 때의 모습으로 보이거나, 빠르게 도주하다가 힘이 빠지거나 순간적으로 방심했을 때의 모습과 비슷한 모습으로 나타나기 때문이다. 수중 영상을 보면 제 아무리 빠른 포식어도 죽기 살기로 도주하는 먹이고기는 단숨에 잡아먹지 못하고, 방향을 틀거나 속도가 느려졌을 때 덮치는 장면을 볼 수 있다.

테크닉 3 ▶ 조류에 태워 멀리 흘리며 바닥 찍기

수심이 깊거나 조류가 빠를 때는 원줄이 계속 밀려 결국엔 메탈지그도 뜨게 된다. 그래서 최초로 바닥을 찍은 후 원줄을 풀어주지 않고 낚싯대를 들면 메탈지그가 '부웅~' 뜨게 되는데, 그대로 낚싯대를 내려서는 또다시 그 바닥을 찍기 어렵다. 따라서 최초로 바닥을 찍었을 때보다 원줄을 더 많이 풀어 메탈지그가 바닥을 찍을 수 있도록 해야 한다. 이런 동작을 반복하면 최초로 바닥을 찍었던 곳에서부터 점차 멀어지며(조류에 밀리며) 메탈지그가 바닥을 찍어나가게 된다. 이런 과정을 반복하다 보면 결국 어느 정도 거리에서는 원줄을 더 풀어주지 않아도 동일 지점을 계속 찍을 수 있게 된다. 수심이 깊거나 조류가 빠른 곳에서 유용한 테크닉이다.

메탈지그용 바늘
어시스트 훅은 머리 쪽에 하나만 달아도 OK

메탈지그의 맨 위(머리 쪽)와 맨 아래(꼬리 쪽)에는 바늘을 달 수 있는 작은 고리가 달려있다. 이 고리에 연결하는 바늘을 어시스트 훅이라고 한다. 고리는 두 개가 달려있지만 바늘은 머리 쪽에 하나만 다는 게 좋다.

간혹 걸림 확률을 높이기 위해 단차를 둔 바늘 두 개를 머리에 함께 다는 경우가 있는데 그 경우 오히려 걸렸던 바늘이 다른 바늘 때문에 빠져버리는 경우가 종종 발생한다. 예를 들면 짧은 바늘이 입가에 살짝 걸린 상태에서, 긴 목줄의 바늘이 몸체의 단단한 부분에 또 설 걸리게 되면 요동 때 두 바늘 모두 빠져버리는 경우가 생기는 것이다. 또 입수 동작 또는 저킹 때 어시스트 훅이 원줄을 감는 경우도 생겨 메탈지그가 제 역할을 못하는 경우도 생기게 된다.

어시스트 훅을 머리 쪽에 다는 이유는 포식어들이 먹이고기의 머리를 공격하는 습성 때문이다. 길이가 30cm에 이르는 롱지그 역시 머리 쪽에 어시스트 훅을 달면 바늘이 정확히 포식어의 입에 걸린다. 꼬리 쪽엔 밑걸림이 발생할 수 있어 어시스트 훅을 달지 않는다. 그러나 최근 유행하는 슬로우 지그는 머리와 꼬리 쪽에 모두 어시스트 훅을 단다.

어시스트 훅 만드는 법(이지 패턴)

완성된 모습

어시스트 훅 연결법 중 가장 쉽고 빠른 방법이다. 어시스트 라인으로 고리를 만든 뒤 바늘에 거는 간단한 구조다. 바늘에 감는 횟수를 변경하면 목줄 길이를 어느 정도 임의로 조정할 수 있으므로 낚시 도중 지그를 교환하더라도 적당한 길이를 맞춰주기에 좋다.

재료

바늘 – 참돔바늘 13호, 돌돔바늘 12~14호 정도가 적당하다. 농어바늘은 길어서 바늘을 빼낼 때 유리하며 우럭바늘과 참돔바늘은 강도가 좋다.

합사 – 케블라 5호 또는 PE 5호가 적당하다. 낚시점에 쇼크리더용으로 꼬아놓은 PE라인도 판매 중이므로 그런 제품을 써도 된다.

1

30cm 정도 어시스트 전용 라인을 준비하고, 길이 12cm 정도를 접는다. 한 번 매듭을 짓는다. 그림과 같은 8자 매듭도 좋고 일반 매듭도 좋다.

2

매듭을 적당히 조인 후에 고리 속에 손가락을 넣어 몇 번이고 강하게 당겨 조인다.

3
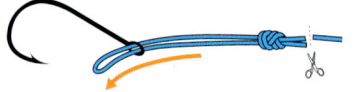
두 개의 자투리를 자른 다음 바늘의 바깥쪽으로부터 고리를 바늘귀 안으로 밀어 넣는다.

4

고리 부분을 바늘에 씌우듯 통과시킨다.

5

매듭 부위를 비틀어 바늘의 축 부분에 고리를 교차시켜 엮는다.

6

고리의 한 쪽만을 이용해 단순히 바늘 축에 빙빙 감아 간다. 최저 3회는 감아야 한다. 감는 횟수는 만들고자 하는 목줄 길이에 따르는 것이 좋다.

7

손가락으로 정리해가며 바늘귀 쪽으로 밀착시킨다.

8

고리와 바늘을 잡고 강하게 당겨 조이면 완성. 고리를 지그의 맬고리에 연결하면 된다.

별매용 어시스트 훅 연결법

낚시점에서 팔고 있는 메탈지그의 꼬리에는 대부분 트레블 훅이 달려있다. 고기를 낚는 데는 상관이 없지만 바닥을 찍을 때 밑걸림이 심하므로 어시스트 훅으로 교체하는 게 좋다.

1

플라이어로 메탈지그의 꼬리 쪽 트레블 훅을 제거한다.

2
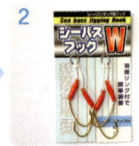
시중에 판매 중인 어시스트 훅들. 스플릿링이 달려있는 제품(왼쪽)도 있다.

3

원줄과 메탈지그를 연결하는 스냅도래에 어시스트 훅의 스플릿링을 함께 결합한다.

최/신/유/행
슬로우 지깅

장진성 JS컴퍼니·다미끼 필드스탭

디뚱디뚱 슬로우 지그, 제주도에서 돌풍

슬로우 지깅은 일본 에버그린사의 사또 노리시마씨와 일본 야마구치현의 루어낚싯배 선장 와다씨가 함께 개발한 라이트 지깅의 신기법으로 2012년 제주도에 상륙한 뒤 돌풍을 일으키고 있다.

이 낚시는 천천히 가라앉는 슬로우 지그를 사용한다. 일반적인 지그는 가운데를 기준으로 양쪽으로 자르면 정확히 대칭을 이루지만 슬로우 지그는 한쪽 면은 평평하고 반대 면은 곡선을 이루고 있다. 이것은 기존의 지그와는 다르게 물속에서 저항을 많이 받으면서 액션을 연출하게끔 설계된 것이다. 입질은 주로 폴링 동작에서 들어온다. 지그의 액션이 베이트피시의 움직임과 흡사하고 바닥에서도 섬세한 액션이 가능하기 때문에 다양한 어종의 입질을 받을 수 있다.

일반 지그엔 부시리만, 슬로우 지그엔 참돔·다금바리·쏨뱅이까지

슬로우 지깅의 인기 비결은 방어 부시리만 입

◀ 필자가 제주도 해상에서 낚은 대형 광어를 보여주고 있다.

질하는 지깅과 달리 다양한 어종, 특히 록피시가 잘 낚인다는 것이다. 격한 저킹 대신 초리를 팅겨주는 가벼운 액션이 주가 되므로 타이라바 장비로도 충분히 즐길 수 있다.

슬로우 지그 가장 많이 쓰이는 슬로우 지그의 무게는 100g~200g. 항상 라인이 수직으로 곧게 뻗어야 슬로우 지그의 액션이 제대로 나오는데, 조류나 바람 영향으로 라인이 엉뚱한 방향으로 뻗어나가면 제대로 된 액션을 연출할 수 없기 때문에 그때는 더 무거운 슬로우지그로 교체해 라인을 수직으로 만들어주어야 한다.

길이가 짧고 비대칭형인 슬로우 지그.

어시스트 훅 어시스트 훅은 슬로우 지그의 양쪽에 모두 달아준다. 지그의 액션이 현란하기 때문에 어느 쪽이 선행할지 모르기 때문이다. 어시스트 훅은 가늘고 얇으면서도 끝이 예리한 것이 좋다. 필자는 오너사의 지거라이트 JD-25번이나 22번을 주로 쓰며, 훅사이즈는 록피시나 참돔의 경우 4/0을, 부시리나 방어의 경우 5/0을 주로 사용한다.

로드 슬로우 지깅에선 라이트 지깅용 베이트 로드를 선호한다. 로드의 길이는 6~7피트. 참돔지깅용 로드를 사용해도 무방하다. PE라인 1.5~2호에 지그 무게 120g 전후의 로드면 충분하다. 하지만 부시리, 방어를 노린다면 PE라인 2.5~3호, 지그 무게 200g 전후의 로드를 쓴다. 필자는 주로 부시리, 방어를 대상으로 하기 때문에 JS컴퍼니의 빅소드N J319B 로드를 사용한다.

릴 주로 베이트릴을 쓴다. 레벨와인더가 있는 릴보다는 레벨와인더가 없는 지깅전용 릴이 유리한데, 레벨와인더는 부시리 방어를 상대하다 보면 자주 망가진다.

원줄 다금바리, 쏨뱅이, 참돔을 노릴 때는 PE라인 1.5~2호(20~30파운드)를 사용하며 부

시리나 방어를 노릴 때는 PE라인 2.5~4호(35~50파운드)를 사용한다. 부시리, 방어를 노릴 때는 원줄을 200m 이상 넉넉히 감는 것이 좋다.

쇼크리더(목줄) 카본이나 나일론 아무 거나 써도 되며 인장강도를 높이기 위해 10m 전후로 길게 사용한다. 쇼크리더의 강도는 록피시와 참돔이면 25~30파운드, 부시리와 방어는 40파운드를 쓴다.

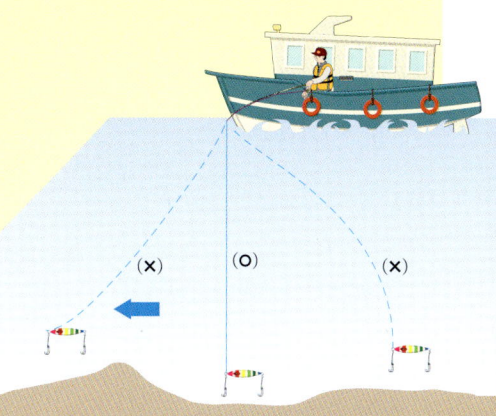

슬로우 지깅 액션법

롱저킹&프리폴링: 슬로우 지깅에서 가장 기본이 되는 액션이다. 부시리나 방어를 노리는 경우 지그를 바닥에 내린 후 로드를 수직으로 천천히 치켜 올린 다음 로드를 재빨리 숙여 지그를 프리폴링 시킨다. 이 과정을 계속 반복하며 전층을 탐색해 나간다. 하지만 락피시를 노릴 경우엔 바닥만 탐색하면 되고 참돔도 바닥이나 중층을 노린다.

숏저킹&폴링: 상황에 따라서는 숏저킹&폴링에 입질이 더 잘 올 수도 있다. 지그를 바닥으로 내린 후 로드를 팅겨가며 지그를 살짝살짝 올리고 폴링 시간도 짧게 주는 액션이다. 폴링은 릴의 원줄을 감을 때나 낚싯대를 들었다 놓을 때 잠깐잠깐 이뤄지는데, 물속의 지그에는 급작스런 변화가 일어나며 대상어에게 어필한다.

미들저킹&폴링: 롱저킹과 숏저킹의 중간 정도다. 지그를 바닥으로 내리는 것은 동일하며 바닥을 찍은 후 로드를 45도 정도 세워 지그를 끌어올린 후 폴링시켜준다. 모두 같은 방법인 것 같지만 현장에서 직접 해보면 입질이 잘 들어오는 액션을 찾을 수 있다.

Special Guide ❹

서해 선상 루어낚시터 지도

광어·우럭·쥐노래미 선상루어낚시는 동해나 남해보다 서해에서 많이 이뤄지며 그중에서도 서울에서 가까운 인천, 경기도, 충청도, 전라북도가 중심지다.

📋 주요 출항지와 낚싯배 연락처

인천 연안부두·남항부두

인천 다운샷 낚싯배들의 특징은 대형 선박이 많다는 것이다. 기본 20명에 큰 배는 40명까지 승선할 수 있다. 이작, 승봉, 자월도가 주 출조권역이며 덕적도 서쪽 먼 바다까지 나가기도 한다. 선비는 출조 거리에 따라 6만~9만원.

연안부두 동양호(40인승) 032-888-9938
연안부두 가자호(40인승) 032-883-8600
연안부두 블루샤크호(20인승) 011-343-6604
남항부두 백마호(20인승) 032-887-8181
남항부두 킹스타2호(20인승) 032-888-8403
남항부투 히트호(20인승) 032-881-0156

인천 영흥도

영흥도 진두선착장에서 출항하며 영흥도 근해와 상하공경도, 승봉도, 이작도 등으로 출조한다. 조황이 좋지 않을 때는 먼 바다인 덕적도, 각흘도, 문갑도까지도 나간다. 선비는 근해 8만원, 먼바다 10만원.

선창낚시 032-886-0344
미경낚시 032-883-0948
서해바다낚시 010-9064-7363

길낚시 032-881-7086
영흥낚시 011-9728-3803
어선협회 032-886-0203
생활체육옹진군낚시연합회 032-886-0344

충남 태안 안흥·신진도항

가의도-옹도-궁시도-흑도 등지로 출조한다. 선비는 10만원.

바위섬호 010-8786-3349
항공모함호 041-674-7936
하진호 041-674-7936
현무호 041-675-7301

충남 보령 오천항

근해인 화사도 주변을 거쳐 외연도까지 출조한다. 어자원의 보고로 알려진 외연도까지 가장 빨리 출조할 수 있는 항구로서 단골 낚시인을 많이 확보하고 있다. 선비는 거리에 따라 8만~10만원.

순풍호 010-9211-3773
거양호 011-436-9009

서해피싱호 011-470-3912
영흥낚시 011-9728-3803
블루호 041-934-0980
씨빙이의 루어낚시 010-5729-1005
낚시광호 011-301-7555

충남 서천 홍원항

용섬-삼홍서-화사도-외연도 코스로 출조한다. 20척 이상의 광어 다운샷 전문선들이 있어 선택의 폭도 넓다. 선비는 10만원선.

홍원항바다낚시 041-952-0411
주꾸미1호 010-5289-2109
레드마린호 041-953-8890
라이브피싱호 041-952-5209
에이스호 041-953-0304
홍원갯바위낚시 041-952-8522

전북 군산 비응항·야미도

십이동파도, 직도, 흑도권으로 광어 다운샷 낚시를 출조한다. 선비는 1인 10만~12만원. 새만금 방조제 초입에 있는 비응항과 야미도 선착장에서 낚싯배가 뜬다.

오렌지호 010-4651-5504
해무니호 010-3678-1037
가마우지호 010-2349-2345
후크스타호 017-611-6595
아리랑호 010-8721-6016
태양호 010-8829-0277
샤크호 010-9475-6936
프로호 010-9052-0757

전북 부안 격포항

아직은 전문 낚싯배가 많지 않지만 광어 자원이 상당하고 개발되지 않은 포인트가 많은 게 매력이다. 위도와 왕등도가 주요 낚시터. 선비는 1인당 8만~10만원.

블루스카이2호 010-8550-0155
블루마린호 063-581-1162

※선비는 선박 사정에 따라 표기한 금액과 달라질 수 있다.

낚시춘추 무크지 ❶
ROCKFISHING
우럭 · 광어 · 노래미 루어낚시

지은이 낚시춘추 편집부
펴낸이 정규도
펴낸곳 황금시간

초판 1쇄 인쇄 2013년 6월 24일
　　　3쇄 발행 2018년 8월 15일

편집 허만갑 이영규
디자인 정현석 하태호 이승현 윤미주 김성희 김현숙 장미연 정규옥

공급처 (주)다락원 (02)736-2031

주소 경기도 파주시 문발로 211
전화 (02)736-2031(대)
팩스 (031)8035-6907
출판등록 제406-2007-00002호

Copyright ⓒ 2013, 황금시간

저자 및 출판사의 허락 없이 이 책의 일부 또는 전부를 무단 복제·
전재·발췌할 수 없습니다. 잘못된 책은 바꿔드립니다.

값 12,000원
ISBN 978-89-92533-53-9 13690

http://www.darakwon.co.kr

• 다락원 홈페이지를 통해 인터넷 주문을 하시면 자세한 정보와 함께 다양한
　혜택을 받으실 수 있습니다.